리액트로 배우는
소켓 프로그래밍

리액트로 배우는
소켓 프로그래밍

초판 1쇄 발행 2023년 08월 29일

지은이 정 희
편 집 강민철
펴낸이 한창훈

펴낸곳 루비페이퍼   등록 2013년 11월 6일(제 385-2013-000053호)
주소 경기도 부천시 길주로 252, 1804호
전화 032_322_6754, 팩스 031_8039_4526

홈페이지 www.RubyPaper.co.kr
ISBN 979-11-93083-06-2

- 이 책은 저작권법에 따라 보호받는 저작물이므로 무단 전재와 무단 복제를 금하며,
  이 책 내용의 전부 또는 일부를 이용하려면 저작권자와 루비페이퍼의 서면 동의를 받아야 합니다.

- 책값은 뒤표지에 있습니다.

- 잘못된 책은 구입처에서 교환해 드리며, 관련 법령에 따라서 환불해 드립니다.
  단 제품 훼손 시 환불이 불가능합니다.

서·문

"거인의 어깨에 올라서서 더 넓은 세상을 바라보라"

이 책은 프런트엔드 개발자를 위한 실전 활용서로, 더 넓은 개발 스펙트럼을 원하는 분을 위해 제작되었습니다. 또한, 웹 소켓 통신을 경험하고 싶은 백엔드 개발자와 면접을 준비하는 주니어 개발자에게도 도움이 될만한 내용을 준비했습니다. 무엇보다 1인 개발을 원하는 개발자에게도 좋은 경험이 될 것입니다.

"리액트로 배우는 소켓 프로그래밍"은 모든 프런트엔드 개발자의 필독 도서입니다. 그 이유는 프런트엔드 전문가가 될 수 있는 발판을 마련할 수 있기 때문입니다. 물론 소켓 통신을 했다고 해서 전문가 혹은 베테랑이 될 수는 없습니다. 그러나 직접 경험한 것과 하지 않은 것은 주니어와 시니어를 가르는 한 가지 기준이 될 것입니다. 프로그래밍 경험의 차이가 있는 상황을 가정해서 말씀드리겠습니다.

채팅 프로그램을 만든다고 상상해보겠습니다. 개발자 A는 소켓 통신 경험이 없습니다. 그래서 클라이언트에서 "안녕"이라는 요청을 보내면 서버에서는 "나도 안녕"이라는 답을 HTTP(API) 통신으로 응답합니다. 여기서 설명하는 HTTP 통신이란 요청 하나를 보내면 하나를 받는 방식입니다.

만약 채팅을 사용하는 고객이 아무 생각 없이 10,000개의 "안녕" 요청을 보내면 어떻게 될까요? 서버는 같은 응답 10,000개를 전달합니다. 심지어 이런 고객이 1,000명, 10,000명으로 늘어난다면 서버는 버틸 수 있을까요?

개발자 B는 소켓 통신 경험이 있습니다. 채팅 프로그램을 만든다는 얘기에 바로 소켓을 이용해야겠다고 생각합니다. (소켓 통신은 뒤에서 더 자세히 설명하겠습니다.) 소켓 통신은 하나의 커넥션으로 연결됩니다. API 통신과는 다르게 하나의 커넥션만 있다면 몇 만 개의 응답을 주고받든 상관이 없습니다. 심지어 API 통신이 가지는 비동기 처리 지연 시간도 단축할 수 있습니다.

서·문

"과연 두 개발자 중 어떤 개발자가 더 경쟁력이 있을까요?"

책을 읽어야 하는 또 다른 이유는 소켓을 이용한 프로그래밍을 경험하기가 생각보다 어렵기 때문입니다. 소켓 프로그래밍을 경험하기 위해선 3가지 방법이 있습니다.

1. 소켓 통신을 사용하는 회사에 입사한다.
2. 지금 진행하는 프로젝트에 소켓 통신을 도입한다.
3. 개인적으로 학습해서 경험을 쌓는다.

서비스를 만드는 회사 중에 소켓을 이용하는 회사가 생각보다 적습니다. 이유는 HTTP 통신으로 충분히 웹 서비스를 제작할 수 있기 때문입니다. 만약 사내 서비스를 하는 회사라면 소켓을 사용할 이유가 더욱 없을 것입니다. 결론적으로 개인적인 학습으로 소켓 통신을 경험하고 1, 2번 케이스에서 멋진 실력을 발휘한다면 연봉은 급상승하지 않을까요?

이 책은 크게 세 부분으로 이루어져 있습니다. 첫 번째는 실전 예제를 만들기 위한 기본적인 기술들을 학습합니다. 사실 각각의 기술을 심도 있게 다룰 수는 없습니다. 하나의 기술만으로도 책 한 권 분량이 나오기 때문입니다. 그러나 실전 예제에 사용할 수 있도록 근본적인 개념과 핵심 기능만을 뽑아 알찬 내용을 준비했습니다.

두 번째는 첫 번째 파트에서 학습한 내용을 기반으로 드디어 실전 서비스를 만듭니다. 실전 예제에는 극장 좌석 예약 시스템, 구글 문서, 인스타그램 알림 기능, 슬랙 메신저를 볼 수 있습니다.

세 번째는 부록입니다. 부록에는 이 책에서 주요하게 다루는 socket.io 라이브러리가 아닌 sockjs라는 웹 소켓 라이브러리를 소개합니다. 또한 책의 실전 파트에서 필요한 mongoDB를 설정하는 방법을 배웁니다. 부록의 내용 또한 중요하니 꼭 참고하길 바랍니다.

서·문

마지막으로 모든 코드는 아래 주소 깃허브에서 확인할 수 있습니다. 빠른 구현이 필요하거나 진행 중 오류가 발생한다면 소스코드를 확인해주세요. 예제 코드를 구현한 기본적인 프로젝트 환경은 아래와 같습니다.

- **브라우저**: Chrome(버전은 무관하지만 최신 버전을 추천합니다.)
- **운영체제**: MacOS(Windows OS도 문제없습니다.)
- **깃허브 주소**: https://github.com/devh-e/socket-programming-using-react

간략한 소개가 끝났습니다. 이제 본격적으로 시작을 해보겠습니다. 거인의 어깨에서 멀리 볼 준비가 되셨나요? 어깨 꽉 잡으세요. 바로 시작합니다.

PART 01 / 실전을 위한 준비

01장 리액트

1.1 가상 DOM	5
DOM 트리	5
비교 알고리즘	7
가상 DOM의 탄생	7
1.2 리액트 대표 기능	8
리액트 프로젝트 준비	8
리액트 대표 함수	10
1.3 to-do 리스트	14
프로젝트 초기 설정	15
Input 컴포넌트	20
Goal 컴포넌트	22
MainContainer	25

02장 nodejs

2.1 nodejs의 탄생	36
멀티 스레드 기반 동기 방식	37
이벤트 기반 비동기 방식의 등장	38
2.2 nodejs 웹 서버	39
프로젝트 초기 설정	40
server.js	41
index.html	45

03장 소켓 통신

3.1 네트워크 기본 구조	48
OSI 7 계층	48
TCP/IP 4 계층	50
3.2 소켓 통신	51
소켓 통신의 정의	51
소켓 통신 프로세스	52
3.3 net 모듈을 이용한 TCP 서버	53
프로젝트 초기 설정	54
server.js	54
client.js	56
3.4 HTML5 웹 소켓 채팅 서비스	57
프로젝트 초기 설정	59
클라이언트 사이드	59
서버 사이드	70

04장 socket.io

4.1 socket.io의 특징	78
4.2 socket.io의 주요 기능	79
소켓 이벤트	79
통신 종류(채널 설정)	80
4.3 socket.io 구현	81
public IOchat	82
broadcast를 구현한 IOchat	103
private을 구현한 IOchat	105
룸 생성	119
네임스페이스	133

PART 02 / 실시간 웹 서비스 만들기

01장 인스타그램 실시간 알림

1.1 프로젝트 초기 설정	151
1.2 서버 사이드	153
server.js	156
1.3 클라이언트 사이드	159
socket.js	160
App.js	160
1.4 전역 변수를 위한 Context API 설정	161
context 파일 생성	162
Card 컴포넌트	165
Navbar 컴포넌트	170
LoginContainer.js	174
PostingContainer.js	179
1.5 테스트	181

02장 극장 좌석 예약 서비스

2.1 프로젝트 초기 설정	186
2.2 서버 사이드	189
server.js	193
2.3 클라이언트 사이드	195
socket.js	197
HomeContainer.js	198
SeatContainer.js	203
App.js	209
2.4 테스트	209

03장 구글 문서

3.1	프로젝트 초기 설정	214
3.2	서버 사이드	216
	Schema.js	217
	server.js	218
3.3	클라이언트 사이드	223
	socket.js	227
	TextEditor.js	227
	EditorContainer.js	231
	App.js	237
3.4	테스트	238

04장 슬랙 메신저

4.1	프로젝트 초기 설정	243
4.2	서버 사이드	246
	server.js	247
	common.js	249
	privateMsg.js	252
	groupMsg.js	257
	스키마	263
4.3	클라이언트 사이드	266
	socket.js	269
	context	270
	containers	273
	components	283
4.4	테스트	313

APPENDIX / 부록

01장 sockjs

1	프로젝트 초기 설정	322
2	서버 사이드	324
3	클라이언트 사이드	327
4	테스트	336

02장 mongoDB

| 1 | mongoDB 환경 구성 | 339 |
| 2 | 데이터 확인 및 삭제 | 345 |

찾아보기   347

PART

01

실전을 위한 준비

"나에게 나무를 자를 6시간을 준다면,
 나는 먼저 4시간을 도끼를 날카롭게 하는 데에 쓰겠다."

- 에이브러햄 링컨

이 말은 준비의 중요성을 강조하는 데 많이 인용되는 문구입니다. 만약 나무를 베는 일에서 도끼의 상태를 신경 쓰지 않는다면 작업 시간은 6시간에서 10시간도 더 걸리는 작업이 될 수 있습니다. 이런 사례는 우리가 앞으로 학습할 방식과도 동일합니다.

우리의 목표는 웹 소켓을 이용해 실시간 서비스를 만드는 것입니다. 그러나 기초적인 기술이 없다면 실시간 서비스를 학습하는 데 더 오랜 시간이 걸릴 것입니다. 그래서 Part 1의 내용을 기반으로 하나씩 차근차근 학습하기를 추천드립니다. 만약 Part 1의 내용을 이미 어느 정도 숙지한 분이라면 바로 Part 2로 넘어가도 됩니다.

1 _ 리액트

2 _ nodejs

3 _ 소켓 통신

4 _ socket.io

01장

리액트

초기 자바스크립트부터 지금의 프런트엔드 라이브러리와 프레임워크가 나오기까지 많은 변화가 있었습니다. 여러 라이브러리가 반짝 나왔다가 사라지기를 반복했습니다. 개발자들은 이런 급변하는 속도를 따라가기 위해 분주하게 학습해야 했습니다. 하지만 이런 시기에도 꾸준히 사랑받고 있는 프런트엔드 언어가 있습니다. 그게 바로 우리가 살펴볼 리액트입니다.

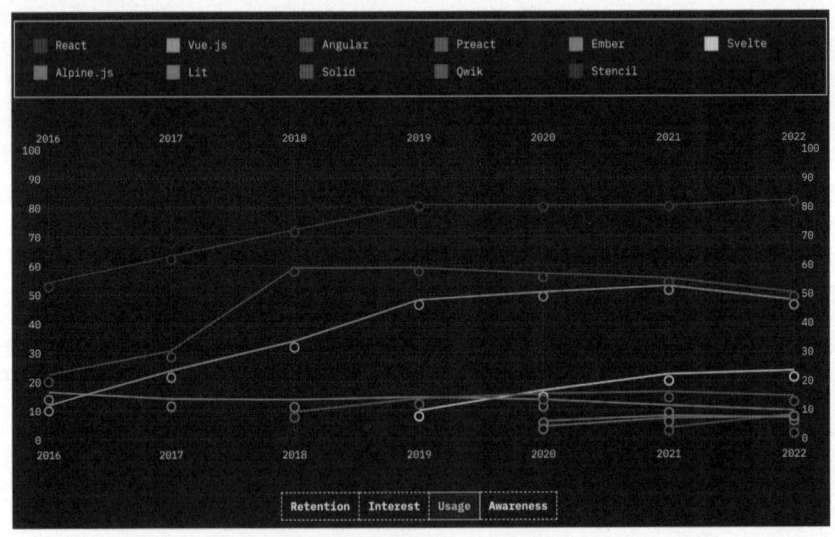

프런트엔드 프레임워크 순위(https://2022.stateofjs.com/en-US/libraries/front-end-frameworks/)

state of js에서 발표한 프런트엔드 프레임워크의 사용량을 보면 리액트(React)의 사용량은 지속적으로 증가한 것을 볼 수 있습니다. 도대체 무슨 이유 때문일까요?

리액트는 페이스북에서 개발한 자바스크립트 UI 라이브러리입니다. 어떤 분들은 프레임워크라고 부르기도 합니다. 특정한 형식을 강제하는 프레임워크와는 다르게 리액트는 별도의 기능만을 적용해서 제품을 개발할 수 있게 설계되었습니다. 여기서 말하는 별도의 기능이 바로 리액트의 핵심인 UI입니다.

Angular, Vue.js와 같은 프레임워크는 MVC(Model-View-Controller) 모델 혹은 MVVM 모델(Model-View-View Model)을 지향합니다. 이런 모델에 따라 데이터와 뷰가 유기적으로 관리되고 있습니다. 그러나 리액트는 이런 틀에서 벗어나 오직 사용자에게 보여지는 뷰(View)만을 생각해서 만들었습니다. 페이스북에서는 이런 뷰를 사용자 입장에서 어떻게 하면 자연스럽게 보일까 연구하다가 가상 DOM(Virtual DOM)을 생각하게 되었습니다.

1.1 가상 DOM

가상 DOM을 말하기 전에 먼저 DOM이 무엇인지 살펴보겠습니다.

DOM 트리

DOM(Document Object Model)은 웹 페이지의 구조와 내용을 표현하는 역할을 합니다. HTML, CSS와 같은 정적 파일이 브라우저에 렌더링을 시작하면 HTML 코드를 브라우저가 이해할 수 있는 구조로 변환하여 DOM 트리(DOM tree)를 생성합니다. DOM 트리는 계층 구조로 표현되어 있어 요소들이 부모-자식 관계로 연결됩니다.

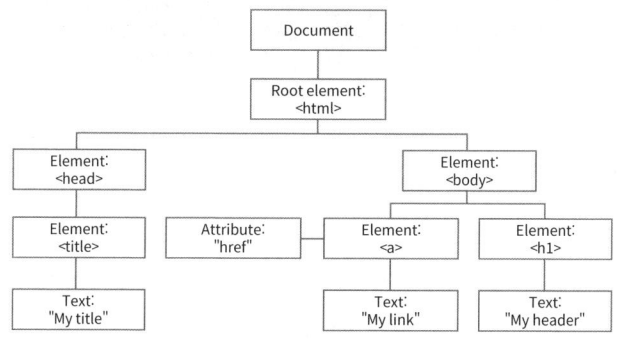

HTML DOM 트리의 객체(https://www.w3schools.com/js/js_htmldom.asp)

HTML 문서를 파싱하여 DOM 트리를 생성하면 CSS 파일을 파싱하여 CSSOM 트리를 생성합니다. 그런 다음, DOM 트리와 CSSOM 트리를 결합하여 렌더 트리를 생성합니다. 렌더 트리는 화면에 실제로 표시되는 요소들을 포함합니다. 브라우저는 렌더 트리를 이용해 화면에 표시될 영역을 계산하는 레이아웃(리플로우) 과정과 노드를 화면에 픽셀로 변환하는 리페인트 과정을 거쳐 변환된 내용이 화면에 표시되어 사용자에게 웹 페이지가 보여집니다.

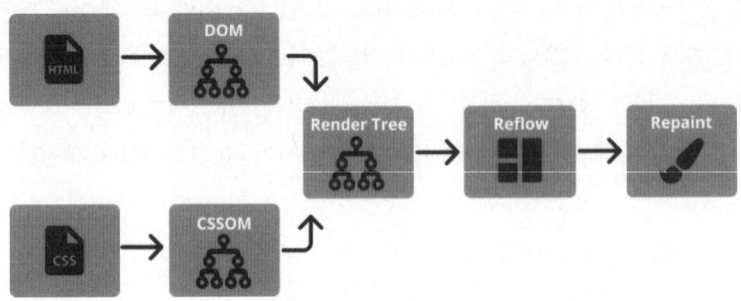

브라우저가 렌더링되는 과정

위에서 설명한 과정에 따라 초기에 렌더링된 웹 서비스가 있다고 가정하겠습니다. 이 웹 서비스의 상단에 햄버거 버튼이 있습니다. 사용자가 햄버거 버튼을 누르면 위에서 아래로 사이드 메뉴가 나타납니다.

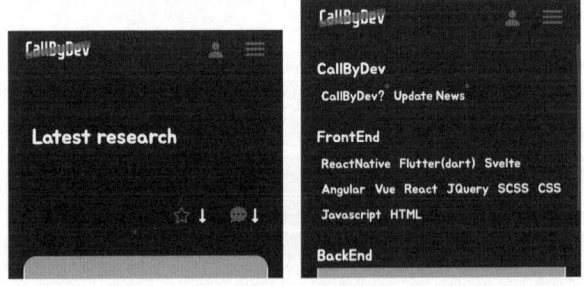

이때 나타나는 사이드 메뉴를 CSS의 height로 조작하는데 이런 과정을 리플로우라고 합니다. 리플로우는 DOM의 변화로 일어나게 됩니다. DOM 구조를 변경하는 과정은 일반적으로 빠르게 진행되며, CPU 자원을 적게 소모합니다. 그러나 DOM 트리의 깊이가 깊고 노드의 수가 많을수록 속도가 떨어집니다. 여기서 한 가지 생각해볼 문제가 있습니다. DOM 변화 속도에 왜 노드 수와 트리의 깊이가 영향을 준다는 걸까요?

비교 알고리즘

DOM을 변경하면 변화된 노드를 찾는 데 시간이 걸립니다. 앞의 예시처럼 사이드 메뉴의 높이를 담당하는 노드를 찾기 위해서는 루트(root) 노드부터 하나씩 탐색을 시작합니다. 이때 비교 알고리즘(diffing algorithm)이라는 탐색 방법을 사용합니다. 그래서 노드의 개수가 많고 렌더 트리의 깊이가 깊을수록 시간이 오래 걸립니다.

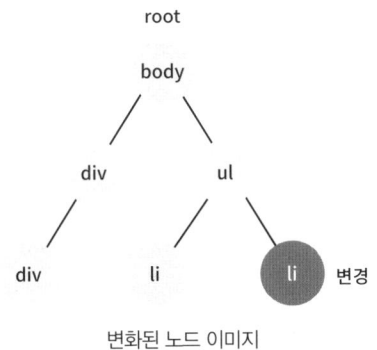

변화된 노드 이미지

따라서 변화하는 리페인트, 리플로우 과정을 줄인다면 사용자에게 더 자연스러운 화면과 성능을 제공할 수 있습니다.

> **Note / DOM은 무조건 느린가?**
>
> 리액트가 뜨면서 DOM이 느리다는 의견이 나왔지만 사실 DOM은 충분히 빠릅니다. 단지 인터랙션이 많거나 많은 변화가 있는 웹 페이지에서는 올바른 성능을 발휘하지 못할 뿐입니다. 만약 정적인 페이지라면 오히려 기존 DOM을 이용해서 작업하는 게 좋을 수 있습니다.

가상 DOM의 탄생

리액트 팀은 어떻게 하면 화면을 다시 그리는 리페인트와 리플로우 과정을 개선할 수 있을까 고민하다가 가상 DOM을 생각하게 됩니다.

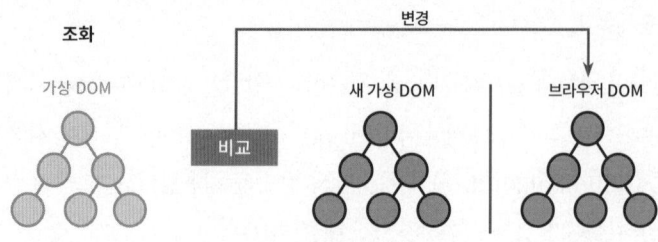

가상 DOM의 변화와 비교 및 적용 그림

가상 DOM의 원리는 간단합니다. 초기에 렌더링된 렌더 트리의 모양과 메모리상에 임시로 저장해둔 렌더 트리의 모양을 비교하는 것입니다. 여기서 말하는 메모리에 있는 렌더 트리가 바로 가상 DOM입니다. 하지만 여기서 비교하는 방식은 기존의 비교 알고리즘과 다릅니다. 기존의 비교 알고리즘은 루트 노드부터 비교 분석했지만, 리액트는 변경된 노드만 검색해서 변경 사항을 반영합니다. 그 변경 사항을 계속해서 실제 DOM에 반영하지 않고 딱 한 번에 몰아서 실제 변경 사항을 반영합니다. 이런 일련의 과정을 조화(reconciliation) 과정이라고 합니다.

가상 DOM을 사용하는 이유는 렌더 트리를 직접 조작하는 것보다 가상 DOM을 수정하여 필요한 변경 사항을 파악하고 반영하는 것이 효율적이기 때문입니다. 가상 DOM은 메모리상에 존재하기 때문에 실제 DOM을 조작하는 것보다 빠르게 변경 사항을 파악하고 적용할 수 있습니다. 이를 통해 웹 애플리케이션의 성능을 높일 수 있습니다.

1.2 리액트 대표 기능

이제는 리액트를 어떻게 사용하는지 알아보겠습니다. 사실 리액트 사용법만 제대로 설명하려고 해도 책 한 권 분량이 나옵니다. 이 책에서는 실전에서 바로바로 사용할 수 있는 주요 기능만 설명하려 합니다. 이 기능을 이용해서 앞으로 진행될 모든 예제를 만들어볼 것입니다.

리액트 프로젝트 준비

리액트 프로젝트를 시작하려면 제일 먼저 npm(Node Package Manager)을 설치해야 합니다. npm은 nodejs에서 사용할 수 있는 패키지(소프트웨어) 관리 툴을 말합니다. 과거에는 필요한 라이브러리가 있다면 직접 다운로드해서 프로젝트에 파일을 삽입하거나 혹은 CDN 주소를 import했지만 이제는 npm에서 제공하는 명령어를 통해서 손쉽게 이용하고 관리할 수 있습니다.

```
> npm install jquery
```

위 명령어는 npm을 이용해서 프로젝트에 jquery를 설치하는 명령어입니다.

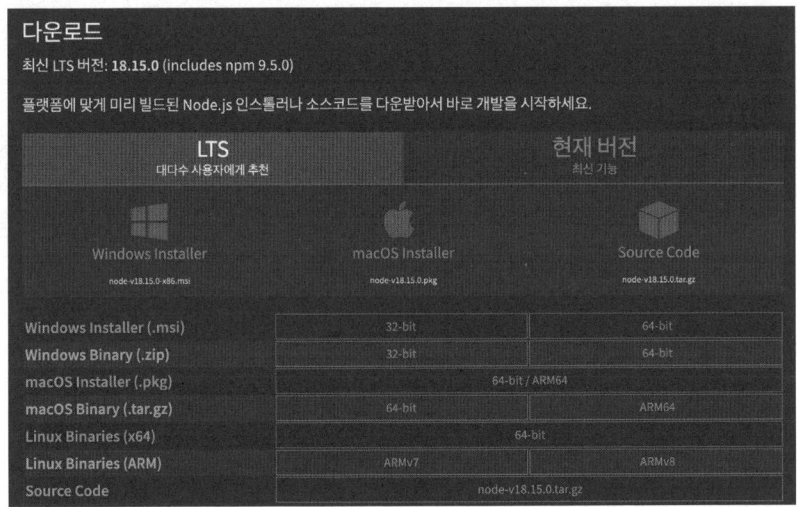

nodejs의 npm 다운로드 페이지(https://nodejs.org/ko/download)

nodejs 사이트에 접속해서 자신의 운영체제에 맞는 LTS 버전을 다운로드해주세요. 아래처럼 터미널에서 nodejs와 npm 버전 정보를 입력해서 정상적으로 출력되면 성공입니다.

```
> node -v
v16.13.2
> npm -v
8.1.2
```

이제 위에서 준비한 npm을 이용해서 리액트 프로젝트를 만들겠습니다. 리액트 프로젝트를 시작하기 위해선 npm install react 명령어로 리액트를 설치하면 됩니다. 그러나 이렇게 설치하면 바벨이나 웹팩 등 다양한 설정을 하나씩 수동으로 해야 되기 때문에 번거롭습니다.

그래서 리액트 프로젝트를 간편하게 시작할 수 있는 CRA(create-react-app)라는 간편한 도구를 사용합니다. CRA는 리액트 프로젝트를 개발하는 데 필요한 여러 가지 도구와 설정들이 미리 포함된 종합선물 패키지 역할을 합니다.

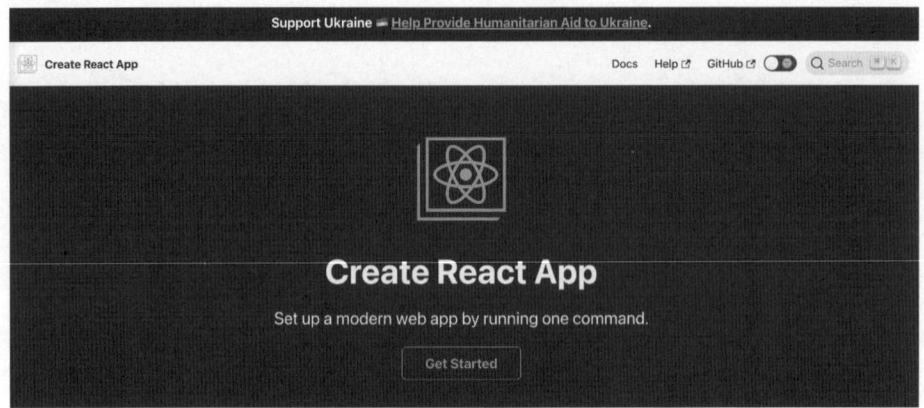

CRA 다운로드 페이지(https://create-react-app.dev/)

다음에는 CRA를 이용해서 만든 간단한 input 예제를 소개하겠습니다. input 예제 코드를 보면서 리액트에서 제공되는 대표 기능을 살펴보겠습니다.

> **Note** vite로 시작하는 리액트?
>
> 리액트 프로젝트를 간편하게 시작하기 위해서 무조건 CRA를 사용해야 하는 건 아닙니다. 요즘에는 vite라는 번들링 툴을 이용해서 더욱 빠르게 프로젝트를 시작할 수 있습니다. 하지만 CRA에서 제공되는 부수적인 기능 (lint, pwa 등)이 없기 때문에 따로 설치해야 해서 번거롭습니다.
>
> - 참고: https://vitejs.dev/guide/

리액트 대표 함수

이번 input 예제는 직접 구현하지 않습니다. 구현된 예제 이미지와 코드를 보면서 리액트의 기능을 알아보려고 합니다. 그러나 너무 실망하지 마세요. 다음 파트에서 더 멋진 리액트 예제를 만들어보겠습니다.

다음 그림의 input 박스는 간단하게 텍스트를 입력받는 기능이 있습니다. 입력받은 내용은
바로 하단에 출력됩니다. 처음에 출력되는 'Hi'는 input 박스의 초기값입니다.

<code>Hi</code>
Message: Hi

만약 input 박스에 'Hello'를 입력하면 아래처럼 그대로 노출됩니다.

<code>Hello</code>
Message: Hello

이제 코드를 살펴보겠습니다.

```
// 1
import React, { useState, useEffect, useRef } from "react";
import "./App.css";

function App() {
  // 2
  const textRef = useRef("");
  // 3
  const [text, setText] = useState("");
  // 4
  useEffect(() => {
    setText("Hi");
    console.log("once");
  }, []);
  // 5
  useEffect(() => {
    console.log(textRef.current);
  }, [text]);
  // 6
  const onTextStateChangeHandler = (e) => {
    const msg = e.target.value;
    setText(msg);
  };
  return (
    // 7
```

```
    <div className="App">
      <input
        ref={textRef}
        className="text-input"
        type="text"
        value={text}
        onChange={onTextStateChangeHandler}
        placeholder="Enter your message"
      />
      <div>Message: {text}</div>
    </div>
  );
}

export default App;
```

사실 이번 예제의 input 박스는 리액트 기능을 설명하기 위한 억지스러운 점이 있습니다. 하지만 간단할수록 확실히 이해할 수 있다는 장점이 있습니다. 하나씩 살펴보겠습니다.

1. **상태**

   리액트의 핵심은 바로 상태(status) 관리입니다. 리액트는 상태를 이용해서 모든 변수와 레이어 변화를 다룰 수 있습니다. 이런 상태를 관리하기 위해선 리액트에서 제공하는 함수를 추가해야 합니다. 대표적인 함수로는 useState, useEffect, useRef가 있으며 이러한 함수를 훅(hook) 함수라고 합니다.

   리액트 버전 16.8 이상부터는 함수형 컴포넌트가 클래스형 컴포넌트를 대체하는 주요한 방식이 되었습니다. 이전에는 클래스형 컴포넌트를 사용하여 상태 관리와 생명주기 메소드를 다뤘지만, 함수형 컴포넌트에서는 이러한 기능을 훅 함수를 통해 제공합니다. 또한 사용자가 원하는 커스텀 훅(custom hook)을 제작할 수도 있습니다.

2. **useRef()**

   useRef는 DOM 요소나 컴포넌트 안에서 유지하고 싶은 변수를 관리하는 데 사용됩니다. useRef로 생성한 변수는 컴포넌트의 모든 렌더링 사이에 값이 유지되며, 필요에 따라 값을 갱신할 수 있습니다. useRef는 리액트에서 DOM API에 접근할 수 있는 기능을 제공합니다. 일반적인 자바스크립트 환경이라면 다음과 같이 DOM에 접근해야 합니다.

   - **자바스크립트**: document.querySelector("input");
   - **리액트**: const textRef = useRef("");

그러나 리액트에서는 useRef를 이용해서 DOM에 접근할 수 있습니다. 예제에서 작성한 input 태그를 보면 ref 속성이 정의된 것을 확인할 수 있습니다.

```
<input
  ref={textRef}
  ...
/>
```

ref에 위에서 작성한 textRef를 추가하면 textRef.current라는 속성으로 input 태그에 접근할 수 있습니다. 주석 5번에서 textRef.current를 console.log()로 출력하고 있습니다.

3. **useState()**

   useState는 대표적인 상태 관리 함수로서, useState 함수를 호출하면 상태값과 상태를 갱신하는 함수가 반환됩니다. 이를 통해 상태를 변경하면 리액트는 자동으로 해당 컴포넌트를 리렌더링하여 업데이트된 상태를 반영합니다.

   useState를 정의하는 방법은 아래와 같습니다.

   ```
   const [text, setText] = useState("");
   ```

   위에서 정의된 text 변수는 input 태그의 value에 등록하여 setText 함수 내용이 업데이트될 때마다 동일하게 출력합니다.

   ```
   <input
     value={text}
     onChange={onTextStateChangeHandler}
     ...
   />
   ```

   리액트에서는 이벤트를 등록하는 방법은 매우 간단합니다. input에 onChange 이벤트를 등록하기 위해 미리 정의된 onTextStateChangeHandler()를 작성했습니다.

   주석 6번의 onTextStateChangeHandler() 함수 내부를 보면 이벤트 파라미터인 e를 이용해서 setText() 내용을 업데이트하는 걸 볼 수 있습니다.

   ```
   const onTextStateChangeHandler = (e) => {
     const msg = e.target.value;
     setText(msg);
   };
   ```

4. **useEffect()**

useEffect()는 리액트에서 컴포넌트들이 최초로 렌더링된 이후에 호출되는 함수입니다. useEffect는 컴포넌트가 마운트/언마운트되었을 때나 특정 상태가 변경되었을 때 원하는 동작을 수행할 수 있게 도와줍니다. 이를 통해 API 호출, 이벤트 등록, 상태 감지 등의 작업을 처리할 수 있습니다. 그래서 내부적으로 렌더링 시점 이후에 동작되는 로직들을 주로 추가합니다.

```
// 4
useEffect(() => {
  setText("Hi");
  console.log("once");
}, []);
// 5
useEffect(() => {
  console.log(textRef.current);
}, [text]);
```

위에는 두 개의 useEffect()가 있습니다. 4번의 useEffect() 경우 두 번째 인자로 빈 배열이 들어 있습니다. 그러나 5번의 useEffect()에는 text의 상태값이 배열 형태로 들어 있습니다. 이 차이는 한 번만 실행시킬 것이냐 아니면 상태가 변할 때마다 실행할 것이냐입니다. 만약 두 번째 인자로 아무 값도 넣지 않는다면 무한 반복할 수 있으니 주의해야 합니다.

7. **스타일**

리액트에서는 기본적으로 스타일을 할당할 때 className이라는 속성으로 관리합니다. 예제를 만들면서 다양한 형태의 스타일 방법을 사용할 예정입니다.

리액트에는 위에서 설명한 기능 말고도 다양하고 놀라운 기능들이 있습니다. 그러나 우리가 만들 예제들은 위의 재료만으로도 충분히 구현할 수 있습니다. 가장 핵심적인 기능만을 이용해 빠르게 학습하고 이해의 폭을 조금씩 넓혀가는 것도 기술을 익히는 하나의 방법입니다. 만약 리액트의 추가 기능이 더 필요하다면 리액트의 대표 문서를 참고해주세요.

- https://ko.reactjs.org/docs/getting-started.html

1.3 to-do 리스트

앞에서 리액트의 핵심 개념을 살펴봤습니다. 이번에는 직접 구현해보면서 리액트의 진가를 확인해보겠습니다. 우리가 작성할 예제는 to-do 리스트입니다.

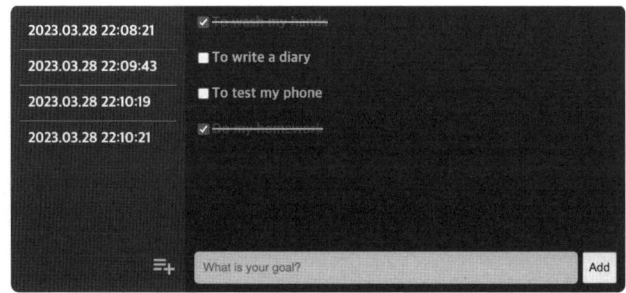

화면 왼쪽 하단에는 + 버튼이 있습니다. + 버튼을 클릭하면 왼쪽에 오늘 날짜가 생성됩니다. 오른쪽으로는 to-do 리스트를 작성할 수 있는 영역이 활성화됩니다.

자신이 해야 할 일을 작성하고 Add 버튼을 클릭하면 상단으로 체크박스 리스트가 생성됩니다. 체크박스에 체크하면 자동으로 글에 줄이 그어집니다. 또한 날짜를 클릭하면 해당 날짜에 존재하는 리스트가 나타납니다. 여기서는 테스트를 위해 날짜에서 시, 분, 초까지 나오도록 했습니다.

프로젝트 초기 설정

먼저 빈 폴더를 생성해주세요. CRA를 이용해서 프로젝트를 만들겠습니다.

```
> mkdir react-ex
> cd react-ex

> npx create-react-app react-app
Need to install the following packages:
  create-react-app
Ok to proceed? (y) y

> cd react-app
> npm run start
```

create-react-app 다음에 오는 부분이 여러분들이 지정한 프로젝트명입니다.

```
npx create-react-app [프로젝트명]
```

코드 편집기에서 react-ex/react-app 폴더를 엽니다.

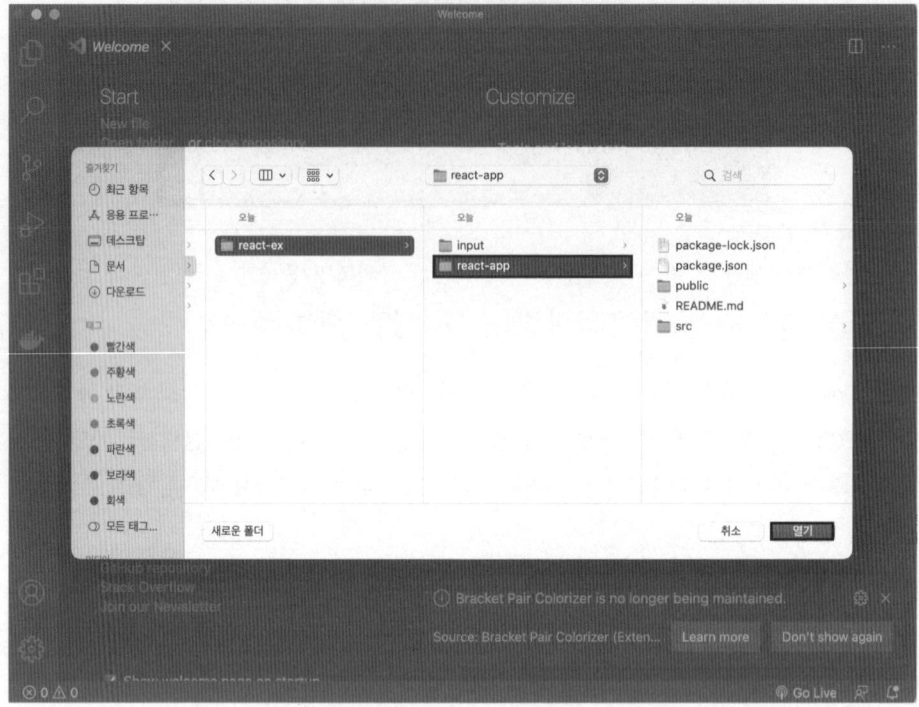

설정을 마친 폴더 구조는 이런 모양입니다.

브라우저에서 http://localhost:3000/에 접속해주세요. 다음과 같이 화면이 나오면 성공입니다.

이제는 CRA에서 기본으로 설정된 파일 중에 사용하지 않을 파일들을 삭제하겠습니다.

```
App.test.js -
logo.svg -
reportWebVitals.js -
setupTests.js -
index.css -
App.css -
```

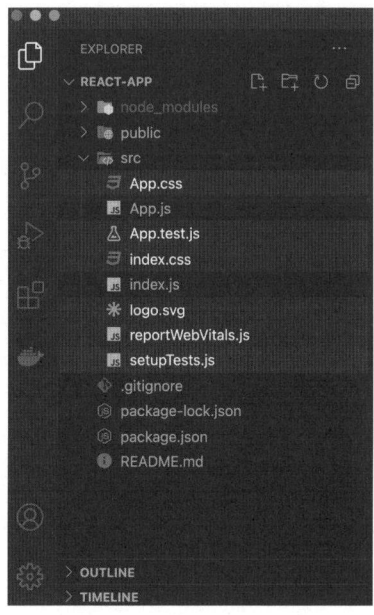

PART 01 _ 실전을 위한 준비 | 17

이 파일들을 삭제하게 되면 다음 화면처럼 'Module not found'라는 오류 문구가 나타납니다. 이유는 삭제한 파일을 App.js와 index.js 파일에서 사용하고 있기 때문입니다. 바로 App.js와 index.js를 수정하겠습니다.

App.js의 방금 지웠던 import 항목들과 로고를 사용하는 부분을 삭제합니다.

[App.js]
```
function App() {
  return (
    <div className="App">
      <header className="App-header">
        <p>
          Edit <code>src/App.js</code> and save to reload.
        </p>
        <a
          className="App-link"
          href="https://reactjs.org"
          target="_blank"
          rel="noopener noreferrer"
        >
          Learn React
        </a>
      </header>
    </div>
  );
}

export default App;
```

마지막으로 index.js의 React.StrictMode 태그를 제거하고 저장합니다.

[index.js]

```
import React from "react";
import ReactDOM from "react-dom/client";
import App from "./App";

const root = ReactDOM.createRoot(document.getElementById("root"));
root.render(
  <React.StrictMode>

    <App />
  </React.StrictMode>

);
```

> **Note** React.StrictMode는 무엇인가요?

리액트에서는 자바스크립트의 strict mode와 비슷한 문법을 지원합니다. 이름에서 유추할 수 있듯이 특정한 문법을 엄격하게 규정해 우리가 만든 서비스가 운영 환경에서 안전하게 동작하도록 하는 역할을 합니다.

React.StrictMode의 대표적인 기능으로는 컴포넌트의 생명주기를 확인하고 문제있는 부분을 개발자에게 알려주는 역할입니다. 아직 리액트 사용에 미숙한 분들은 이유도 없이 useEffect()가 두 번 실행된다고 의문을 제기합니다. 이렇게 두 번 실행되는 원인은 React.StrictMode에서 개발자에게 해당 컴포넌트는 안전하지 않다는 것을 알리는 동작입니다. 이걸 double-invoking이라고 부르기도 합니다.

React.StrictMode의 이런 경고 행위는 개발단계에서만 적용되고 운영에 배포가 되면 자동으로 사라집니다. 그러나 예상치 못한 동작으로 인해서 개발단계에서 개발자들에게 혼란을 야기할 수 있습니다. 이 책에서는 복잡한 부분을 제거하고 핵심에만 집중할 수 있도록 React.StrictMode를 삭제했습니다.

다음은 현재 폴더 구조입니다.

Input 컴포넌트

먼저 필요한 컴포넌트부터 만들겠습니다. 우리가 만들 컴포넌트는 글을 작성하는 Input 컴포넌트입니다. 컴포넌트를 만들기 위해 src 폴더 아래 components라는 폴더를 만들고 그 아래에 input 폴더를 생성해주세요.

```
> cd src
> mkdir components
> cd components
> mkdir input
```

input 폴더 아래로 Input.js와 Input.module.css 파일을 만듭니다.

```
> cd input
> touch Input.js
> touch Input.module.css
```

폴더 구조는 아래와 같습니다.

```
src
 ㄴ components
   ㄴ input
     - Input.js
     - Input.module.css
```

이제 Input.js부터 코드를 작성하겠습니다.

[Input.js]
```
// 1
import React from "react";
import styles from "./Input.module.css";

// 2
const Input = ({ onChange, onClick, value }) => {
  return (
```

```
    <form className={styles.inputBox} onSubmit={onClick}>
      <input
        className={styles.input}
        type="text"
        placeholder="What is your goal?"
        onChange={onChange}
        value={value}
      />
      <button type="submit" className={styles.button}>
        Send
      </button>
    </form>
  );
};

export default Input;
```

1. react를 import합니다. 훅 함수가 없다면 해당 import 문은 삭제해도 무방합니다. 또한 module.css로 작성된 스타일 객체를 불러옵니다.

   > **Note** / module.css는 뭔가요?
   >
   > .css로 제작할 경우 전역 범위에 해당하는 스타일이 적용되기 때문에 스타일 이름을 지정할 때 신중하게 작성해야 합니다. 이런 단점을 쉽게 해결하고자 CRA에서는 module이라는 개념을 추가하여 전역 범위에 해당하는 스타일이 아닌 해당 스타일을 import한 파일에만 스타일이 적용되도록 했습니다.
   >
   > 개발자 도구에서 확인해보면 다음과 같이 클래스명에 임의 해시(hash) 값이 할당된 것을 알 수 있습니다. 이런 방법으로 전역 범위에 적용될 수 있는 스타일을 방지합니다.
   >
   > ```
   > ▼<div class="homeContainer_img_wrap__akjBn"> == $0
   >     <img src="/static/media/antman.a8ca30a....png" width="250px" he
   >     00px" class="homeContainer_img__gkcN1" alt="aa">
   >     <h3 class="homeContainer_number__E7py6">2</h3>
   >   </div>
   > ```

2. Input 컴포넌트의 props로 onChange 함수와 value와 Add 버튼을 클릭할 때 동작하는 onClick 함수를 받습니다.

다음으로 Input.module.css는 다음과 같이 작성합니다.

[Input.module.css]
```css
.inputBox {
  display: flex;
  flex-direction: row;
  gap: 5px;
  padding: 10px;
}
.input {
  flex: 1 1 auto;
  border: 0;
  outline: none;
  padding: 10px;
  background-color: #cecece;
  border-radius: 5px;
}
.button {
  cursor: pointer;
}
```

Goal 컴포넌트

Goal 컴포넌트를 위해 폴더를 생성하겠습니다. components 폴더 아래 goal 폴더를 만들어주세요. goal 폴더 아래 우리가 필요한 Goal.js와 Goal.module.css를 추가하겠습니다.

```
> cd ..
> mkdir goal
> cd goal
> touch Goal.js
> touch Goal.module.css
```

최종적인 components 폴더 구조는 다음과 같습니다.

```
src
 └ components
  └ input
   - Input.js
   - Input.module.css
  └ goal
   - Goal.js
   - Goal.module.css
```

다음으로 Goal.js부터 만들어보겠습니다.

[Goal.js]

```js
import React from "react";
import styles from "./Goal.module.css";

// 1
const Goal = ({ id, status, msg, onCheckChange }) => {
  return (
    <div className={styles.goalWrap}>
      <label
        className={status ? styles.textDisabled : styles.text}
        htmlFor={id}
      >
        {
          // 2
          status && <div className={styles.clean} />
        }
        <input
          type="checkbox"
          id={id}
          name={id}
          data-msg={msg}
          onChange={onCheckChange}
          checked={status}
        />
        {msg}
      </label>
    </div>
```

```
  );
};

export default Goal;
```

Goal.js 또한 위에서 만든 Input.js와 비슷합니다.

1. props로 라벨을 구분할 수 있는 id 값과 to-do 메시지, 체크 상태인지를 구분하는 status 값을 받습니다. 또한 check 이벤트를 등록할 수 있는 함수를 추가합니다.
2. status 값이 true라면 to-do 메시지에 줄을 긋는 역할을 합니다.

다음은 Goal.module.css입니다.

[Goal.module.css]
```css
.goalWrap {
  display: flex;
  flex-direction: row;
  padding: 10px;
  gap: 5px;
}
.text {
  color: #edd200;
  cursor: pointer;
  position: relative;
  font-weight: bold;
  display: flex;
  flex-direction: row;
}
.textDisabled {
  color: rgba(189, 189, 189, 0.5);
  cursor: pointer;
  position: relative;
  font-weight: bold;
  display: flex;
  flex-direction: row;
}
```

```
.clean {
  content: "";
  display: block;
  position: absolute;
  right: 0;
  top: 8px;
  width: calc(100% - 20px);
  height: 2px;
  background-color: #edd200;
}
```

마지막으로 위에서 작성한 컴포넌트를 쉽게 불러올 수 있도록 components 폴더 아래에 index.js를 작성하겠습니다.

```
> cd components
> touch index.js
```

components/index.js는 다음과 같이 작성합니다.

[index.js]
```
export { default as Input } from "./input/Input";
export { default as Goal } from "./goal/Goal";
```

MainContainer

필요한 라이브러리

- dayjs(1.11.7): 날짜 관련 객체를 관리하고 생성하는 라이브러리입니다.
- react-icons(4.8.0): 간단하게 아이콘 이미지를 사용할 수 있는 라이브러리입니다.

먼저 npm을 이용해서 필요한 라이브러리를 추가하겠습니다.

```
> npm install dayjs
> npm install react-icons
```

지금부터 작성할 MainContainer는 컴포넌트의 부모 역할을 하며 다양한 상태를 종합적으로 관리하는 역할을 합니다.

첫 번째로 폴더를 생성하겠습니다. src 폴더 아래에 containers 폴더를 만들고 그 아래 mainContainer 폴더를 추가합니다. 마지막으로 MainContainer.js와 MainContainer.module.css 파일까지 만들면 준비가 완료됩니다.

```
> cd ..
> mkdir containers
> cd containers
> mkdir mainContainer
> cd mainContainer
> touch MainContainer.js
> touch MainContainer.module.css
```

폴더 구조는 아래와 같습니다.

```
src
 ㄴ components
   ㄴ input
     - Input.js
     - Input.module.css
   ㄴ goal
     - Goal.js
     - Goal.module.css
   - index.js
 ㄴ containers
   ㄴ mainContainer
     - MainContainer.js
     - MainContainer.module.css
```

본격적으로 MainContainer.js를 작성해보겠습니다.

[MainContainer.js]
```
// 1
import React, { useState } from "react";
```

```
import styles from "./MainContainer.module.css";
import dayjs from "dayjs";
import { Input, Goal } from "../../components";
import { MdPlaylistAdd } from "react-icons/md";

const MainContainer = () => {
  // 2
  const [memoData, setMemoData] = useState(new Map());
  const [currentDate, setCurrentDate] = useState("");
  const [goalMsg, setGoalMsg] = useState("");
  // 3
  const onAddDateHandler = () => {
    const tempCurrentDate = dayjs().format("YYYY.MM.DD HH:mm:ss");
    if (memoData.has(tempCurrentDate)) return;
    setCurrentDate(tempCurrentDate);
    setMemoData((prev) => new Map(prev).set(tempCurrentDate, []));
  };
  // 4
  const onDateClick = (e) => {
    const { id } = e.target.dataset;
    setCurrentDate(id);
  };
  // 5
  const onMsgClickHandler = (e) => {
    e.preventDefault();
    const newGoalList = memoData.get(currentDate);
    setMemoData((prev) =>
      new Map(prev).set(currentDate, [
        ...newGoalList,
        { msg: goalMsg, status: false },
      ])
    );
    setGoalMsg("");
  };
  // 6
  const onChangeMsgHandler = (e) => {
    setGoalMsg(e.target.value);
  };
```

```
// 7
const onCheckChange = (e) => {
  const checked = e.target.checked;
  const msg = e.target.dataset.msg;
  const currentGoalList = memoData.get(currentDate);
  const newGoal = currentGoalList.map((v) => {
    let temp = { ...v };
    if (v.msg === msg) {
      temp = { msg: v.msg, status: checked };
    }
    return temp;
  });
  setMemoData((prev) => new Map(prev).set(currentDate, [...newGoal]));
};
return (
  <div className={styles.memoContainer}>
    <div className={styles.memoWrap}>
      <nav className={styles.sidebar}>
        <ul className={styles.dateList}>
          {
            // 8
            Array.from(memoData.keys()).map((v) => (
              <li
                className={styles.li}
                key={v}
                data-id={v}
                onClick={onDateClick}
              >
                {v}
              </li>
            ))
          }
        </ul>
        <div className={styles.addWrap}>
          <MdPlaylistAdd
            size="30"
            color="#edd200"
            style={{ cursor: "pointer" }}
```

```
          onClick={onAddDateHandler}
        />
      </div>
    </nav>
    <section className={styles.content}>
      {memoData.size > 0 && (
        <>
          <ul className={styles.goals}>
            {memoData.get(currentDate).map((v, i) => (
              <li key={`goal_${i}`}>
                <Goal
                  id={`goal_${i}`}
                  msg={v.msg}
                  status={v.status}
                  onCheckChange={onCheckChange}
                />
              </li>
            ))}
          </ul>
          <Input
            value={goalMsg}
            onClick={onMsgClickHandler}
            onChange={onChangeMsgHandler}
          />
        </>
      )}
    </section>
  </div>
 </div>
 );
};

export default MainContainer;
```

1. 앞에서 만든 컴포넌트와 필요한 라이브러리를 불러옵니다.

2. 날짜에 맞는 to-do 리스트와 현재 클릭한 날짜, 목표를 작성하는 input value 변수를 작성합니다.

```
const [memoData, setMemoData] = useState(new Map());
```

각 날짜에 맞는 to-do 리스트를 관리하기 위해서 Map 객체를 이용했습니다. Map 객체는 키-값 형태로 키로는 날짜를 할당하고 값으로는 to-do 리스트를 할당합니다. 앞으로 Map 객체를 이용해서 다양한 데이터를 저장할 예정입니다.

3. onAddDateHandler()는 화면에 + 버튼을 누르면 호출됩니다.

```
const tempCurrentDate = dayjs().format("YYYY.MM.DD HH:mm:ss");
if (memoData.has(tempCurrentDate)) return;
setCurrentDate(tempCurrentDate);
setMemoData((prev) => new Map(prev).set(tempCurrentDate, []));
```

tempCurrentDate는 dayjs를 이용해서 현재 날짜로 설정했습니다. 이 데이터를 이용해서 Map 객체를 할당합니다. 초기 데이터 값으로는 빈 배열이 들어 있습니다.

setMemoData()를 보면 (prev)라는 파라미터 값을 확인할 수 있습니다. 리액트의 useState 내부에 함수를 정의하면 바로 전 상태값을 사용할 수 있는 prev와 같은 파라미터를 제공합니다.

4. onDateClick()은 왼쪽에 있는 날짜를 클릭하면 호출됩니다.

5. onMsgClickHandler()는 목표를 작성한 후 Add 버튼을 클릭하면 실행됩니다.

```
const newGoalList = memoData.get(currentDate);
  setMemoData((prev) =>
    new Map(prev).set(currentDate, [
      ...newGoalList,
      { msg: goalMsg, status: false },
    ])
  );
```

먼저 memoData에서 현재 날짜에 해당하는 to-do 리스트 데이터를 불러옵니다. 불러온 to-do 데이터와 새로 작성한 to-do 목록을 배열에 추가한 후에 setMemoData()를 업데이트합니다. 위 로직에서 status: false라는 값이 보입니다. 이 status는 체크박스에 체크했을 때 true로 변환되며 글에 밑줄을 긋는 역할을 합니다.

6. onChangeMsgHandler()는 input 박스의 onChange 이벤트에 등록되고 to-do 목록을 작성할 때 호출됩니다.

7. onCheckChange()는 체크박스를 클릭했을 때 실행됩니다.

```
const checked = e.target.checked;
const msg = e.target.dataset.msg;
const currentGoalList = memoData.get(currentDate);
```

```
    const newGoal = currentGoalList.map((v) => {
        let temp = { ...v };
        if (v.msg === msg) {
          temp = { msg: v.msg, status: checked };
        }
        return temp;
    });
    setMemoData((prev) => new Map(prev).set(currentDate, [...newGoal]));
```

파라미터로 전달받은 이벤트 객체(e)에서 체크 유무와 메시지 내용을 확인할 수 있습니다.

전달받은 to-do 항목과 가지고 있는 to-do 리스트의 값을 순회하며 비교합니다. 동일한 값이 있다면 status를 알맞게 변환합니다.

8. Map 객체를 배열로 변환하는 과정입니다.

```
    Array.from(memoData.keys()).map((v) => (
      <li
        className={styles.li}
        key={v}
        data-id={v}
        onClick={onDateClick}
      >
        {v}
      </li>
    ))
```

Array.from()을 이용해서 Map의 key() 메소드를 이용해서 배열로 변환합니다.

이제 App.js에서 기존 내용을 모두 삭제하고 다음과 같이 업데이트해주세요.

[App.js]
```
import MainContainer from "./containers/mainContainer/MainContainer";

function App() {
  return <MainContainer />;
}

export default App;
```

MainContainer.module.css는 다음과 같이 작성합니다. 제공된 예제 파일에서 코드를 복사한 후 붙여 넣어도 좋습니다.

```css
[MainContainer.module.css]
.memoContainer {
    display: flex;
    justify-content: center;
    align-items: center;
    height: 100vh;
}
.memoWrap {
    width: 700px;
    height: 500px;
    border-radius: 10px;
    display: flex;
    flex-direction: row;
    overflow: hidden;
}
.sidebar {
    background-color: #363636;
    height: inherit;
    width: 200px;
}
.dateList {
    list-style: none;
    margin: 0;
    padding: 10px;
    height: 425px;
    overflow: auto;
}
.li {
    cursor: pointer;
    padding: 10px;
    position: relative;
    color: #fff;
    font-weight: bold;
}
```

```css
.li::after {
  content: "";
  position: absolute;
  top: 0;
  left: 0;
  height: 0.5px;
  width: 180px;
  background-color: #cecece;
}
.li:first-of-type::after {
  height: 0;
}
.content {
  width: 500px;
  height: inherit;
  background-color: #000;
  display: flex;
  flex-direction: column;
  gap: 10px;
}
.addWrap {
  text-align: right;
  padding: 10px;
}
.goals {
  padding: 0;
  margin: 0;
  list-style: none;
  flex: 1 1 auto;
  overflow: auto;
}
```

우리가 만든 최종 폴더 구조입니다.

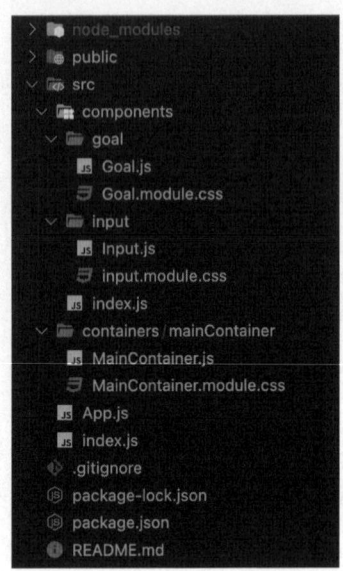

우리가 구현한 예제가 잘 실행되는지 확인해보겠습니다. 먼저 프로젝트 폴더 루트에서 터미널을 실행해주세요. 다음 명령어를 실행합니다.

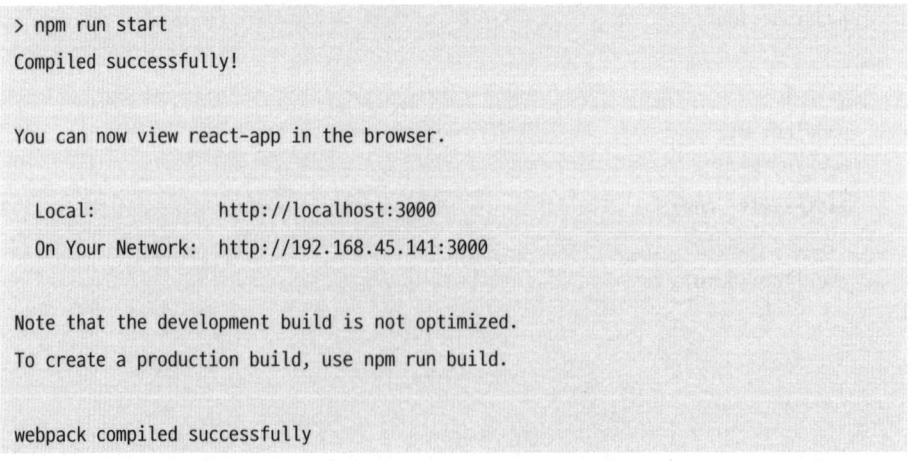

브라우저 창에서 http://localhost:3000/으로 접속해주세요.

이제 + 버튼을 클릭해서 자신이 원하는 to-do 항목을 작성하면 됩니다. 저는 'To wash my hands'라고 작성하겠습니다.

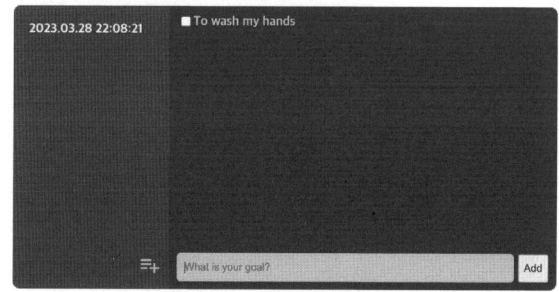

잘 등록되었습니다. 이번에는 다양한 리스트를 작성하고 새로운 날짜도 등록해보겠습니다.

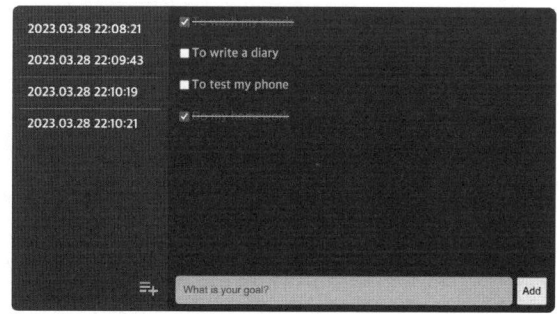

모든 기능이 정상적으로 작동하는 걸 확인할 수 있습니다.

리액트의 기본적인 설명은 끝났습니다. 이번에 리액트의 핵심 원리와 상태 관리를 학습했습니다. 또한 함수형 컴포넌트 제작 방식을 이용해서 훅 함수인 useState, useEffect를 살펴봤습니다. 마지막으로 Map 객체를 이용해서 어떻게 데이터를 다루는지도 예제를 통해서 확인했습니다. 다음에는 리액트와 카운터파트를 이루는 서버 사이드를 알아보겠습니다.

02장

nodejs

자바스크립트는 지금까지 웹을 지탱하는 중요한 요소로 동작하고 있습니다. 1990년대 초 자바스크립트가 등장하면서 웹 브라우저 세계는 엄청난 진화를 시작했습니다. 기존의 웹은 HTML과 CSS로 정적인 모습만 보여줬지만, 자바스크립트를 이용해 사용자와 웹이 동적으로 상호작용을 할 수 있게 되었습니다. 또한 사용자 친화적인 다양한 라이브러리와 프레임워크가 대거 등장하면서 웹 플랫폼 시장을 빠른 속도로 성장시켰습니다.

현재는 자바스크립트가 브라우저 환경을 넘어서 서버와 앱과 사물 인터넷의 영역까지 제작할 수 있는 스크립트 언어가 되었습니다.

2.1 nodejs의 탄생

2009년 5월, 라이언 달(Ryan Dahl)이라는 개발자가 nodejs를 발표합니다. 당시 웹에서는 구글 크롬 브라우저에 대한 관심이 폭발적이었습니다. 크롬 브라우저에는 구글이 새로 개발한 자바스크립트 엔진인 v8이 탑재되었기 때문입니다. v8은 C++로 개발되어 자바스크립트 코드를 기반으로 기계어 코드를 생성해서 실행하기 때문에 현존하는 자바스크립트 엔진의 성능을 압도했습니다. 이런 빠른 성능을 기반으로 자바스크립트를 이용한 다양한 시도가 있었고 그 첫 번째 자이언트 스텝이 nodejs의 탄생이었습니다.

흔히 nodejs라고 하면 서버를 먼저 떠올립니다. 자바스크립트를 이용해서 프런트엔드를 넘어 백엔드까지 제작을 가능하게 했기 때문 아닐까 추측합니다. 정확히 말하면 nodejs는 자바스크립트를 실행시키는 런타임 환경을 말합니다. nodejs 공식 사이트에서도 nodejs를 백엔드 제작 툴이 아닌 런타임 환경으로 소개하고 있습니다. 그리고 nodejs 하면 빠지지 않는 키워드가 바로 비동기와 논블로킹(non-blocking)입니다.

멀티 스레드 기반 동기 방식

흔히 nodejs의 장점이라고 하면 빠른 네트워크 처리를 많이 꼽습니다. nodejs는 서버 환경에서 기존 웹 서버와는 다른 방식을 채택하고 있기 때문입니다. 기존 웹 서버들은 요청을 처리할 때 동기 방식으로 일을 처리합니다. 순차적으로 일을 처리하는 동기 방식에서는 다른 요청이 들어오면 앞의 일을 끝내야 처리할 수 있습니다. 결국 병목이 발생하는데 이런 문제를 흔히 I/O(입출력) 블로킹이라고 합니다. 여기서 I/O가 나온 이유는 서버 부하의 원인의 대부분 I/O에서 발생하기 때문입니다.

다음 그림은 동기 방식으로 작동하는 햄버거 주문 과정을 나타내고 있습니다. 이 가게에서는 한 번에 한 명의 손님만 처리합니다. 한 손님이 주문하고 그 주문이 완료될 때까지 기다리는 동안 다른 손님은 주문을 할 수 없습니다. 따라서 한 손님이 복잡한 주문을 한다면 그 주문을 처리하는 동안 다른 모든 손님은 기다려야 합니다. 이런 식으로 요청을 처리하는 방식은 효율성이 떨어집니다.

동기 방식 햄버거 주문

I/O 블로킹을 해결하기 위해 기존 서버는 스레드를 이용하게 되었습니다. 멀티 스레드는 서버로 오는 요청을 병렬 처리할 수 있도록 했습니다. 예를 들어 10명의 사람이 동시에 햄버거를 주문한다면 여러 개의 카운터를 만들어 동시에 주문을 받을 수 있습니다.

멀티 스레드를 이용한 햄버거 주문

이렇게 보면 너무 순조로운 방법 같지만 이 방법에도 한계가 있습니다. 스레드는 서버의 CPU 자원을 나눠서 갖는 형태이기 때문에 자원이 고갈되면 요청을 처리하지 못합니다. 또한 공통된 자원을 어떻게 공유할 것인가에 대한 문제도 있습니다.

공유하는 재료 소진 문제

이벤트 기반 비동기 방식의 등장

앞서 말한 스레드의 한계를 극복하고자 비동기 방식이 등장했습니다. 놀랍게도 비동기 방식은 단일 스레드로 동작합니다. 하지만 의문점이 있습니다. 단일 스레드라면 어떻게 많은 요청을 한 번에 처리할 수 있을까요? 이런 마법을 가능하게 만드는 기술은 바로 이벤트 기반 비동기 방식입니다.

이벤트 기반 방식은 자바스크립트에서 사용되는 이벤트와 콜백(callback) 함수를 통해 작업을 처리하는 방식입니다. 이벤트가 발생하면 해당 이벤트를 감지하고, 이벤트가 발생했음을 알려주는 콜백 함수가 실행됩니다. 이를 통해 우리는 이벤트가 발생했을 때 필요한 작업을 처리할 수 있습니다.

예를 들어, A, B, C 세 가지 종류의 햄버거를 한 번에 주문해서 먹고 싶다고 가정해봅시다. 만약 제가 초능력을 가지고 있다면 세 종류의 햄버거를 동시에 주문하고 동시에 받아올 수 있을 것입니다. 이처럼 몸을 복사하는 방법이 동기 방식의 멀티 스레드입니다.

하지만 현실적으로는 그런 초능력을 가지고 있지 않기 때문에 효율적인 방법이 필요합니다. 그래서 음식이 완성되면 저를 부르는 요청을 보내게 합니다. 이렇게 되면 음식이 완성되는 대로 빠르게 해당 위치로 이동해서 음식을 받아올 수 있습니다. 다시 말해, 이벤트가 발생하면 콜백 함수를 실행하여 필요한 작업을 수행하는 것입니다. 이것이 단일 스레드 비동기 처리 방식입니다.

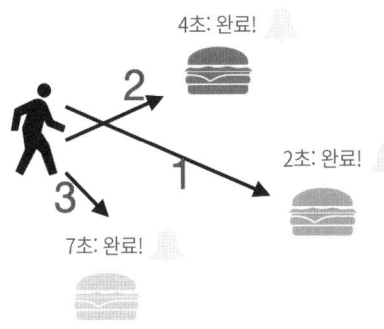

이렇게 비교하면 멀티 스레드가 무조건 성능이 좋을 것 같지만 만약 만들어지는 음식 대기 시간이 동일하다면 결국 같은 시간에 같은 결과를 만들어 낼 것입니다. 단일 스레드이기 때문에 앞에서 설명했던 멀티 스레드의 단점을 극복할 수 있습니다. 그러나 만약 단일 스레드가 동작을 멈춘다면 시스템 전체에 악영향을 미칠 수 있습니다.

2.2 nodejs 웹 서버

앞에서 nodejs의 배경과 장단점을 살펴봤습니다. 이제는 nodejs를 이용해서 얼마나 간단히 서버를 설계할 수 있는지 살펴보겠습니다. index.html을 서빙하는 nodejs 서버를 만들려고 합니다.

> **What is a Nodejs?**
>
> Node.js is a popular open-source, cross-platform, JavaScript runtime environment that allows developers to build fast, scalable, and server-side applications using JavaScript. Node.js uses an event-driven, non-blocking I/O model that makes it efficient and lightweight. It is built on the V8 JavaScript engine from Google, which is the same engine that powers the Google Chrome web browser. Node.js enables developers to use JavaScript for both client-side and server-side programming, allowing for code reuse and making it easier to build real-time web applications. Node.js has a large and active community of developers who contribute to its ecosystem of libraries and frameworks, making it one of the most popular tools for web development.

브라우저에서 http://localhost:5000으로 접속하면 위와 같은 화면이 나오는 예제입니다.

프로젝트 초기 설정

먼저 nodejs를 설치하겠습니다. 지금 nodejs 설정을 해두면 Part 2의 실전 예제를 원활하게 진행할 수 있습니다.

https://nodejs.org/ko/download/ 사이트에 접속해서 LTS 버전을 운영체제에 맞게 다운로드해주세요.

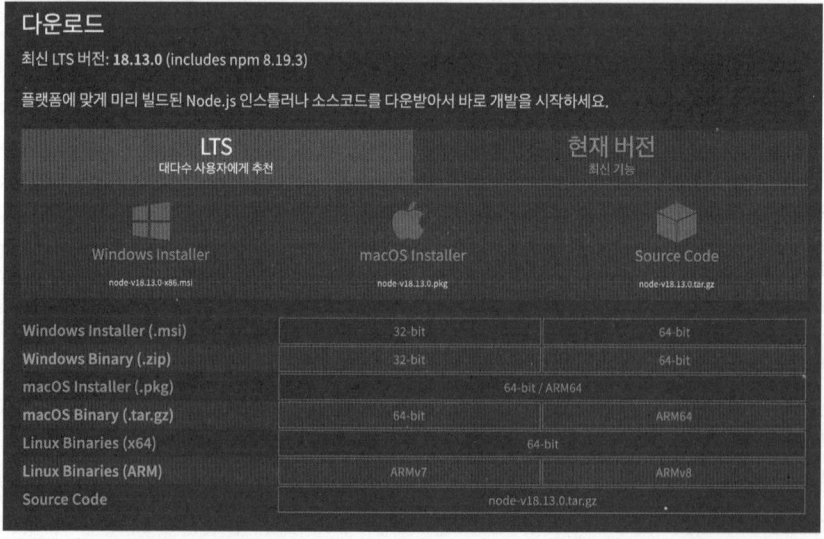

다운로드 이후에 mac의 경우 터미널, Windows는 cmd 창을 열고 다음 명령어를 입력해주세요.

```
> node -v
v16.13.2
```

nodejs의 버전이 나온다면 설치 성공입니다.

server.js

이제는 server.js 파일을 생성하겠습니다. node-server-ex라는 빈 폴더를 만들고 그 아래에 server.js 파일을 만들어주세요.

```
> mkdir node-server-ex
> cd node-server-ex
> touch server.js
```

코드 편집기에서 node-server-ex 폴더를 열어 파일을 확인합니다.

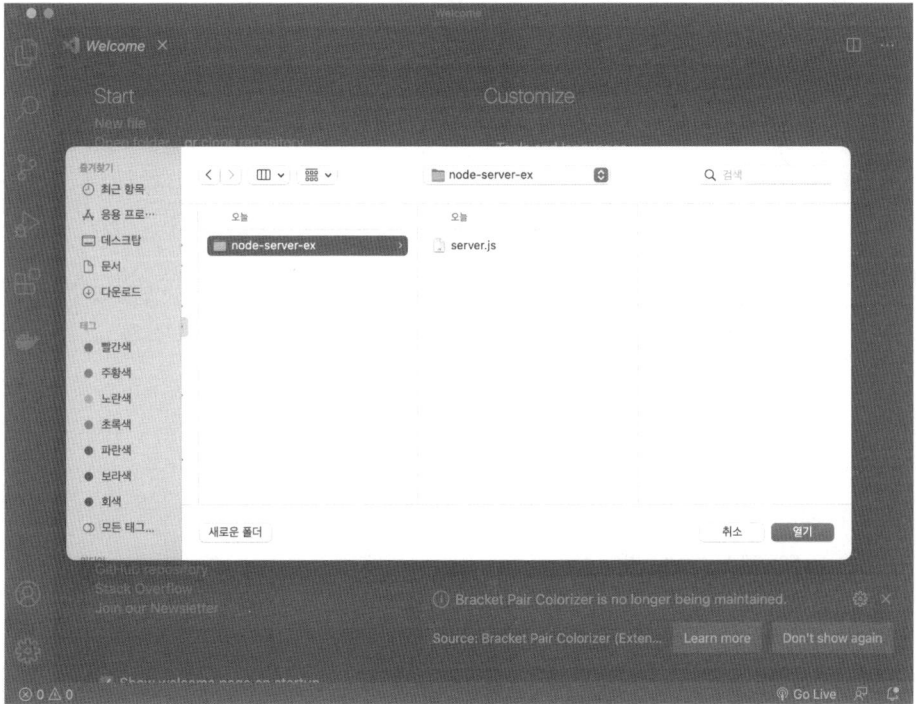

폴더 구조는 아래와 같습니다.

```
node-server-ex
 - server.js
```

server.js 파일을 열고 다음과 같이 코드를 작성합니다.

[server.js]
```
// 1
const http = require("http");
const fs = require("fs").promises;
const url = require("url");

// 2
const server = http
  .createServer(async (req, res) => {
    // 3
    const pathname = url.parse(req.url).pathname;
    const method = req.method;
    let data = null;

    // 4
    if (method === "GET") {
      switch (pathname) {
        case "/":
          res.writeHead(200, {
            "Content-Type": "text/html; charset=utf-8",
          });
          data = await fs.readFile("./index.html");
          res.end(data);
          break;
        default:
          res.writeHead(400, {
            "Content-Type": "text/html; charset=utf-8",
          });
          data = await fs.readFile("./index.html");
          res.end(data);
```

```
    }
  }
})
.listen(5000);

// 5
server.on("listening", () => {
 console.log("5000 port is running");
});
// 6
server.on("error", (err) => {
 console.log(err);
});
```

1. nodejs에서는 require라는 문법을 이용해서 모듈과 라이브러리를 불러올 수 있습니다. 예제에서 사용할 http, fs, url이라는 모듈을 각각 불러왔습니다.

    - http : 기본 모듈로 웹 서버를 만들 때 사용합니다.
    - fs : 파일을 읽을 때 사용합니다.
    - url : 요청 url을 파싱하여 간편하게 사용할 수 있도록 합니다.

    > **Note** / http 모듈로만 서버를 만드나요?
    >
    > 실무에서는 기본 http 모듈보다 express라는 외부 모듈을 많이 사용합니다. express 모듈을 사용하면 더 간결하게 웹 서버의 기능을 사용할 수 있습니다.
    >
    > ▪ https://expressjs.com/ko/guide/routing.html
    >
    > 우리가 위에서 작성한 라우팅 또한 express를 이용하면 더 직관적으로 코딩할 수 있습니다.
    >
    > ```
    > var express = require('express');
    > var app = express();
    >
    > // respond with "hello world" when a GET request is made to the homepage
    > app.get('/', function(req, res) {
    >  res.send('hello world');
    > });
    > ```

2. http.createServer() 메소드를 이용해서 서버를 만듭니다. 그 아래 36행에서 listen(5000) 메소드를 이용해서 포트 5000번으로 서버를 생성합니다.

```
.listen(5000);
```

3. url.parse()라는 메소드를 이용해서 접속한 url 정보를 파싱합니다. 만약 파싱된 정보를 살펴보고 싶다면 아래와 같이 코드에 console.log()를 추가해서 다음과 같은 속성이 있는 걸 확인할 수 있습니다.

```
...
const method = req.method;
let data = null;

// 추가
console.log(url.parse(req.url));

// 4
if (method === "GET") {
...
```

그중에서 우리는 pathname을 사용합니다.

```
Url {
    protocol: null,
    slashes: null,
    auth: null,
    host: null,
    port: null,
    hostname: null,
    hash: null,
    search: null,
    query: null,
    pathname: '/',
    path: '/',
    href: '/'
}
```

4. method 값을 이용해서 'GET'으로 넘어온 경우 분기문 안에 들어가도록 했습니다.

```
const method = req.method;
```

node 서버가 제공하는 req 객체에는 요청에 해당하는 다양한 정보가 들어 있습니다. 기본적으로 HTTP 프로토콜과 REST API를 이용한 웹 서비스를 만들기 때문에 req 객체를 이용해 다양한 기능을 구현할 수 있습니다.

5. 서버에 최초로 진입할 때 실행되는 함수입니다.
6. 서버에 오류가 발생할 때 실행됩니다.

index.html

이제 node 서버가 서빙할 HTML을 만들겠습니다. 위의 node-server-ex 폴더 아래 index.html을 만들어주세요.

```
> touch index.html
```

폴더 구조는 아래와 같습니다.

```
node-server-ex
 - server.js
 - index.html
```

index.html 내용은 간단합니다. 그대로 작성해주세요.

[index.html]

```
<!DOCTYPE html>
<html lang="en">
 <head>
   <meta charset="UTF-8" />
   <meta http-equiv="X-UA-Compatible" content="IE=edge" />
   <meta name="viewport" content="width=device-width, initial-scale=1.0" />
   <title>Document</title>
 </head>
 <style>
   body {
     background-color: #ffbb00;
   }
```

```
      .center {
        display: flex;
        flex-direction: row;
        justify-content: center;
      }
      .content {
        max-width: 900px;
        width: 100%;
      }
      h1 {
        color: #fff;
        margin-top: 50px;
      }
      section {
        line-height: 25px;
        font-size: 1rem;
      }
    </style>
    <body>
      <div class="center">
        <div class="content">
          <h1>What is a Nodejs?</h1>
          <section>
            Node.js is a popular open-source, cross-platform, JavaScript runtime
            environment that allows developers to build fast, scalable, and
            server-side applications using JavaScript. Node.js uses an
            event-driven, non-blocking I/O model that makes it efficient and
            lightweight. It is built on the V8 JavaScript engine from Google,
            which is the same engine that powers the Google Chrome web browser.
            Node.js enables developers to use JavaScript for both client-side and
            server-side programming, allowing for code reuse and making it easier
            to build real-time web applications. Node.js has a large and active
            community of developers who contribute to its ecosystem of libraries
            and frameworks, making it one of the most popular tools for web
            development.
          </section>
        </div>
      </div>
```

```
    </body>
</html>
```

최종적인 폴더 모양은 아래와 같습니다.

이제 서버를 실행할 차례입니다. 폴더의 루트 경로로 이동한 후에 다음과 같이 node 명령어를 실행해주세요.

```
> node server.js
5000 port is running
```

이제 브라우저를 열고 http://localhost:5000 으로 접속합니다.

What is a Nodejs?

Node.js is a popular open-source, cross-platform, JavaScript runtime environment that allows developers to build fast, scalable, and server-side applications using JavaScript. Node.js uses an event-driven, non-blocking I/O model that makes it efficient and lightweight. It is built on the V8 JavaScript engine from Google, which is the same engine that powers the Google Chrome web browser. Node.js enables developers to use JavaScript for both client-side and server-side programming, allowing for code reuse and making it easier to build real-time web applications. Node.js has a large and active community of developers who contribute to its ecosystem of libraries and frameworks, making it one of the most popular tools for web development.

우리가 작성한 index.html 내용이 노출됐나요? 그렇다면 성공입니다.

지금까지 nodejs의 기본적인 사용법을 학습했습니다. 지금의 내용이면 앞으로 작성할 소켓 서버를 구현하는 데 문제가 없습니다. 추가적인 기능이나 모듈은 예제를 진행하면서 하나씩 알아가보겠습니다. 다음 장에서는 드디어 소켓을 이야기할 차례입니다.

03장

소켓 통신

소켓 통신을 해야 한다면 갑자기 머리가 멍해지는 경험을 해보셨나요? '소켓 통신을 들어만 봤지 이걸 어떻게 구현하는거지'라는 생각이 들 수도 있습니다. 사실 웹 개발을 하다 보면 소켓 통신을 필수로 해야 되는 건 아닙니다. 요즘 웹은 HTTP 통신만으로도 충분히 멋진 기능들을 만들어낼 수 있기 때문입니다. 그러나 더 효율적인 웹 서비스를 위해서라면 소켓 통신은 선택이 아닌 필수입니다. 예를 들어 우리가 자주 사용하는 좌석 예약 서비스 혹은 채팅 같은 실시간 응답을 요구하는 서비스에서 소켓 통신은 서비스의 주요 기능 중 하나입니다.

3.1 네트워크 기본 구조

멀고도 가까운 단어인 소켓 통신을 알기 위해선 먼저 기초적인 네트워크 구조와 우리가 자주 사용하는 HTTP 통신을 알 필요가 있습니다.

OSI 7 계층

조금은 원론적인 이야기를 해볼까 합니다. 컴퓨터 공학 교재에서 볼 수 있는 OSI 7 계층이라는 단어입니다. 실제로 인프라를 구축하는 인프라팀이 아니라면 OSI 7 계층 같은 단어는 많이 사용하지 않습니다. 특히 프런트엔드나 백엔드 개발자라면 더욱 긴가민가할 겁니다. 가장 기본적인 개념 설명을 이해해야 소켓 통신의 모래성을 쌓지 않을 수 있습니다.

1980년대 인터넷이 보급되면서 네트워크 통신을 하는 회사들이 우후죽순 생겨났습니다. 네트워크 통신을 담당하는 제조사들은 서로 다른 방식으로 통신하기 시작합니다. 이후에는 당연히 문제가 발생합니다. 어떤 제조사의 통신 모델에 맞춰야 할까요?

이렇게 어지러운 네트워크 통신을 정리하기 위해 국제표준화기구인 ISO가 나서게 됩니다. ISO는 네트워크 통신 규약(프로토콜)과 기본적인 네트워크 통신 구조 모델을 정하는데 그게 바로 OSI 7 계층입니다.

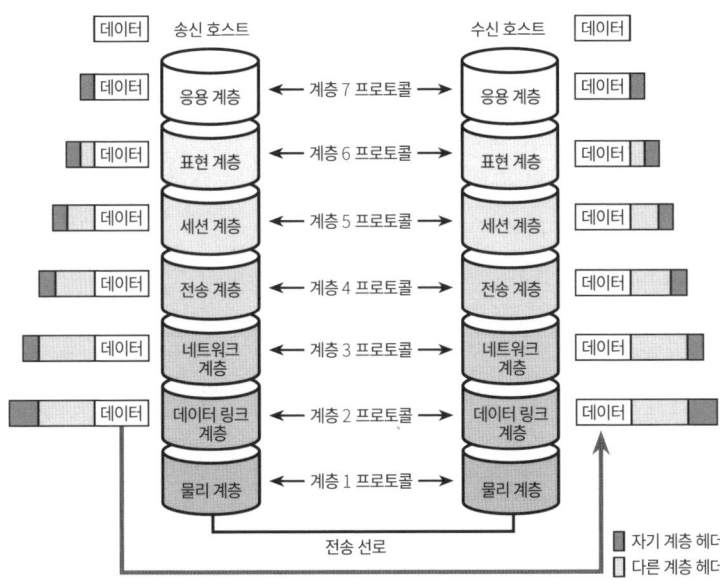

1. **응용 계층**: 사용자가 직접적으로 사용하는 인터넷과 이메일이 이 영역에 해당합니다. 주로 사용자와 인터페이스 역할을 합니다.

2. **표현 계층**: 데이터를 표현하는 역할을 합니다. 표현하는 방법으로는 데이터 암호화, 복호화, 압축 등이 있습니다.

3. **세션 계층**: 두 장치 사이의 동기화를 담당합니다. 오류가 발생한다면 복구하는 과정이 이루어집니다.

4. **전송 계층**: 장치 사이의 신뢰성 있는 데이터 전송을 담당합니다. 그래서 오류 검출과 데이터 흐름 제어 등의 기능을 제공합니다. 또한 우리가 흔히 알고 있는 포트(port)를 사용해서 데이터를 전송합니다.

5. **네트워크 계층**: 라우팅의 역할을 맡고 있습니다. 가장 안전하고 빠른 길을 안내합니다.

6. **데이터 링크 계층**: 물리적 연결을 담당하며 MAC 주소를 이용해서 통신합니다.

7. **물리 계층**: 전기적, 기계적인 특성을 이용해서 데이터를 전송합니다. 데이터는 0과 1뿐이며 데이터 전달하는 기능만 있기 때문에 오류 제어와 알고리즘 같은 역할은 할 수 없습니다.

일곱 단계마다 각각의 역할과 프로토콜의 영역이 다릅니다. 여기서 모든 단계를 설명하는 건 의미가 없습니다. 중요한 점은 송신을 하는 입장에서는 각각의 단계를 거치면서 헤더 정보를 추가해서 수신자에게 보낸다는 사실입니다. 그러면 이 데이터 덩어리를 받은 수신자는 반대로 헤더의 정보를 해석하면서 정보를 받게 됩니다.

TCP/IP 4 계층

OSI 7 계층의 탄생으로 이제 네트워크 통신에는 평화가 찾아왔습니다. 그러나 한 가지 문제가 있습니다. 인터넷의 발전으로 데이터를 어떻게 하면 원하는 위치에 안정적으로 전송할 수 있는 방법에 대해 고민하게 되었습니다. 이 과정에서 OSI 7 계층이라는 거대한 구조보다 조금 더 실무적이고 단순화한 모델을 찾다가 TCP/IP 4 계층이 나왔습니다.

그림으로 봐도 OSI 7 계층보다 좀 더 친숙하지 않나요? TCP/IP는 컴퓨터 사이의 정보를 주고받을 수 있는 통신 규약(protocol)의 집합을 말합니다.

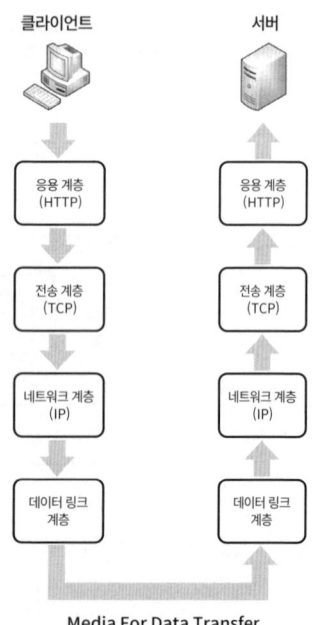

TCP(Transmission Control Protocol)는 전송제어 프로토콜로 포트 번호를 사용하며 기기 간의 '안전한' 데이터 전송을 담당합니다. 여기서 '안전한'을 강조했는데 이유는 신뢰를 보장하지 않는 UDP(User Datagram Protocol)도 있기 때문입니다. IP(Internet Protocol)는 기기 간의 가장 빠른 데이터 전송을 담당합니다. 우리가 흔히 말하는 IP 주소가 바로 여기서 나왔습니다.

우리가 실무에서 가장 많이 사용하는 데이터 통신이라고 하면 응용 계층에 있는 HTTP 프로토콜을 이용한 통신을 이야기합니다. 앞으로 알아볼 소켓 통신은 전송 계층에 위치한 TCP 혹은 UDP 프로토콜을 사용하게 됩니다. 결론적으로 HTTP는 사실 TCP 기반으로 만들어졌기 때문에 소켓 방식으로 만들어졌다고 볼 수 있습니다.

3.2 소켓 통신

소켓 통신의 정의

앞의 내용을 정리해보겠습니다. 소켓 통신이란 TCP 혹은 UDP 프로토콜을 사용하는 두 기기 간의 연결입니다. 이런 연결을 하기 위해 특정한 IP 주소와 포트 번호를 이용해서 통신 연결을 유지합니다.

여기서 중요한 포인트는 '연결'입니다. 클라이언트와 서버가 실시간으로 데이터를 주고받기 위해선 특정한 연결이 계속 이어져 있어야 합니다. 흔히 '커넥션'이라고 말하는데 HTTP 통신과 다르게 연결을 유지하기 위해선 컴퓨터의 자원을 소모하며 커넥션이 많을수록 부하가 발생합니다. 그래서 데이터 통신이 자주 일어난다면 양방향 통신인 소켓 통신을 사용하지만 데이터 통신이 자주 발생하지 않는다면 단방향 통신인 HTTP 통신이 적합합니다.

> **Note** 양방향 통신은 소켓 통신만 있을까?
>
> HTTP를 이용한 양방향 통신 기법도 있습니다.
>
> - **폴링(Polling)**: 클라이언트가 특정 시간을 간격으로 계속 서버에 request를 요청하는 방식입니다. 계속 요청해서 응답이 있는지 확인하기 때문에 불필요한 요청과 부하가 발생합니다.
> - **롱 폴링(Long Polling)**: 폴링의 무분별한 확인 요청과 서버 부하를 줄이기 위한 방법입니다. 폴링처럼 지속적으로 확인하는 것이 아닌 서버에서 이벤트가 발생하면 그때 클라이언트에게 응답을 주는 방식입니다.

- **스트리밍(streaming)**: 롱 폴링처럼 연결을 맺고 끊는 것이 아니라 지속적인 연결 상태로 서버의 데이터를 클라이언트가 받을 수 있습니다.

위 방식들 모두 구현이 단순하다는 장점이 주를 이루지만 HTTP 통신을 기반으로 하기 때문에 큰 헤더 정보는 서버에 부담이 될 수 있습니다. 또한 폴링 같은 경우는 사실 실시간 통신으로 보기 어렵습니다.

소켓 통신 프로세스

그렇다면 소켓 통신은 어떤 방식으로 이루어지는 걸까요? 위에서 살펴본 TCP/IP 통신을 토대로 말씀드리겠습니다.

3방향 핸드셰이크

TCP 통신 혹은 소켓 통신의 원리를 말하다 보면 자연스럽게 나오는 키워드가 3방향 핸드셰이크(3-way handshake)입니다. 3방향 핸드셰이크란 신뢰성 있는 연결을 위해 서버와 클라이언트 간의 사전 약속이라고 말할 수 있습니다. 앞에서 말한 것처럼 TCP 통신은 신뢰를 기반으로 동작합니다. 안전한 TCP 통신을 위해선 클라이언트의 요청이 안전하게 서버에 도달하기 위한 사전 작업이 필요합니다. 이런 사전 작업은 다음과 같이 이루어집니다.

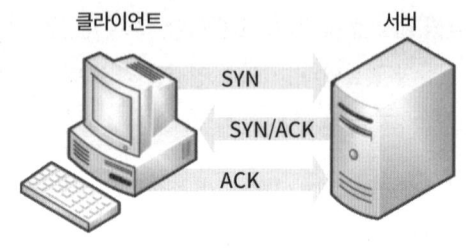

1. 소켓 통신을 위해 사전에 클라이언트는 SYN이라는 패킷을 서버에 전송하고 SYN/ACK를 받기 위한 상태로 대기합니다.
2. SYN 패킷을 받은 서버는 클라이언트에서 받은 SYN과 패킷과 잘 받았다는 패킷인 ACK를 하나로 만들어서 다시 클라이언트에 SYN/ACK를 전송합니다.
3. ACK를 받은 클라이언트는 다시 서버로 ACK 패킷을 보내며 잘 받았다는 요청을 보내게 됩니다.

위의 일련의 과정이 3단계로 이루어져 3방향 핸드셰이크라고 합니다. 3방향 핸드셰이크 이후 데이터를 서로 주고받을 수 있는 소켓 통신이 이루어집니다.

> **Note** UDP 통신은 3방향 핸드셰이크가 없나요?

네, 없습니다. UDP는 비신뢰성 연결을 지향합니다. 다음 그림과 같은 모습으로 데이터 통신을 준비합니다.

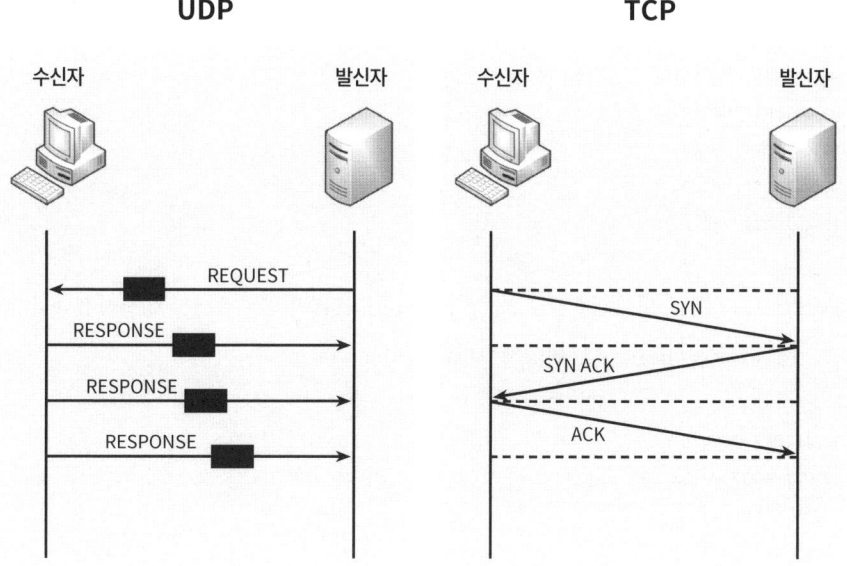

신뢰성을 보장하지 않기 때문에 UDP는 TCP와는 다르게 빠른 성능을 가지고 있습니다. 이런 특징을 기반으로 연속적인 데이터가 필요할 때는 UDP 프로토콜을 사용합니다.

3.3 net 모듈을 이용한 TCP 서버

드디어 지루했던 소켓의 이론 수업이 끝났습니다. 사실 소켓은 구현보다 이론이 더 어렵다는 생각도 듭니다. 이제는 직접 구현해보겠습니다. 거창한 이론과는 다르게 직접 구현한다면 이런 생각을 할 것 같습니다. '이론은 거창하던데… 이렇게 간단하다고…?'

앞의 이론에 따르면 소켓은 TCP, UDP 프로토콜을 사용한다고 배웠습니다. 그렇다면 이번에는 nodejs를 이용해서 간단한 소켓 통신을 구현해보겠습니다.

프로젝트 초기 설정

간단하게 만들어볼 예제는 클라이언트에서 서버로 1초마다 'Hello.'를 전송하는 예제입니다. 아래 로그는 서버 콘솔에 노출되는 모습을 보여줍니다.

```
From client: Hello.
From client: Hello.
From client: Hello.
From client: Hello.
From client: Hello.
```

먼저 테스트할 폴더를 생성해주세요. 저는 'net-module'이라는 폴더를 생성하겠습니다. 그 아래에 server.js와 client.js를 생성해주세요.

```
> mkdir net-module
> cd net-module
> touch server.js
> touch client.js
```

코드 편집기에서 net-module 폴더를 엽니다. 최종적인 구조는 그림과 같습니다.

server.js

이제 서버 사이드인 server.js부터 구현을 시작하겠습니다. nodejs에서 제공하는 내장 모듈인 net 모듈을 사용하겠습니다.

> **Note**  net 모듈
>
> net 모듈은 TCP 스트림 기반의 비동기 네트워크 통신을 제공하는 모듈입니다. nodejs에서는 net 모듈을 통해서 간단히 서버와 클라이언트 통신을 설계할 수 있습니다. 하지만 net 모듈은 저수준의 TCP 통신을 제공하기 때문에 브라우저와 서버의 통신은 지원하지 않습니다.

[server.js]

```js
// 1
const net = require("net");

//2
const server = net.createServer((socket) => {
 // 3
 socket.on("data", (data) => {
   console.log("From client:", data.toString());
 });
 // 4
 socket.on("close", () => {
   console.log("client disconnected.");
 });
 // 5
 socket.write("welcome to server");
});

server.on("error", (err) => {
 console.log("err" + err);
});

// 6
server.listen(5000, () => {
 console.log("listening on 5000");
});
```

1. net 모듈을 추가합니다.

2. createServer()를 이용해 TCP 서버를 생성합니다.

3. "data"라는 구분자로 클라이언트에서 오는 값을 받습니다.

4. "close"는 net 모듈에 등록된 키워드로 클라이언트에서 소켓을 닫을 때 응답합니다.

5. write()를 이용해 서버에서 클라이언트로 메시지를 전달합니다.

6. 5000번 포트를 열고 기다립니다.

client.js

이번에는 client.js를 구현하겠습니다.

[client.js]
```js
const net = require("net");
// 1
const socket = net.connect({ port: 5000 });
socket.on("connect", () => {
  console.log("connected to server!");
  // 2
  setInterval(() => {
    socket.write("Hello.");
  }, 1000);
});
// 3
socket.on("data", (chunk) => {
  console.log("From Server:" + chunk);
});
// 4
socket.on("end", () => {
  console.log("disconnected.");
});
socket.on("error", (err) => {
  console.log(err);
});
// 5
socket.on("timeout", () => {
  console.log("connection timeout.");
});
```

1. connect()를 사용해 5000번 포트의 서버에 접속을 시도합니다.

2. 1초 간격으로 서버에 "Hello." 메시지를 요청합니다.

3. "data" 구분자로 서버에서 오는 데이터를 수신합니다.

4. 서버 연결이 끊길 때 응답합니다.

5. 연결이 지연될 때 출력됩니다.

구현은 완료됐습니다. 이제 server.js부터 실행해보겠습니다. 터미널 창을 열고 다음과 같은 명령어를 입력해주세요.

```
> cd net-module
> node server.js
listening on 5000
```

위와 같이 나오면 server.js가 정상적으로 실행된 것입니다. 이번에는 별도의 터미널을 열고 클라이언트를 실행해보겠습니다.

```
> cd net-module
> node client.js
connected to server!
From Server:welcome to server
```

클라이언트도 정상적으로 실행됐습니다. 다시 돌아와서 서버 사이드 터미널을 볼까요?

```
From client: Hello.
From client: Hello.
From client: Hello.
From client: Hello.
From client: Hello.
```

서버 로그를 보면 1초 간격으로 클라이언트에서 보내는 메시지가 정상적으로 출력되는 것을 볼 수 있습니다. ctrl+Z를 눌러서 실행을 중지합니다.

3.4 HTML5 웹 소켓 채팅 서비스

위에서 net 모듈을 이용한 TCP 서버를 만들었습니다. 그러나 터미널로만 실행하다 보니 조금은 지루한 느낌이 있습니다. 이번에는 UI를 포함한 브라우저를 이용해서 통신하겠습니다.

HTML5의 등장과 함께 프런트엔드 개발 환경은 엄청난 변화를 겪게 되었습니다. 이유는 어마어마한 API와 기능을 제공했기 때문입니다. 예를 들어 HTML5 이전에는 얻기 힘든 위치 정보 데이터를 브라우저 수준에서 손쉽게 다룰 수 있었습니다. 그중 하나가 지금 알아볼 HTML5 웹 소켓입니다.

> **Note** / HTML5 웹 소켓의 한계
>
> HTML5와 함께 등장한 웹 소켓은 IE8과 같은 하위 브라우저에서는 사용하지 못하는 단점이 있습니다. 또한 TCP를 기반으로 하는 브라우저는 HTTP 통신을 사용하기 때문에 비연결을 지향하는 UDP 기반으로는 사용할 수 없습니다.

> **Note** / RFC 6455
>
> 웹 소켓이나 소켓을 공부하다 보면 RFC라는 용어를 마주치게 됩니다. RFC(Request For Comments)는 국제 인터넷 표준화 기구인 IETF(Internet Engineering Task Force)에서 관리하는 표준화 문서를 말합니다.
>
> 인터넷 세상에서 표준은 중요합니다. 표준을 통해서 신뢰성 있는 데이터 교환을 이룰 수 있고 간편한 방법으로 다양한 연결점들과 동기화할 수 있기 때문입니다. 이런 표준화 작업 중에서 RFC 6455는 웹 소켓 표준을 정의한 문서입니다. 시간이 있다면 인터넷에 RFC 6455를 검색해서 문서(https://www.rfc-editor.org/rfc/rfc6455)를 읽어보는 것을 추천합니다.

앞에서 배웠던 리액트를 기반으로 HTML5 웹 소켓을 이용한 채팅 서비스를 만들어 보겠습니다. 채팅 서비스의 이름은 WebChat입니다.

WebChat의 기능은 간단합니다. 첫 페이지에서 자신이 원하는 아이디를 입력하고 로그인합니다.

로그인하게 되면 채팅 페이지로 전환됩니다. 채팅 페이지에서는 본인이 말한 내용은 왼쪽에 정렬되고 다른 사용자가 말한 내용은 오른쪽에 정렬됩니다. 새로운 사용자가 등장하면 'Tom joins the chat'이라는 메시지를 출력합니다.

프로젝트 초기 설정

먼저 html5-websocket이라는 폴더를 만들고 그 아래에 client, server라는 폴더를 생성하겠습니다. client 폴더의 경우는 npx를 이용해서 CRA로 프로젝트를 설정할 예정입니다.

```
> mkdir html5-websocket
> cd /html5-websocket
> mkdir server
> npx create-react-app client
```

명령 실행이 완료되면 코드 편집기에서 html5-websocket 폴더를 엽니다. 위 명령어를 실행하면 다음과 같은 구조의 폴더 모습으로 설정됩니다.

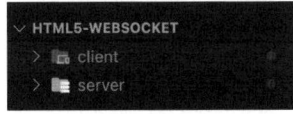

클라이언트 사이드

client 폴더 내용 중 다음과 같이 사용하지 않는 부분은 삭제하겠습니다.

```
- App.test.js
- logo.svg
- reportWebVitals.js
- setupTests.js
```

client/src/index.js에서 사용하지 않는 부분은 제거하겠습니다.

```js
[index.js]
import React from "react";
import ReactDOM from "react-dom/client";
import "./index.css";
import App from "./App";

const root = ReactDOM.createRoot(document.getElementById("root"));
root.render(<App />);
```

client/src/App.js의 logo 파일을 사용하는 부분도 삭제합니다.

[App.js]

```
import './App.css';

function App() {
 return (
 <div className="App">
  <header className="App-header">
  <p>
  Edit <code>src/App.js</code> and save to reload.
  </p>
  <a
   className="App-link"
   href="https://reactjs.org"
   target="_blank"
   rel="noopener noreferrer"
  >
   Learn React
  </a>
  </header>
 </div>
 );
}

export default App;
```

images 폴더를 생성해서 처음 진입할 때 보여지는 이미지 파일을 추가하겠습니다.

```
> cd client/src/
> mkdir images
```

Note 이미지 파일 확인하기

프로젝트에 사용되는 파일은 깃허브 주소를 참고하면 됩니다.

- https://github.com/devh-e/socket-programming-using-react/tree/master/part1/socket/html5-websocket/client/src/images

다운로드한 websocket.png 파일을 images 폴더에 넣습니다.

최종적인 모습은 아래와 같습니다.

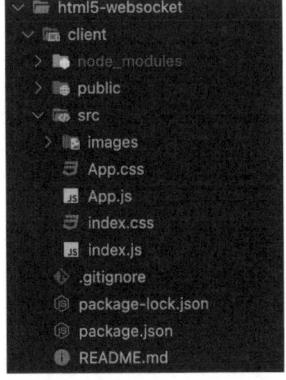

App.js

[App.js]
```
import React, { useRef, useEffect, useState } from "react";
import "./App.css";
import logo from "./images/websocket.png";

// 1
const webSocket = new WebSocket("ws://localhost:5000");

function App() {
  // 2
  const messagesEndRef = useRef(null);
  const [userId, setUserId] = useState("");
  const [isLogin, setIsLogin] = useState(false);
  const [msg, setMsg] = useState("");
  const [msgList, setMsgList] = useState([]);
  // 3
  useEffect(() => {
      if (!webSocket) return;
```

```
        webSocket.onopen = function () {
            console.log("open", webSocket.protocol);
        };
        // 4
        webSocket.onmessage = function (e) {
            const { data, id, type } = JSON.parse(e.data);
            setMsgList((prev) => [
                ...prev,
                {
                    msg: type === "welcome" ? `${data} joins the chat` : data,
                    type: type,
                    id: id,
                },
            ]);
        };
        webSocket.onclose = function () {
            console.log("close");
        };
    }, []);
    // 5
    useEffect(() => {
        scrollToBottom();
    }, [msgList]);
    const scrollToBottom = () => {
        messagesEndRef.current?.scrollIntoView({ behavior: "smooth" });
    };

    // 6
    const onSubmitHandler = (e) => {
        e.preventDefault();
        const sendData = {
            type: "id",
            data: userId,
        };
        webSocket.send(JSON.stringify(sendData));
        setIsLogin(true);
    };
    // 7
```

```jsx
    const onChangeUserIdHandler = (e) => {
        setUserId(e.target.value);
    };
    // 8
    const onSendSubmitHandler = (e) => {
        e.preventDefault();
        const sendData = {
            type: "msg",
            data: msg,
            id: userId,
        };
        webSocket.send(JSON.stringify(sendData));
        setMsgList((prev) => [...prev, { msg: msg, type: "me", id: userId }]);
        setMsg("");
    };
    // 9
    const onChangeMsgHandler = (e) => {
        setMsg(e.target.value);
    };
    return (
        <div className="app-container">
            <div className="wrap">
                {isLogin ? (
                    // 10
                    <div className="chat-box">
                        <h3>Login as a "{userId}"</h3>
                        <ul className="chat">
                            {msgList.map((v, i) =>
                                v.type === "welcome" ? (
                                    <li className="welcome">
                                        <div className="line" />
                                        <div>{v.msg}</div>
                                        <div className="line" />
                                    </li>
                                ) : (
                                    <li className={v.type} key={`${i}_li`}>
                                        <div className="userId">{v.id}</div>
                                        <div className={v.type}>{v.msg}</div>
```

```
                    </li>
                )
            )}
            <li ref={messagesEndRef} />
        </ul>
        <form
            className="send-form"
            onSubmit={onSendSubmitHandler}
        >
            <input
                placeholder="Enter your message"
                onChange={onChangeMsgHandler}
                value={msg}
            />
            <button type="submit">send</button>
        </form>
    </div>
) : (
    // 11
    <div className="login-box">
        <div className="login-title">
            <img
                src={logo}
                width="40px"
                height="40px"
                alt="logo"
            />
            <div>WebChat</div>
        </div>
        <form className="login-form" onSubmit={onSubmitHandler}>
            <input
                placeholder="Enter your ID"
                onChange={onChangeUserIdHandler}
                value={userId}
            />
            <button type="submit">Login</button>
        </form>
    </div>
```

```
        )}
      </div>
    </div>
  );
}

export default App;
```

1. new Websocket()을 이용해서 웹 소켓을 객체를 초기화하고 연결하는 작업입니다. 웹 소켓 서버를 5000번 포트로 만들 예정입니다. 그래서 localhost:5000을 연결 주소로 입력했습니다.

   ```
   const webSocket = new WebSocket("ws://localhost:5000");
   ```

   네이티브(native) 기능이기 때문에 서버처럼 별도의 모듈을 추가하는 작업은 필요하지 않습니다. 주의할 점은 연결할 소켓 주소에 ws:를 붙인다는 겁니다. ws는 웹 소켓을 의미합니다. ws://[호스트 주소]:[포트 번호]로 소켓을 연결합니다.

   > **Note** — wss와 ws
   >
   > wss는 ws를 보안적으로 업그레이드한 프로토콜이라고 생각하면 됩니다. 그래서 실제 웹 서비스에서는 wss 사용을 추천합니다.

2. WebChat에 필요한 상태 변수들을 정의합니다.

   ```
   const [msgList, setMsgList] = useState([]);
   ```

   메시지 내용은 배열 형태로 저장하고 리스트를 이용해서 차례로 출력됩니다.

3. useEffect()를 이용해서 웹 소켓의 메소드를 정의합니다.
   - onopen: 처음 소켓이 연결되면 실행됩니다.
   - onmessage: 가장 중요한 메소드로, 서버에서 온 메시지를 받습니다.
   - onclose: 소켓 연결이 종료되면 실행됩니다.

4. 서버에서 온 메시지를 받습니다.

   ```
   const { data, id, type } = JSON.parse(e.data);
   ```

JSON.parse()를 사용하는 이유는 문자열 형태로 메시지가 전송되기 때문입니다.

```
setMsgList((prev) => [
  ...prev,
  {
    msg: type === "welcome" ? `${data} joins the chat` : data,
    type: type,
    id: id,
  },
]);
```

받은 메시지는 msgList의 상태로 관리됩니다. 넘어온 값의 type은 두 가지로 welcome과 other입니다. welcome은 최초의 진입 메시지입니다. other은 남에게서 받은 메시지를 오른쪽에 나타내기 위해 사용됩니다.

5. 자동으로 스크롤을 내리도록 합니다. scrollIntoView()를 이용해서 손쉽게 구현할 수 있습니다.

```
messagesEndRef.current?.scrollIntoView({ behavior: "smooth" });
```

6. 로그인할 때 아이디를 입력한 후 Login 버튼을 클릭하면 실행됩니다.

```
const sendData = {
  type: "id",
  data: userId,
};
webSocket.send(JSON.stringify(sendData));
setIsLogin(true);
```

웹 소켓의 send() 메소드는 서버로 메시지를 전송할 때 사용됩니다. 우리가 전송할 내용은 type과 사용자 아이디입니다. 또한 데이터는 문자열로 관리되기 때문에 JSON.stringify()로 변환한 후 전송했습니다.

7. 아이디 입력을 관리하는 함수입니다.

8. send 버튼을 클릭하면 실행됩니다.

```
const sendData = {
  type: "msg",
  data: msg,
  id: userId,
};
```

```
    webSocket.send(JSON.stringify(sendData));
    setMsgList((prev) => [...prev, { msg: msg, type: "me", id: userId }]);
    setMsg("");
```

내가 보낸 메시지가 다른 사람들에게 모두 전송되기 위해서 send() 메소드로 내용을 전송했습니다. 마지막으로 setMsgList()로 현재 입력된 메시지를 바로 화면에 출력했습니다.

9. 메시지를 입력할 때 실행됩니다.

10. isLogin이라는 값으로 로그인 화면인지 채팅 화면인지를 구분합니다.

App.css

다음은 채팅 서비스를 위한 스타일입니다. 그대로 작성해주세요.

[App.css]
```css
.app-container {
    height: 100vh;
    display: flex;
    flex-direction: column;
    align-items: center;
    justify-content: center;
}
.app-container > .wrap > .login-box > .login-title {
    display: flex;
    flex-direction: row;
    font-size: 2rem;
    align-items: center;
    justify-content: center;
    gap: 5px;
}
.app-container > .wrap > .login-box > .login-title > img {
    border-radius: 50%;
}
.app-container > .wrap > .login-box > .login-form {
    display: flex;
    flex-direction: row;
    gap: 10px;
```

```css
    margin-top: 20px;
}
.app-container > .wrap > .login-box > .login-form input {
    width: 100%;
    border: 0;
    padding: 10px;
    border-radius: 5px;
    background-color: #f6f6f6;
}
.app-container > .wrap > .login-box > .login-form > button {
    border: 0;
    padding: 10px;
    border-radius: 5px;
    background-color: #00d8ff;
    color: #fff;
}

.app-container > .wrap > .chat-box .chat {
    list-style: none;
    padding: 10px;
    margin: 0;
    border: 1px solid #cecece;
    border-radius: 10px;
    width: 300px;
    height: 300px;
    overflow: auto;
}
.app-container > .wrap > .chat-box .chat li.me {
    text-align: left;
}
.app-container > .wrap > .chat-box .chat li.other {
    text-align: right;
}
.app-container > .wrap > .chat-box .chat li.welcome {
    display: flex;
    flex-direction: row;
    align-items: center;
    font-size: 12px;
```

```css
        font-weight: bold;
        gap: 10px;
}
.app-container > .wrap > .chat-box .chat li.welcome > .line {
        height: 0.5px;
        flex: 1 1 auto;
        padding: 0 10px;
        background-color: #cecece;
}
.app-container > .wrap > .chat-box .chat div.me {
        padding: 5px;
        display: inline-block;
        border-top-right-radius: 20px;
        border-bottom-left-radius: 20px;
        border-bottom-right-radius: 20px;
        background-color: #cecece;
}
.app-container > .wrap > .chat-box .chat div.other {
        padding: 5px;
        display: inline-block;
        border-top-left-radius: 20px;
        border-bottom-left-radius: 20px;
        border-bottom-right-radius: 20px;
        background-color: #000;
        color: #fff;
}
.app-container > .wrap > .chat-box .chat .userId {
        margin-top: 5px;
        font-size: 13px;
        font-weight: bold;
}
.app-container > .wrap > .chat-box .send-form {
        margin-top: 10px;
        display: flex;
        flex-direction: row;
        gap: 10px;
}
.app-container > .wrap > .chat-box .send-form input {
```

```css
    width: 100%;
    border: 0;
    padding: 10px;
    border-radius: 5px;
    background-color: #f6f6f6;
}
.app-container > .wrap > .chat-box .send-form button {
    border: 0;
    padding: 10px;
    border-radius: 5px;
    background-color: #00d8ff;
}
```

서버 사이드

이제 서버 사이드를 구현하겠습니다. server 폴더로 들어가 npm 패키지를 이용해 nodejs 서버를 설정합니다. server 폴더 안에 server.js 파일을 생성합니다.

```
> cd /server
> npm init -y
> touch server.js
```

최종 폴더 모습은 다음과 같습니다.

package.json 파일을 열어 확인해보겠습니다.

[package.json]
```
{
  "name": "server",
  "version": "1.0.0",
  "main": "server.js",
  "scripts": {
    "test": "echo \"Error: no test specified\" && exit 1",
    "start": "node server.js"
  },
```

```
  "keywords": [],
  "author": "",
  "license": "ISC",
  "description": ""
}
```

server.js

필요한 라이브러리

- ws(8.12.0) : nodejs 소켓 구현을 위한 라이브러리입니다.

server.js 구현에 앞서서 필요한 라이브러리를 설치하겠습니다.

```
> npm install ws
```

> **Note** 왜 net 모듈을 사용하지 않고 외부 모듈인 ws를 사용하나요?
>
> 예제에서 사용하는 패키지는 ws 8 버전을 사용합니다. 이렇게 외부 모듈을 사용하는 이유는 편리성 때문입니다. 내부 모듈인 net 모듈을 이용해 HTTP 서버와 TCP 서버를 모두 설정할 수 있지만 많은 수작업을 동반합니다. 그래서 간편하게 소켓 서버를 작성할 수 있는 ws 모듈을 사용합니다.
>
> ws 모듈은 다양한 기능을 간편하게 사용할 수 있습니다. connection, message, close 관리와 스트림 (stream), 브로드캐스트(broadcast)까지 큰 어려움 없이 사용할 수 있습니다. 하지만 서버에서만 사용할 수 있기 때문에 브라우저에서 쓰고 싶다면 HTML5에서 제공하는 웹 소켓 API를 사용해야 합니다.

아래는 package.json 소스 모습입니다.

[package.json]

```
{
  "name": "server",
  "version": "1.0.0",
  "main": "server.js",
  "scripts": {
    "test": "echo \"Error: no test specified\" && exit 1",
    "start": "node server.js"
```

```
},
"keywords": [],
"author": "",
"license": "ISC",
"dependencies": {
  "ws": "^8.12.0"
},
"devDependencies": {},
"description": ""
}
```

[server.js]
```
// 1
const WebSocket = require("ws");

// 2
const wss = new WebSocket.Server({ port: 5000 });

// 3
wss.on("connection", (ws) => {
    // 4
    const broadCastHandler = (msg) => {
        wss.clients.forEach(function each(client, i) {
            if (client !== ws && client.readyState === WebSocket.OPEN) {
                client.send(msg);
            }
        });
    };

    // 5
    ws.on("message", (res) => {
        const { type, data, id } = JSON.parse(res);
        switch (type) {
            case "id":
                broadCastHandler(
                    JSON.stringify({ type: "welcome", data: data })
                );
```

```
                break;
            case "msg":
                broadCastHandler(
                    JSON.stringify({ type: "other", data: data, id: id })
                );
                break;
            default:
                break;
        }
    });

    ws.on("close", () => {
        console.log("client has disconnected");
    });
});
```

1. ws 모듈을 추가합니다.

2. ws 모듈을 이용해 5000번 포트로 접속할 수 있는 웹 소켓 서버를 생성합니다.

    ```
    const wss = new WebSocket.Server({ port: 5000 });
    ```

3. ws 모듈에서 on()을 이용해 connection, message, close와 같은 상태를 확인할 수 있습니다.

4. ws 모듈은 접속한 사용자에게 동일한 메시지를 출력하기 위한 브로드캐스트(broadcast)라는 메소드를 정의하고 있지 않습니다. 그래서 브로드캐스트 기능을 하는 broadCastHandler()라는 함수를 정의했습니다. 내가 보낸 메시지를 내가 다시 받지 않기 위해서 조건문에 client !== ws를 추가했습니다.

    ```
    if (client !== ws && client.readyState === WebSocket.OPEN) {
        client.send(msg);
    }
    ```

5. 클라이언트에서 오는 메시지를 수신합니다. switch 문을 이용해서 클라이언트에서 오는 정보를 구분합니다. id로 온다면 최초 메시지는 welcome 메시지입니다. 수신한 메시지는 우리가 정의한 broadCastHandler() 함수를 이용해 다른 사용자에게 전달됩니다.

다음은 최종적인 폴더 모습입니다.

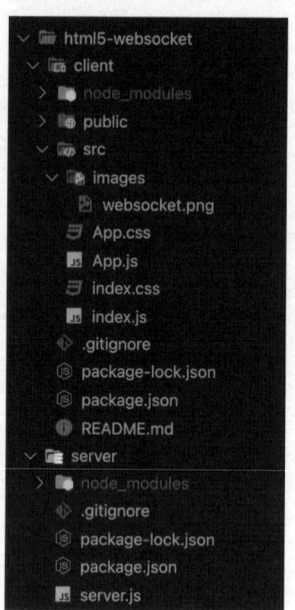

우리가 만든 채팅 서비스를 실행해보겠습니다. 준비물은 두 개의 터미널 창입니다. 먼저 서버를 실행하겠습니다. server의 루트 경로로 이동해서 npm run start를 실행해주세요.

```
> cd server
> npm run start
```

다음은 클라이언트입니다. client 폴더로 이동한 후에 npm run start를 실행하겠습니다.

```
> cd client
> npm run start
Compiled successfully!

You can now view client in the browser.

  Local:            http://localhost:5000
  On Your Network:  http://192.168.45.58:5000

Note that the development build is not optimized.
To create a production build, use npm run build.

webpack compiled successfully
```

클라이언트와 서버 모두 실행이 완료되었습니다. 이제 브라우저 창을 열고 http://localhost:5000으로 접속해주세요.

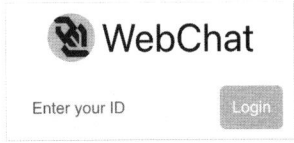

이렇게 창이 떴다면 성공입니다. 로그인할 아이디를 입력해주세요. 저는 Tom으로 입력하고 로그인하겠습니다.

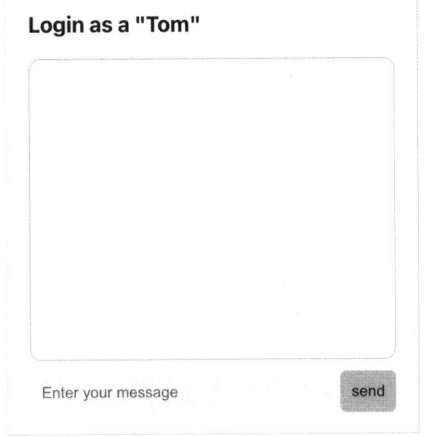

이렇게 Tom으로 로그인했다는 문구와 함께 채팅창이 보입니다. 혼자서는 채팅을 할 수 없으니 Jane이라는 친구를 추가하겠습니다. 다른 브라우저 창을 열고 동일하게 http://localhost:5000으로 접속한 다음 Jane으로 로그인해주세요.

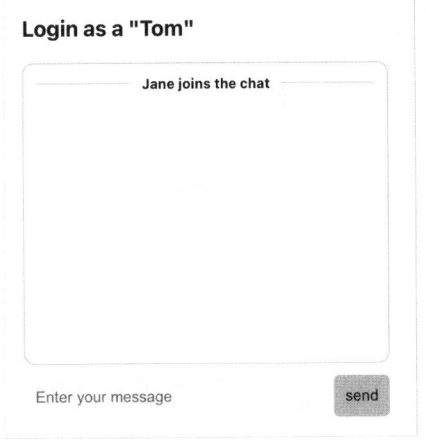

Tom 창을 확인하면 Jane이 입장했다는 문구가 표시됩니다. 이번에는 둘이 대화를 해볼까요?

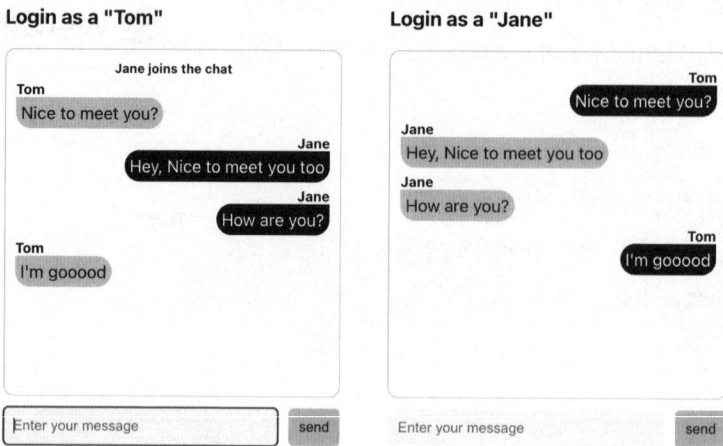

대화가 정상적으로 오고가는 걸 확인할 수 있습니다. 여기서 한 가지 확인해야 할 사항이 있습니다. 앞의 채팅 데이터 전송이 진짜 웹 소켓으로 이루어졌는지 어떻게 알 수 있을까요? 확인하기 위해 개발자 도구의 네트워크 창을 열어보겠습니다. 저는 크롬 브라우저를 이용했습니다.

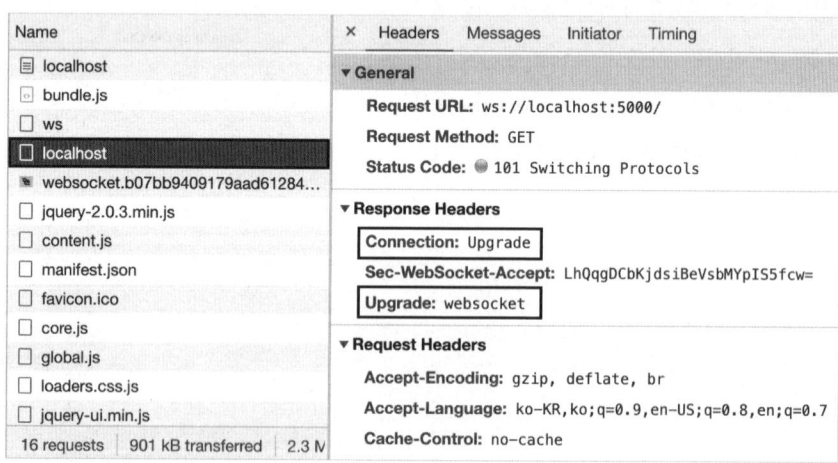

localhost 부분을 확인해보면 처음 소켓 연결을 요청할 때 Connection이라는 항목을 볼 수 있습니다. Upgrade: websocket 부분도 확인됩니다. 앞서 살펴본 3방향 핸드셰이크의 과정은 사실 클라이언트가 브라우저에게 "소켓 통신 가능하니?"라고 물어보는 것과 같습니다. 이런 질문을 요청 헤더에 실어서 날립니다. 위 부분에서 클라이언트는 서버에게 "소켓 통신이 가능하다면 웹 소켓 프로토콜로 업그레이드 해줘."라고 요청하는 것입니다.

서버는 응답으로 101이라는 상태를 전달하면 그때부터 HTTP 프로토콜이 아닌 웹 소켓 프로토콜로 통신하게 됩니다.

```
요청 URL: ws://localhost:5000/
요청 메서드: GET
상태 코드: ● 101 Switching Protocols
```

04장

socket.io

socket.io는 기예르모 로치(Guillermo Rauch)가 만든 웹 서비스를 위한 라이브러리입니다. socket.io는 세상에 나온 지 벌써 10년이 넘었습니다. 초기에는 실시간 웹 서비스를 만드는 기술로 주목을 받았고 지금은 안정화 기간을 거치며 어느 누구나 쉽게 사용할 수 있는 라이브러리로 사랑받고 있습니다.

4.1 socket.io의 특징

그렇다면 사람들은 왜 socket.io를 선호하는 걸까요? 그 이유는 socket.io가 가지고 있는 특징 때문입니다.

1. socket.io는 서버, 클라이언트 심지어 하위 브라우저까지 지원합니다.
    - 앞에서 살펴본 ws 모듈과는 다르게 socket.io는 브라우저인 클라이언트 레벨까지 지원합니다.
    - socket.io는 하위 브라우저의 실시간 서비스를 지원할 수 있습니다. socket.io는 내부적으로 하위 브라우저로 판단하면 웹 소켓이 아닌 롱 폴링(long polling) 방식으로 전환하여 실시간 통신을 합니다.
2. socket.io는 다양한 언어로 구현할 수 있습니다.
    - socket.io는 다양한 서버 사이드 언어를 지원합니다.
    - https://socket.io/docs/v4/

3. 자동 연결 기능(automatic reconnection)
   - socket.io는 클라이언트와 서버의 연결에 문제가 발생하면 자동으로 재연결을 시도합니다.
4. socket.io는 API 추상화를 통해 복잡한 로직을 숨기고 간편하게 데이터를 전송할 수 있는 함수를 제공합니다.
5. 손쉽게 채널 및 방 단위를 설계할 수 있습니다.
   - 흔히 실시간 서비스에는 private, broadcast, public과 같은 채널을 관리하게 됩니다. 이런 관리를 손쉽게 할 수 있습니다.
6. socket.io는 웹 소켓의 구현체가 아닙니다.
   - socket.io는 실시간 통신을 하기 때문에 웹 소켓의 구현체라고 생각하는 분들이 있습니다. 그러나 다양한 API의 집합이기 때문에 웹 소켓도 socket.io를 구성하는 하나의 부품에 불과합니다.
   - 클라이언트 혹은 서버, 둘 중 하나가 socket.io로 제작되었다면 한쪽도 socket.io로 제작되어야 합니다.

정리하자면 socket.io는 실시간 서비스를 위한 다양한 API의 추상화 라이브러리입니다. 그래서 웹 소켓만으로는 불가능한 작업을 가능하게 하며 간편하게 실시간 웹 서비스를 구현할 수 있습니다.

4.2 socket.io의 주요 기능

위에서 socket.io의 특징들을 살펴봤습니다. 이런 특징을 기반으로 socket.io는 넓은 입지를 다져왔습니다. 이번에는 socket.io를 다룰 수 있는 주요 기능을 설명합니다.

소켓 이벤트

socket.io에서 주로 사용하는 이벤트 함수입니다. socket.io를 이용해 예제를 만들다 보면 자연스럽게 사용하기 때문에 지금 먼저 살펴보겠습니다.

- connection: 클라이언트 연결 시 동작합니다.
- disconnect: 클라이언트 연결 해제 시 동작합니다.

- on(): 소켓 이벤트를 연결합니다.
- emit(): 소켓 이벤트가 생성됩니다.
- socket.join(): 클라이어트에게 방을 할당합니다.
- sockets.in()/sockets.to(): 특정 방에 속해 있는 클라이언트를 선택합니다.

통신 종류(채널 설정)

socket.io가 지원하는 통신 종류는 총 3가지입니다. 사실 모든 소켓 통신의 기본 방식이기 때문에 3가지 방식을 기반으로 모든 웹 서비스를 설계한다고 생각하면 됩니다.

- private
- public
- broadcast

private

private은 1:1 통신을 말합니다. 메신저를 예로 들면 1:1 채팅입니다.

```
io.sockets.to(사용자 id).emit()
```

public

전송자를 포함한 모두에게 메시지를 전송합니다. 이 말은 만약 'Hello'라는 메시지를 서버로 전송했다면 서버는 이 메시지를 보낸 사람 구분 없이 모두에게 전송합니다.

```
io.sockets.emit()
```

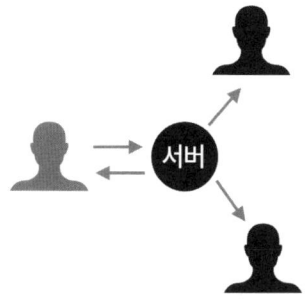

broadcast

전송자를 제외한 모든 사용자에게 메시지를 전송합니다.

```
socket.broadcast.emit()
```

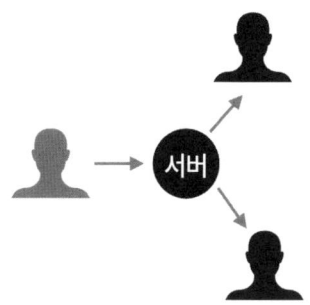

4.3 socket.io 구현

socket.io의 특징과 대표적인 함수를 알아봤습니다. 새로운 기술을 학습하는 데 실습만큼 좋은 선생은 없습니다. 그래서 학습한 기능을 토대로 채팅 서비스를 만들어보겠습니다. 우리가 만들 채팅 서비스는 앞에서 미리 만들어본 WebChat의 UI를 그대로 사용할 예정입니다. 또한 점진적으로 개선하면서 socket.io의 주요한 특징인 private, broadcast, public 채널을 알아보겠습니다.

public IOchat

우리가 작성할 채팅 서비스는 IOchat이라는 채팅 서비스입니다.

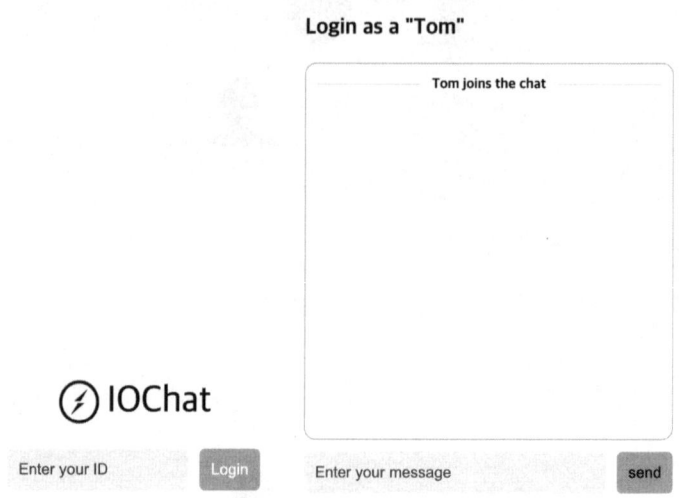

기존에 작성했던 WebChat과 동일한 UI로 작성했습니다. IOchat을 구현하면서 socket.io 에서 제공하는 public 통신을 알아볼 예정입니다. 먼저 프로젝트 설정부터 시작하겠습니다.

프로젝트 초기 설정

IOchat을 만들 폴더를 생성하겠습니다. 그 아래에 client와 server 폴더를 만듭니다.

```
> mkdir IOchat
> cd IOchat
> mkdir server
> npx create-react-app client
```

기존에 만들었던 리액트 프로젝트와 동일하게 CRA를 이용해서 client 폴더를 생성했습니다.

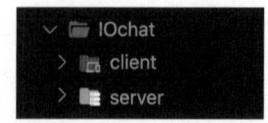

클라이언트 사이드

이제 클라이언트 사이드부터 구현을 시작하겠습니다. 앞에서 진행했던 프로젝트와 동일하게 client 폴더에 사용하지 않는 파일과 폴더를 삭제하겠습니다.

- App.test.js
- logo.svg
- reportWebVitals.js
- setupTests.js

index.js의 사용하지 않는 부분은 제거하겠습니다.

[index.js]
```
import React from "react";
import ReactDOM from "react-dom/client";
import "./index.css";
import App from "./App";

const root = ReactDOM.createRoot(document.getElementById("root"));
root.render(<App />);
```

App.js에서 logo 파일을 사용하는 부분도 삭제합니다.

[App.js]
```
import './App.css';

function App() {
 return (
 <div className="App">
  <header className="App-header">
   <p>
   Edit <code>src/App.js</code> and save to reload.
   </p>
   <a
    className="App-link"
    href="https://reactjs.org"
    target="_blank"
```

```
      rel="noopener noreferrer"
    >
      Learn React
    </a>
   </header>
  </div>
 );
}

export default App;
```

마지막으로 images 폴더를 생성해서 처음 진입할 때 보여지는 이미지 파일을 추가하겠습니다.

```
> cd client/src/
> mkdir images
```

> **Note** / 이미지 파일 확인하기
>
> 프로젝트에 사용되는 파일은 깃허브 주소를 참고하면 됩니다.
>
> - https://github.com/devh-e/socket-programming-using-react/tree/master/part1/socket.io/IOchat/client/src/images

다운로드한 iologo.png 파일을 images 폴더에 넣습니다.

코드 편집기에서 IOchat 폴더를 엽니다. client 폴더 모습은 다음과 같습니다.

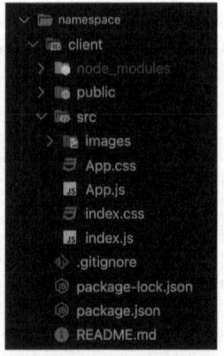

App.js

필요한 라이브러리

- socket.io-client(4.6.1) : 브라우저에서 socket.io를 사용하기 위한 라이브러리입니다.

사용할 라이브러리를 설치하겠습니다.

```
> npm install socket.io-client
```

설치한 이후에 client/package.json의 모습입니다.

[package.json]
```
{
  "name": "client",
  "version": "0.1.0",
  "private": true,
  "dependencies": {
    "@testing-library/jest-dom": "^5.16.5",
    "@testing-library/react": "^13.4.0",
    "@testing-library/user-event": "^13.5.0",
    "react": "^18.2.0",
    "react-dom": "^18.2.0",
    "react-scripts": "5.0.1",
    "socket.io-client": "^4.6.1",
    "web-vitals": "^2.1.4"
  },
  "scripts": {
    "start": "react-scripts start",
    "build": "react-scripts build",
    "test": "react-scripts test",
    "eject": "react-scripts eject"
  },
  "eslintConfig": {
    "extends": [
      "react-app",
      "react-app/jest"
    ]
```

```
  },
  "browserslist": {
    "production": [
      ">0.2%",
      "not dead",
      "not op_mini all"
    ],
    "development": [
      "last 1 chrome version",
      "last 1 firefox version",
      "last 1 safari version"
    ]
  }
}
```

모든 준비가 되었다면 바로 App.js를 작성하겠습니다.

[App.js]
```
import React, { useRef, useEffect, useState } from "react";
import "./App.css";
import logo from "./images/iologo.png";
// 1
import { io } from "socket.io-client";

// 2
const webSocket = io("http://localhost:5000");

function App() {
  // 3
  const messagesEndRef = useRef(null);
  const [userId, setUserId] = useState("");
  const [isLogin, setIsLogin] = useState(false);
  const [msg, setMsg] = useState("");
  const [msgList, setMsgList] = useState([]);
  // 4
  useEffect(() => {
    if (!webSocket) return;
```

```
    function sMessageCallback(msg) {
      const { data, id } = msg;
      setMsgList((prev) => [
        ...prev,
        {
          msg: data,
          type: "other",
          id: id,
        },
      ]);
    }
    webSocket.on("sMessage", sMessageCallback);
    return () => {
      webSocket.off("sMessage", sMessageCallback);
    };
  }, []);
  // 5
  useEffect(() => {
    if (!webSocket) return;
    function sLoginCallback(msg) {
      setMsgList((prev) => [
        ...prev,
        {
          msg: `${msg} joins the chat`,
          type: "welcome",
          id: "",
        },
      ]);
    }
    webSocket.on("sLogin", sLoginCallback);
    return () => {
      webSocket.off("sLogin", sLoginCallback);
    };
  }, []);
  // 6
  useEffect(() => {
    scrollToBottom();
  }, [msgList]);
```

```
const scrollToBottom = () => {
  messagesEndRef.current?.scrollIntoView({ behavior: "smooth" });
};

// 7
const onSubmitHandler = (e) => {
  e.preventDefault();
  webSocket.emit("login", userId);
  setIsLogin(true);
};
// 8
const onChangeUserIdHandler = (e) => {
  setUserId(e.target.value);
};
// 9
const onSendSubmitHandler = (e) => {
  e.preventDefault();
  const sendData = {
    data: msg,
    id: userId,
  };
  webSocket.emit("message", sendData);
  setMsgList((prev) => [...prev, { msg: msg, type: "me", id: userId }]);
  setMsg("");
};
// 10
const onChangeMsgHandler = (e) => {
  setMsg(e.target.value);
};
return (
  <div className="app-container">
    <div className="wrap">
      {isLogin ? (
        // 11
        <div className="chat-box">
          <h3>Login as a "{userId}"</h3>
          <ul className="chat">
            {msgList.map((v, i) =>
```

```jsx
            v.type === "welcome" ? (
              <li className="welcome">
                <div className="line" />
                <div>{v.msg}</div>
                <div className="line" />
              </li>
            ) : (
              <li className={v.type} key={`${i}_li`}>
                <div className="userId">{v.id}</div>
                <div className={v.type}>{v.msg}</div>
              </li>
            )
          )}
          <li ref={messagesEndRef} />
        </ul>
        <form className="send-form" onSubmit={onSendSubmitHandler}>
          <input
            placeholder="Enter your message"
            onChange={onChangeMsgHandler}
            value={msg}
          />
          <button type="submit">send</button>
        </form>
      </div>
    ) : (
      <div className="login-box">
        <div className="login-title">
          <img src={logo} width="40px" height="40px" alt="logo" />
          <div>IOChat</div>
        </div>
        <form className="login-form" onSubmit={onSubmitHandler}>
          <input
            placeholder="Enter your ID"
            onChange={onChangeUserIdHandler}
            value={userId}
          />
          <button type="submit">Login</button>
        </form>
```

```
          </div>
        )}
      </div>
    </div>
  );
}

export default App;
```

먼저 만들었던 WebChat과 동일합니다. socket.io를 제외한 부분은 빠르게 지나가겠습니다.

1. socket.io-client를 불러와 io 객체를 생성합니다. io 객체를 이용해서 socket.io의 다양한 기능을 구현할 수 있습니다.
2. socket.io를 초기화하는 작업입니다. 우리가 소켓 통신할 URL 주소를 io 객체에 할당합니다. 이제부터 webSocket이라는 변수를 이용해서 소켓 통신이 이루어집니다.

    ```
    const webSocket = io("http://localhost:5000");
    ```

    > **Note** ws:// 프로토콜 없이도 연결이 가능한가요?
    >
    > socket.io에서는 웹 소켓 API와 다르게 ws:// 없이 소켓을 연결했습니다. 앞에서 설명한 것처럼 socket.io는 웹 소켓의 구현체가 아니기 때문에 프로토콜 없이 연결할 수 있습니다.

    > **Note** 꼭 함수 밖에서 socket.io 객체를 초기화해야 하나요?
    >
    > 꼭 그래야 하는 건 아닙니다. 리액트에 있는 useRef, useState를 이용해서 socket.io 객체를 생성할 수 있습니다. 그러나 useRef, useState를 이용해서 초기화할 경우 코드 작성 위치에 따라서 소켓 통신이 되지 않을 수도 있습니다. 예를 들어 다음과 같이 useRef로 만든 코드가 있다고 가정하겠습니다.

    ```
    // 1
    useEffect(() => {
      if (!socketIo.current) return;
      socketIo.current.emit("join", documentId);
    }, []);
    ```

```
// 2
useEffect(() => {
    socketIo.current = io("http://localhost:5000");
}, []);
```

이렇게 초기화를 뒤에 작성할 경우 앞에 작성된 socketIo의 코드는 실행되지 않을 수도 있습니다. 그래서 socket.io에서는 socket 객체를 외부 파일로 작성해서 불러오는 방법을 추천합니다. 자세한 내용은 Part 2 실전 편에서 다루겠습니다.

3. 우리가 사용할 변수를 state와 ref로 할당했습니다.

4. 서버에서 오는 메시지를 받는 이벤트 리스너를 정의했습니다. 이벤트는 'sMessage'로 받을 수 있습니다. 이벤트로 메시지를 받으면 위에서 미리 정의한 setMsgList에 저장해서 채팅 리스트로 출력합니다. 전송받은 데이터 중 type 값을 이용해서 type에 맞는 스타일 처리를 합니다.

```
return () => {
    webSocket.off("sMessage", sMessageCallback);
};
```

useEffect로 등록된 이벤트 리스너는 off()를 이용해서 해제하는 작업이 필요합니다.

5. 로그인을 할 때 아이디를 받는 'sLogin' 이벤트를 등록합니다. 이번에는 type 값이 'welcome'으로 오게 되면 "Tom joins the chat"이라는 문구를 채팅창에 출력합니다.

> **Note** / **socket.io 이벤트 등록은 부모 컴포넌트, 자식 컴포넌트 중 어디서 해야 하나요?**
>
> 우리 예제에서는 서버 메시지를 받기 위한 이벤트 등록을 우리가 가지고 있는 단일 컴포넌트인 App.js에 작성했습니다. 그러나 만약 규모가 커지면 부모와 자식으로 컴포넌트를 구분하는 일이 발생합니다. 예를 들어 폼 컴포넌트와 그 하위의 자식 컴포넌트인 버튼 컴포넌트와 같은 구조입니다.
>
> - src
>   └ FormComponent
>   └ ButtonComponent
>
> 위와 같은 상황에서는 버튼 컴포넌트에 이벤트 등록이 필요하다면 직접 버튼 컴포넌트에 하기보다는 그 상위의 부모 컴포넌트에 이벤트를 등록하는 걸 추천합니다. 자식 컴포넌트는 화면에 렌더링되었다가 사라질 수도 있기 때문입니다. 만약 해당 버튼 컴포넌트가 소켓 이벤트 연결 이후 사라진다면 서버에서 전송된 메시지가 없어지는 현상을 겪을 수 있습니다.

6. 채팅창의 대화 목록이 자연스럽게 내려가도록 합니다.

7. 로그인할 때에 아이디를 소켓 서버로 전송합니다.

```
webSocket.emit("login", userId);
```

전송할 때는 emit() 메소드를 사용합니다.

8. 아이디 input 박스의 핸들러입니다.

9. 채팅 문구를 전송하는 함수입니다.

```
const sendData = {
  data: msg,
  id: userId,
};
webSocket.emit("message", sendData);
```

전송 데이터로 사용자의 아이디 값을 함께 전송하여 어떤 사람이 대화를 남겼는지 확인하도록 했습니다.

10. 채팅 Input 박스 핸들러입니다.

11. isLogin이라는 상태값으로 로그인 화면인지 채팅 화면인지 구분했습니다.

App.css

이제 화면에 필요한 스타일을 정의하겠습니다.

[App.css]

```css
.app-container {
  height: 100vh;
  display: flex;
  flex-direction: column;
  align-items: center;
  justify-content: center;
}
.app-container > .wrap > .login-box > .login-title {
  display: flex;
  flex-direction: row;
  font-size: 2rem;
```

```css
  align-items: center;
  justify-content: center;
  gap: 5px;
}
.app-container > .wrap > .login-box > .login-title > img {
  border-radius: 50%;
}
.app-container > .wrap > .login-box > .login-form {
  display: flex;
  flex-direction: row;
  gap: 10px;
  margin-top: 20px;
}
.app-container > .wrap > .login-box > .login-form input {
  width: 100%;
  border: 0;
  padding: 10px;
  border-radius: 5px;
  background-color: #f6f6f6;
}
.app-container > .wrap > .login-box > .login-form > button {
  border: 0;
  padding: 10px;
  border-radius: 5px;
  background-color: #00d8ff;
  color: #fff;
}

.app-container > .wrap > .chat-box .chat {
  list-style: none;
  padding: 10px;
  margin: 0;
  border: 1px solid #cecece;
  border-radius: 10px;
  width: 300px;
  height: 300px;
  overflow: auto;
}
```

```css
.app-container > .wrap > .chat-box .chat li.me {
  text-align: left;
}
.app-container > .wrap > .chat-box .chat li.other {
  text-align: right;
}
.app-container > .wrap > .chat-box .chat li.welcome {
  display: flex;
  flex-direction: row;
  align-items: center;
  font-size: 12px;
  font-weight: bold;
  gap: 10px;
}
.app-container > .wrap > .chat-box .chat li.welcome > .line {
  height: 0.5px;
  flex: 1 1 auto;
  padding: 0 10px;
  background-color: #cecece;
}
.app-container > .wrap > .chat-box .chat div.me {
  padding: 5px;
  display: inline-block;
  border-top-right-radius: 20px;
  border-bottom-left-radius: 20px;
  border-bottom-right-radius: 20px;
  background-color: #cecece;
}
.app-container > .wrap > .chat-box .chat div.other {
  padding: 5px;
  display: inline-block;
  border-top-left-radius: 20px;
  border-bottom-left-radius: 20px;
  border-bottom-right-radius: 20px;
  background-color: #000;
  color: #fff;
}
.app-container > .wrap > .chat-box .chat .userId {
```

```css
  margin-top: 5px;
  font-size: 13px;
  font-weight: bold;
}
.app-container > .wrap > .chat-box .send-form {
  margin-top: 10px;
  display: flex;
  flex-direction: row;
  gap: 10px;
}
.app-container > .wrap > .chat-box .send-form input {
  width: 100%;
  border: 0;
  padding: 10px;
  border-radius: 5px;
  background-color: #f6f6f6;
}
.app-container > .wrap > .chat-box .send-form button {
  border: 0;
  padding: 10px;
  border-radius: 5px;
  background-color: #00d8ff;
}
```

서버 사이드

이번에는 server.js를 만들겠습니다. server 폴더로 이동한 후에 server.js 파일을 생성해주세요.

```
> cd server
> touch server.js
```

또 socket.io 라이브러리를 사용하기 때문에 npm이 필요합니다. npm을 이용해서 package.json을 생성하겠습니다.

```
> npm init -y
```

npm init -y 명령어를 실행하면 자동으로 package.json 파일이 생성됩니다.

server.js

필요한 라이브러리

- socket.io(4.6.1): socket.io를 사용하기 위한 소켓 라이브러리입니다.

이제 server.js를 만들면서 socket.io를 설치하겠습니다. npm 명령어를 통해서 socket.io를 설치해주세요.

```
> npm install socket.io
```

설치된 server 폴더의 모양은 다음과 같습니다.

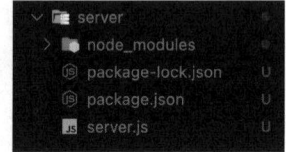

server/package.json 파일을 통해서 socket.io가 잘 설치된 것을 확인할 수 있습니다.

[package.json]
```
{
  "name": "server",
  "version": "1.0.0",
  "description": "",
  "main": "server.js",
  "scripts": {
    "test": "echo \"Error: no test specified\" && exit 1",
    "start": "node server.js"
  },
  "keywords": [],
  "author": "",
  "license": "ISC",
  "dependencies": {
    "socket.io": "^4.6.1"
  }
}
```

이제 본격적으로 server.js를 구현하겠습니다.

[server.js]
```
// 1
const { Server } = require("socket.io");

// 2
const io = new Server("5000", {
 cors: {
   origin: "http://localhost:3000",
 },
});

// 3
io.sockets.on("connection", (socket) => {
 // 4
 socket.on("message", (data) => {
   // 5
   io.sockets.emit("sMessage", data);
 });
 socket.on("login", (data) => {
   io.sockets.emit("sLogin", data);
 });
 // 6
 socket.on("disconnect", () => {
   console.log("user disconnected");
 });
});
```

1. socket.io를 프로젝트에 추가합니다. Server라는 생성자를 이용해 소켓 서버를 생성합니다.
2. new Server를 이용해 5000번 포트를 가진 소켓 서버를 만듭니다. 5000번 포트 자리에 http 서버 객체를 만들 수도 있습니다. http 서버를 이용하지 않기 때문에 임의 포트 번호로 대체했습니다.
   - CORS 설정이 추가되었습니다. CORS 설정을 통해 우리가 만든 소켓 서버에 허락된 브라우저(localhost:3000)만 접근하도록 했습니다.

> **Note** CORS?
>
> CORS는 Cross-Origin Resource Sharing의 줄임말로, 웹 애플리케이션이 다른 출처의 도메인에서 자유롭게 데이터를 주고받을 수 있도록 허용하는 정책입니다. 이는 SOP(Same Origin Policy)라는 보안 정책에 의해 웹 브라우저에서 적용되는 제약을 완화하기 위해 개발되었습니다. SOP는 웹 보안을 강화하기 위해 만들어진 정책으로, 같은 출처(Origin)에서만 데이터를 교환할 수 있도록 제한합니다. 출처는 프로토콜(HTTP나 HTTPS), 도메인, 포트 번호로 구성되며, 이 세 가지 요소가 모두 동일한 경우에만 출처가 같다고 판단됩니다. SOP는 제삼자의 공격인 CSRF(Cross-Site Request Forgery)와 같은 보안 위협으로부터 서버의 리소스를 보호하는 데 중요한 역할을 합니다.
>
> 그러나 최근에는 공공 API의 발전과 오픈 API의 활용이 증가하면서, 서로 다른 출처 간에 자유롭게 데이터를 주고받아야 하는 경우가 많아졌습니다. 이런 상황에서 SOP는 적절한 제약이 되지 않습니다. 따라서 CORS가 등장하게 되었습니다. CORS는 서버가 허가된 도메인들에 대해서만 데이터에 접근할 수 있도록 설정할 수 있는 방법입니다. 서버는 HTTP 응답 헤더를 사용하여 CORS 정책을 설정하며, 허가된 도메인은 클라이언트의 웹 브라우저에 의해 검사됩니다. 허가된 도메인에 대해서는 웹 애플리케이션에서 제한 없이 데이터를 주고받을 수 있게 됩니다.

> **Note** socket.io 3 버전과 4 버전
>
> 4 버전의 socket.io를 사용합니다(https://socket.io/docs/v3/handling-cors/). 만약 버전 3의 socket.io를 사용한다면 다음과 같은 설정이 필요합니다.
>
> ```
> const io = require("socket.io")("5000", {
>   cors: {
>     origin: "https://example.com",
>     methods: ["GET", "POST"],
>     allowedHeaders: ["my-custom-header"],
>     credentials: true
>   }
> });
> ```

3. io.sockets.on()의 connection 이벤트를 이용해 연결된 부분을 확인합니다.
4. socket.on()를 이용해 커스텀 구분자인 "message"로 클라이언트에서 오는 메시지를 받습니다. "message"라는 이벤트 아래에 "login"이라는 이벤트를 추가로 생성했습니다.

socket.io를 사용하기 전에 구현했던 ws 모듈을 기억하나요? ws 모듈의 경우 요청이 오는 소켓의 type을 구분하기 위해 switch 문을 활용했습니다.

(ws 모듈을 이용한 분기 처리)
```
ws.on("message", (res) => {
    const { type, data, id } = JSON.parse(res);
    switch (type) {
        case "id":
            broadCastHandler(
                JSON.stringify({ type: "welcome", data: data })
            );
            break;
        case "msg":
            broadCastHandler(
                JSON.stringify({ type: "other", data: data, id: id })
            );
            break;
        default:
            break;
    }
});
```

그러나 socket.io에는 별개의 이벤트를 만들어 간편하게 처리했습니다.

(socket.io를 이용한 분기 처리)
```
socket.on("message", (data) => {
    io.sockets.emit("sMessage", data);
});
socket.on("login", (data) => {
    io.sockets.emit("sLogin", data);
});
```

5. io.socket.emit()은 서버에서 클라이언트로 데이터를 전송할 때 사용합니다. 한 가지 놀라운 점은 객체의 데이터를 파싱하거나 문자열로 변환하는 작업이 없다는 점입니다.

위에서 살펴봤던 서버 소켓의 모듈들은 문자열만을 다루기 때문에 데이터를 파싱하는 과정을 추가했습니다.

```
const { type, data, id } = JSON.parse(res);
...
JSON.stringify({ type: "welcome", data: data })
```

그러나 socket.io는 문자열뿐만 아니라 객체까지 데이터로 전송할 수 있습니다.

6. disconnect 이벤트로 연결이 끊어짐을 확인합니다.

드디어 모든 구현이 끝났습니다. 최종적으로 폴더 구조를 확인하겠습니다.

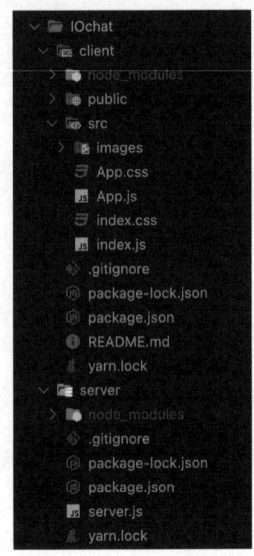

이제 서버와 클라이언트를 실행하겠습니다. 먼저 터미널 하나를 열고 서버를 실행해주세요.

```
> cd server
> npm run start
```

서버가 실행됐다면 이번에는 클라이언트를 실행하겠습니다. 다른 터미널을 열고 다음과 같이 입력합니다.

```
> cd client
> npm run start
Compiled successfully!
```

```
You can now view client in the browser.

  Local:            http://localhost:5000
  On Your Network:  http://172.16.2.233:5000

Note that the development build is not optimized.
To create a production build, use yarn build.

webpack compiled successfully
```

클라이언트도 정상적으로 실행됐습니다. 다음으로 브라우저 창에 http://localhost:5000으로 접속합니다.

저는 Tom으로 로그인을 해보겠습니다.

로그인하니 "Tom joins the chat"이라는 문구가 보입니다. 이제 다른 브라우저 창을 열고 Tom의 친구인 Jane으로 로그인하겠습니다.

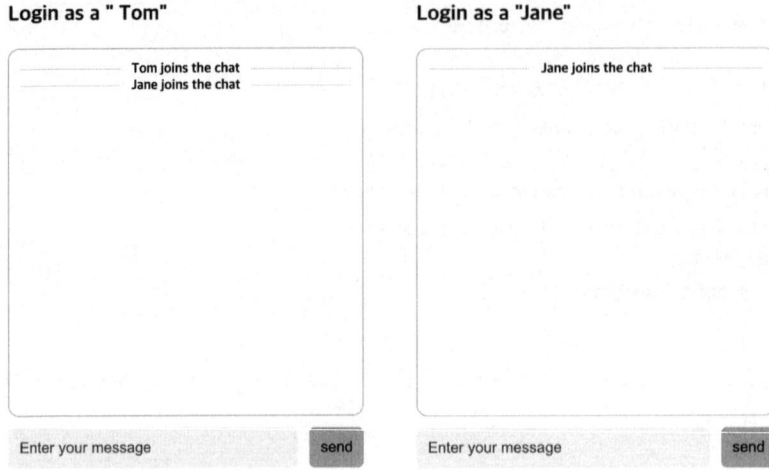

위와 같이 출력되었나요? 그렇다면 인사를 나눠볼까요?

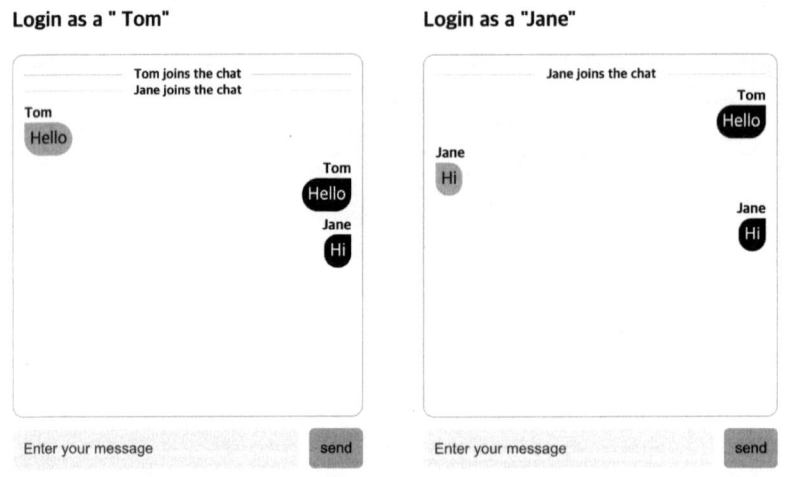

Tom이 전송한 "Hello"라는 글자가 Jane의 창에서도 출력되는 걸 확인할 수 있습니다. 그러나 조금 이상한 부분이 있습니다. Tom이 보낸 "Hello"라는 글자가 Tom의 창에서도 다른 사람이 작성한 것처럼 출력되었습니다. 이런 현상을 Jane의 창에서도 마찬가지입니다.

우리가 원하는 대로 구현된다면 자신이 보낸 메시지를 자신이 받으면 안 되는데 말입니다.

이런 결과가 나오는 이유는 아래처럼 우리가 보낸 메시지를 서버가 모두에게 전송했기 때문입니다.

```
io.sockets.emit("sMessage", data);
```

그렇다면 이런 문제를 어떻게 해결할 수 있을까요? 바로 다음에 IOchat-broadcast 예제에서 문제를 해결해보겠습니다.

broadcast를 구현한 IOchat

위 문제의 핵심 해결책은 본인이 보낸 메시지를 본인이 받지 않으면서 모두에게 전송하는 것입니다. 이걸 broadcast라고 부릅니다. 미리 앞에서 ws 모듈을 이용한 소켓 서버 설정을 기억하나요?

```
const broadCastHandler = (msg) => {
    wss.clients.forEach(function each(client, i) {
        if (client !== ws && client.readyState === WebSocket.OPEN) {
            client.send(msg);
        }
    });
};
```

ws 모듈을 이용할 땐 broadcast 기능을 사용하기 위해 직접 구현했습니다. 클라이언트 객체를 순회하며 메시지를 보낸 당사자를 제외하고 전송하는 로직입니다. 그렇다면 socket.io는 어떻게 broadcast를 처리할까요?

위에서 사용한 로직을 그대로 사용합니다. 바뀌는 건 단지 서버 사이드 로직입니다. 클라이언트 사이드의 내용을 그대로 복사해서 사용해주세요.

서버 사이드

■ **server.js**

아래는 변경된 server.js의 모습입니다.

```js
[server.js]
const { Server } = require("socket.io");

const io = new Server("5000", {
  cors: {
    origin: "http://localhost:3000",
  },
});

io.sockets.on("connection", (socket) => {
  socket.on("message", (data) => {
    // 1
    socket.broadcast.emit("sMessage", data);
  });
  socket.on("login", (data) => {
    // 2
    socket.broadcast.emit("sLogin", data);
  });
  socket.on("disconnect", () => {
    console.log("user disconnected");
  });
});
```

1~2. 엄청 복잡할 줄 알았던 broadcast의 로직이 너무나 간단합니다. 단지 socket에서 제공하는 broadcast 객체만 사용했을 뿐입니다. 과연 정상적으로 동작할지 확인해보겠습니다. 동일하게 서버와 클라이언트를 실행할 터미널 두 개를 열고 각각 서버와 클라이언트를 실행해주세요. http://localhost:5000으로 접속합니다.

```js
socket.broadcast.emit("sMessage", data);
```

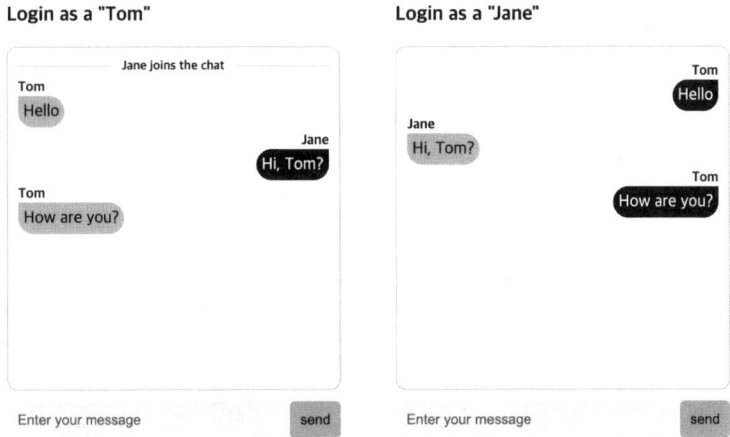

동일하게 Tom, Jane으로 로그인하고 대화를 시도했습니다. 드디어 일반적인 채팅창과 같은 결과를 얻을 수 있었습니다. 하지만 채팅을 하게 되면 무조건 모든 사람에게 메시지가 전달되는 방식이 아니라, 특정한 사람에게만 메시지를 전송하는 1:1 대화를 하고 싶습니다. 과연 이것도 socket.io는 간단하게 구현할 수 있을까요?

private을 구현한 IOchat

private 대화를 구현하기 위해선 UI도 조금은 달라져야 합니다. 일단 대화할 수 있는 상대를 선택할 수 있어야 합니다.

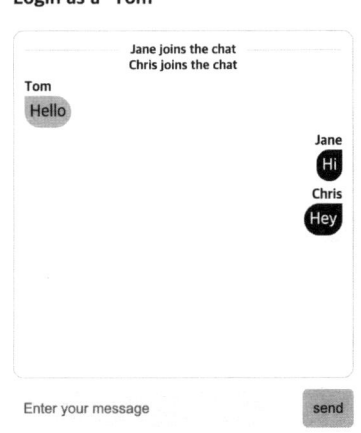

Tom으로 로그인한 대화창이 있습니다. 대화상대는 Jane, Chris입니다. 만약 Tom이 Chris와 대화하고 싶다면 Chris의 대화 아이디를 먼저 클릭합니다.

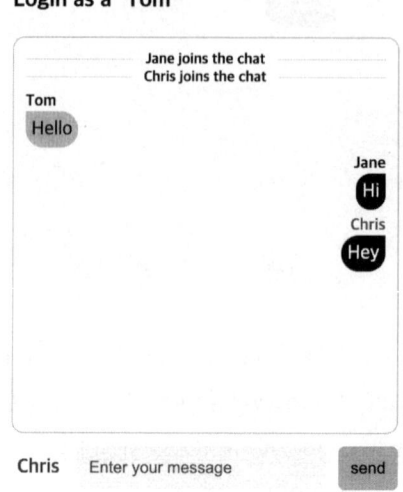

그림처럼 클릭하면 Chris 아이디가 빨간색으로 표시됩니다. 또한 메시지 입력 창 왼쪽에 Chris라는 이름이 초록색으로 노출되는 걸 확인할 수 있습니다.

클라이언트 사이드

앞에서 만든 클라이언트 사이드와 동일합니다. 단지 App.js, App.css만 변경되는 것뿐이니 앞 소스를 그대로 복사해주세요.

■ App.js

코드가 동일하기 때문에 private과 연관된 부분만 확인하겠습니다.

```
[App.js]
import React, { useRef, useEffect, useState } from "react";
import "./App.css";
import logo from "./images/iologo.png";
import { io } from "socket.io-client";
```

```
const webSocket = io("http://localhost:5000");

function App() {
  const messagesEndRef = useRef(null);
  const [userId, setUserId] = useState("");
  const [isLogin, setIsLogin] = useState(false);
  const [msg, setMsg] = useState("");
  const [msgList, setMsgList] = useState([]);
  // 1
  const [privateTarget, setPrivateTarget] = useState("");

  useEffect(() => {
    if (!webSocket) return;
    function sMessageCallback(msg) {
      // 2
      const { data, id, target } = msg;
      setMsgList((prev) => [
        ...prev,
        {
          msg: data,
          // 3
          type: target ? "private" : "other",
          id: id,
        },
      ]);
    }
    webSocket.on("sMessage", sMessageCallback);
    return () => {
      webSocket.off("sMessage", sMessageCallback);
    };
  }, []);

  useEffect(() => {
    if (!webSocket) return;
    function sLoginCallback(msg) {
      setMsgList((prev) => [
        ...prev,
        {
```

```
        msg: `${msg} joins the chat`,
        type: "welcome",
        id: "",
      },
    ]);
  }
  webSocket.on("sLogin", sLoginCallback);
  return () => {
    webSocket.off("sLogin", sLoginCallback);
  };
}, []);
useEffect(() => {
  scrollToBottom();
}, [msgList]);
const scrollToBottom = () => {
  messagesEndRef.current?.scrollIntoView({ behavior: "smooth" });
};

const onSubmitHandler = (e) => {
  e.preventDefault();
  webSocket.emit("login", userId);
  setIsLogin(true);
};
const onChangeUserIdHandler = (e) => {
  setUserId(e.target.value);
};
const onSendSubmitHandler = (e) => {
  e.preventDefault();
  // 4
  const sendData = {
    data: msg,
    id: userId,
    target: privateTarget,
  };
  webSocket.emit("message", sendData);
  setMsgList((prev) => [...prev, { msg: msg, type: "me", id: userId }]);
  setMsg("");
};
```

```
  const onChangeMsgHandler = (e) => {
    setMsg(e.target.value);
  };
  // 5
  const onSetPrivateTarget = (e) => {
    const { id } = e.target.dataset;
    setPrivateTarget((prev) => (prev === id ? "" : id));
  };
  return (
    <div className="app-container">
      <div className="wrap">
        {isLogin ? (
          <div className="chat-box">
            <h3>Login as a "{userId}"</h3>
            <ul className="chat">
              {msgList.map((v, i) =>
                v.type === "welcome" ? (
                  <li className="welcome">
                    <div className="line" />
                    <div>{v.msg}</div>
                    <div className="line" />
                  </li>
                ) : (
                  <li
                    className={v.type}
                    key={`${i}_li`}
                    name={v.id}
                    data-id={v.id}
                    onClick={onSetPrivateTarget}
                  >
                    <div
                      className={
                        v.id === privateTarget ? "private-user" : "userId"
                      }
                      data-id={v.id}
                      name={v.id}
                    >
                      {v.id}
```

```
            </div>
            <div className={v.type} data-id={v.id} name={v.id}>
              {v.msg}
            </div>
          </li>
        )
      )}
      <li ref={messagesEndRef} />
    </ul>
    <form className="send-form" onSubmit={onSendSubmitHandler}>
      {privateTarget && (
        <div className="private-target">{privateTarget}</div>
      )}
      <input
        placeholder="Enter your message"
        onChange={onChangeMsgHandler}
        value={msg}
      />
      <button type="submit">send</button>
    </form>
  </div>
) : (
  <div className="login-box">
    <div className="login-title">
      <img src={logo} width="40px" height="40px" alt="logo" />
      <div>IOChat</div>
    </div>
    <form className="login-form" onSubmit={onSubmitHandler}>
      <input
        placeholder="Enter your ID"
        onChange={onChangeUserIdHandler}
        value={userId}
      />
      <button type="submit">Login</button>
    </form>
  </div>
)}
</div>
```

```
      </div>
    );
}

export default App;
```

1. 1:1 대화 상대를 지목하고 저장할 수 있는 변수가 필요합니다. 그래서 privateTarget이라는 변수를 생성해서 클릭한 아이디의 값을 저장하겠습니다.

2. 서버에서 받는 데이터 중 target이라는 값이 있다면 'private'이라는 스타일을 적용하고, 없다면 기존에 'other'라는 스타일을 적용합니다.

```
const { data, id, target } = msg;
setMsgList((prev) => [
  ...prev,
  {
    msg: data,
    type: target ? "private" : "other",
    id: id,
  },
]);
```

'private'으로 메시지가 올 경우 채팅창에 빨간색으로 보낸 사람의 아이디가 표시됩니다.

3. 메시지를 보낼때 privateTarget에 저장된 아이디 값을 함께 전송합니다.

4. 아이디를 클릭했을 때 privateTarget 변수에 아이디를 저장하는 함수입니다.

■ **App.css**

이제 변경된 CSS를 적용해보겠습니다.

[App.css]
```
.app-container {
  height: 100vh;
  display: flex;
  flex-direction: column;
  align-items: center;
```

```css
  justify-content: center;
}
.app-container > .wrap > .login-box > .login-title {
  display: flex;
  flex-direction: row;
  font-size: 2rem;
  align-items: center;
  justify-content: center;
  gap: 5px;
}
.app-container > .wrap > .login-box > .login-title > img {
  border-radius: 50%;
}
.app-container > .wrap > .login-box > .login-form {
  display: flex;
  flex-direction: row;
  gap: 10px;
  margin-top: 20px;
}
.app-container > .wrap > .login-box > .login-form input {
  width: 100%;
  border: 0;
  padding: 10px;
  border-radius: 5px;
  background-color: #f6f6f6;
}
.app-container > .wrap > .login-box > .login-form > button {
  border: 0;
  padding: 10px;
  border-radius: 5px;
  background-color: #00d8ff;
  color: #fff;
}

.app-container > .wrap > .chat-box .chat {
  list-style: none;
  padding: 10px;
  margin: 0;
```

```css
  border: 1px solid #cecece;
  border-radius: 10px;
  width: 300px;
  height: 300px;
  overflow: auto;
}
.app-container > .wrap > .chat-box .chat li.me {
  text-align: left;
}
.app-container > .wrap > .chat-box .chat li.other {
  text-align: right;
  cursor: pointer;
}
.app-container > .wrap > .chat-box .chat li.private {
  text-align: right;
  color: red;
  cursor: pointer;
}
.app-container > .wrap > .chat-box .chat li.welcome {
  display: flex;
  flex-direction: row;
  align-items: center;
  font-size: 12px;
  font-weight: bold;
  gap: 10px;
}
.app-container > .wrap > .chat-box .chat li.welcome > .line {
  height: 0.5px;
  flex: 1 1 auto;
  padding: 0 10px;
  background-color: #cecece;
}
.app-container > .wrap > .chat-box .chat div.me {
  padding: 5px;
  display: inline-block;
  border-top-right-radius: 20px;
  border-bottom-left-radius: 20px;
  border-bottom-right-radius: 20px;
```

```css
  background-color: #cecece;
}
.app-container > .wrap > .chat-box .chat div.other {
  padding: 5px;
  display: inline-block;
  border-top-left-radius: 20px;
  border-bottom-left-radius: 20px;
  border-bottom-right-radius: 20px;
  background-color: #000;
  color: #fff;
}
.app-container > .wrap > .chat-box .chat div.private {
  padding: 5px;
  display: inline-block;
  border-top-left-radius: 20px;
  border-bottom-left-radius: 20px;
  border-bottom-right-radius: 20px;
  background-color: #000;
  color: #fff;
}
.app-container > .wrap > .chat-box .chat .userId {
  margin-top: 5px;
  font-size: 13px;
  font-weight: bold;
}
.app-container > .wrap > .chat-box .chat .private-user {
  margin-top: 5px;
  font-size: 13px;
  font-weight: bold;
  color: red;
}
.app-container > .wrap > .chat-box .send-form {
  margin-top: 10px;
  display: flex;
  flex-direction: row;
  align-items: center;
  gap: 10px;
}
```

```css
.app-container > .wrap > .chat-box .send-form input {
  width: 100%;
  border: 0;
  padding: 10px;
  border-radius: 5px;
  background-color: #f6f6f6;
}
.app-container > .wrap > .chat-box .send-form button {
  border: 0;
  padding: 10px;
  border-radius: 5px;
  background-color: #00d8ff;
}

.app-container > .wrap > .chat-box .send-form .private-target {
  border: 0;
  padding: 5px;
  color: green;
  font-weight: bold;
}
```

위의 스타일을 그대로 적용해주세요.

서버 사이드

다음으로는 드디어 server.js입니다. 서버 사이드 또한 기본적인 코드는 동일합니다. 앞 예제에서 작성했던 코드를 복사한 후에 private 코딩을 위한 부분만 수정하겠습니다.

■ server.js

[server.js]
```js
const { Server } = require("socket.io");

const io = new Server("5000", {
  cors: {
    origin: "http://localhost:3000",
  },
```

```
  });

  // 1
  const clients = new Map();

  io.sockets.on("connection", (socket) => {
    console.log("user connected");
    socket.on("message", (res) => {
      const { target } = res;
      // 2
      const toUser = clients.get(target);
      target
        ? io.sockets.to(toUser).emit("sMessage", res)
        : socket.broadcast.emit("sMessage", res);
    });
    socket.on("login", (data) => {
      // 3
      clients.set(data, socket.id);
      socket.broadcast.emit("sLogin", data);
    });
    socket.on("disconnect", () => {
      console.log("user disconnected");
    });
  });
```

1. 접속한 사용자 아이디를 저장하기 위한 Map 객체를 생성했습니다. clients 객체는 누구에게 메시지를 보낼지 검색하는 임시 사용자 데이터베이스라고 생각하면 됩니다.

2~3. 연결된 부분이기 때문에 동시에 설명하겠습니다. 3번의 clients 객체에 데이터를 저장하는 부분을 확인할 수 있습니다.

```
clients.set(data, socket.id);
```

여기서 중요한 건 바로 socket.id라는 속성입니다. socket.io에서는 기본적으로 연결된 소켓의 고유 번호인 socket.id라는 값을 가지고 있습니다. socket.id 값은 다음과 같은 무작위의 값으로 각각의 연결될 소켓을 구분합니다.

```
iCss-z8DLLmYVgIPAAAD
```

이 값을 클라이언트에서 보내온 아이디 값과 매칭해서 clients 객체에 저장합니다.

```
const toUser = clients.get(target);
  target
    ? io.sockets.to(toUser).emit("sMessage", res)
    : socket.broadcast.emit("sMessage", res);
```

2번을 보면 clients 객체에서 검색된 socket.id 값을 이용해서 특정한 사용자에게 보내는 로직입니다. io.sockets.to() 함수를 이용해서 private한 메시지를 전송할 수 있습니다. 만약 target 정보가 없다면 일반적인 broadcast를 실행합니다.

> **Note** 클라이언트에서는 socket.id 값을 바로 알 수 없나요?

알 수 있습니다. 우리 예제에서는 사용자 아이디를 서버에 전송해서 socket.id와 매칭했습니다. 그러나 클라이언트에서도 바로 socket.id를 서버로 전송할 수 있습니다.

```
const webSocket = io("http://localhost:5000");
```

우리가 생성한 webSocket 객체의 id 속성을 접근하면 서버와 동일한 id 값을 얻을 수 있습니다.

```
console.log(webSocket.id);
YU1C4D8yCHaCOg9WAAAT
```

모든 준비는 끝났습니다. 결과를 확인해보겠습니다. 앞 예제에서 했던 과정과 동일하게 두 개의 터미널에 각각 서버와 클라이언트를 실행하고 http://localhost:5000을 실행합니다. 이번에는 private을 테스트하기 위해 4개의 채팅창을 열고 확인하겠습니다.

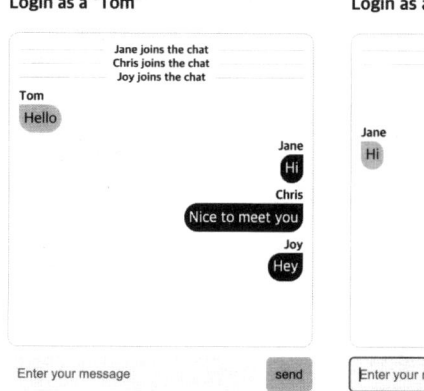
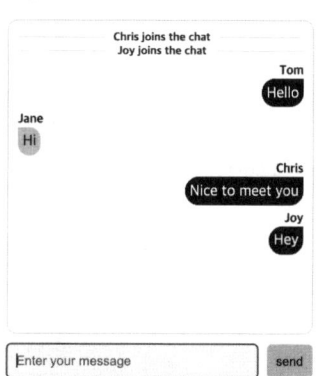

Tom, Jane, Chris, Joy로 로그인을 했습니다. 위와 같이 대화를 진행했습니다. 그러나 Tom은 Joy에게만 메시지를 전송하고 싶습니다. Tom은 Joy의 아이디를 누르고 메시지를 전송합니다.

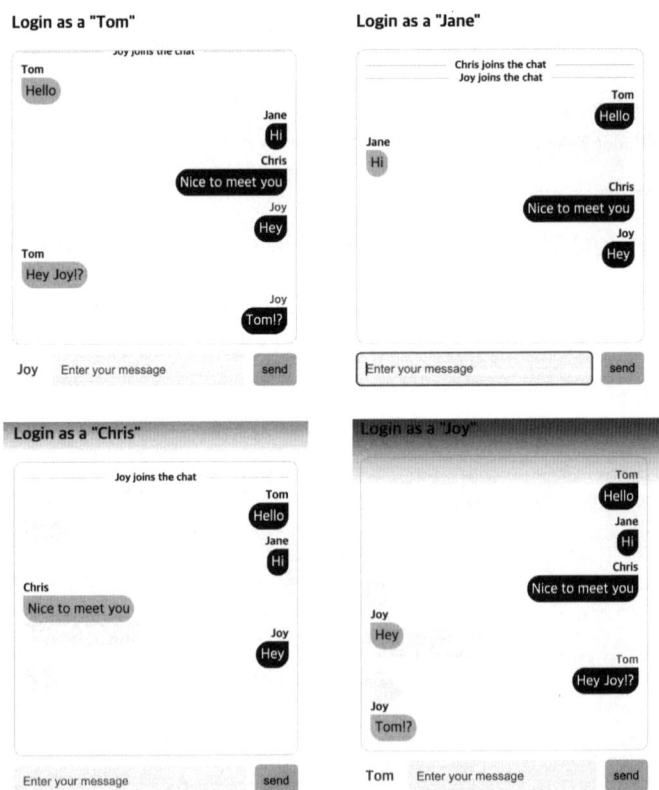

Tom의 메시지를 받은 Joy도 Tom에게만 메시지를 전송했습니다.

지금까지 기본적인 socket.io의 3가지 통신 방법을 알아봤습니다. 나를 포함한 모두에게 전송되는 public과 나를 제외하고 모두에게 전송되는 broadcast, 마지막으로 특정한 개인에게 전송되는 private입니다. 다음에는 socket.io가 제공하는 다른 기능도 추가적으로 알아보겠습니다.

룸 생성

socket.io는 룸(room)이라는 개념이 있습니다. 여기서 말하는 룸은 우리가 흔히 생각하는 단체 대화방입니다.

앞에서는 socket.io에서 생성되는 socket ID를 이용해서 private 통신을 진행했습니다. 사실은 private 통신 또한 개인의 방이 생성되어 가능한 메커니즘입니다. 우리도 모르는 사이에 룸이라는 개념을 이용한 것입니다.

socket.io의 룸을 이용해 채팅의 단체방과 비슷한 예제를 만들어보겠습니다. 예제를 이용해 룸의 개념을 학습합니다.

방을 선택하는 로그인 화면   방을 선택한 후의 채팅 화면

이번 예제는 앞의 화면처럼 로그인 화면에서 방 번호를 선택하는 UI를 추가합니다. 선택한 방에 들어가면 상단에 "Login as a Tom in Room 1"이라는 텍스트가 노출됩니다. 추가적으로 같은 방을 선택한 사용자끼리만 대화가 가능하게 만들겠습니다.

클라이언트 사이드

앞에서 사용한 예제를 그대로 사용합니다. 단지 방 선택을 위한 UI가 추가됩니다. 먼저 기존 사용한 코드를 그대로 복사해주세요.

■ App.js

동일한 로직이기 때문에 방 번호를 추가한 부분만 설명하겠습니다.

```
                           [App.js]
import React, { useRef, useEffect, useState } from "react";
import "./App.css";
import logo from "./images/iologo.png";
import { io } from "socket.io-client";

const webSocket = io("http://localhost:5000");

function App() {
  const messagesEndRef = useRef(null);
  const [userId, setUserId] = useState("");
  const [isLogin, setIsLogin] = useState(false);
  const [msg, setMsg] = useState("");
  const [msgList, setMsgList] = useState([]);
  const [privateTarget, setPrivateTarget] = useState("");
  // 1
  const [roomNumber, setRoomNumber] = useState("1");

  useEffect(() => {
    if (!webSocket) return;
    function sMessageCallback(msg) {
      const { data, id, target } = msg;
      setMsgList((prev) => [
```

```
      ...prev,
      {
        msg: data,
        type: target ? "private" : "other",
        id: id,
      },
    ]);
  }
  webSocket.on("sMessage", sMessageCallback);
  return () => {
    webSocket.off("sMessage", sMessageCallback);
  };
}, []);

useEffect(() => {
  if (!webSocket) return;
  function sLoginCallback(msg) {
    setMsgList((prev) => [
      ...prev,
      {
        msg: `${msg} joins the chat`,
        type: "welcome",
        id: "",
      },
    ]);
  }
  webSocket.on("sLogin", sLoginCallback);
  return () => {
    webSocket.off("sLogin", sLoginCallback);
  };
}, []);
useEffect(() => {
  scrollToBottom();
}, [msgList]);
const scrollToBottom = () => {
  messagesEndRef.current?.scrollIntoView({ behavior: "smooth" });
};
```

```
// 2
const onSubmitHandler = (e) => {
  e.preventDefault();
  webSocket.emit("login", { userId: userId, roomNumber: roomNumber });
  setIsLogin(true);
};
const onChangeUserIdHandler = (e) => {
  setUserId(e.target.value);
};
const onSendSubmitHandler = (e) => {
  e.preventDefault();
  const sendData = {
    data: msg,
    id: userId,
    target: privateTarget,
  };
  webSocket.emit("message", sendData);
  setMsgList((prev) => [...prev, { msg: msg, type: "me", id: userId }]);
  setMsg("");
};
const onChangeMsgHandler = (e) => {
  setMsg(e.target.value);
};
const onSetPrivateTarget = (e) => {
  const { id } = e.target.dataset;
  setPrivateTarget((prev) => (prev === id ? "" : id));
};
// 3
const onRoomChangeHandler = (e) => {
  setRoomNumber(e.target.value);
};
return (
  <div className="app-container">
    <div className="wrap">
      {isLogin ? (
        <div className="chat-box">
          <h3>
            Login as a "{userId}" in Room {roomNumber}
```

```
      </h3>
      <ul className="chat">
        {msgList.map((v, i) =>
          v.type === "welcome" ? (
            <li className="welcome">
              <div className="line" />
              <div>{v.msg}</div>
              <div className="line" />
            </li>
          ) : (
            <li
              className={v.type}
              key={`${i}_li`}
              name={v.id}
              data-id={v.id}
              onClick={onSetPrivateTarget}
            >
              <div
                className={
                  v.id === privateTarget ? "private-user" : "userId"
                }
                data-id={v.id}
                name={v.id}
              >
                {v.id}
              </div>
              <div className={v.type} data-id={v.id} name={v.id}>
                {v.msg}
              </div>
            </li>
          )
        )}
        <li ref={messagesEndRef} />
      </ul>
      <form className="send-form" onSubmit={onSendSubmitHandler}>
        {privateTarget && (
          <div className="private-target">{privateTarget}</div>
        )}
```

```
            <input
              placeholder="Enter your message"
              onChange={onChangeMsgHandler}
              value={msg}
            />
            <button type="submit">send</button>
          </form>
        </div>
      ) : (
        <div className="login-box">
          <div className="login-title">
            <img src={logo} width="40px" height="40px" alt="logo" />
            <div>IOChat</div>
          </div>
          <form className="login-form" onSubmit={onSubmitHandler}>
            <select onChange={onRoomChangeHandler}>
              <option value="1">Room 1</option>
              <option value="2">Room 2</option>
            </select>
            <input
              placeholder="Enter your ID"
              onChange={onChangeUserIdHandler}
              value={userId}
            />
            <button type="submit">Login</button>
          </form>
        </div>
      )}
    </div>
  </div>
  );
}

export default App;
```

1. 선택한 방 번호를 저장하기 위한 변수 설정입니다.

2. 로그인 버튼을 클릭할 때 실행됩니다.

   webSocket.emit("login", { userId: userId, roomNumber: roomNumber });

   기존에는 사용자 아이디만 전송했다면 이번에는 사용자가 속한 방 번호를 같이 전송합니다.

3. 방 번호를 선택했을 때 실행되는 함수입니다.

■ App.css

클라이언트에 추가된 내용은 간단합니다. 이제 CSS를 수정하겠습니다.

[App.css]
```css
.app-container {
  height: 100vh;
  display: flex;
  flex-direction: column;
  align-items: center;
  justify-content: center;
}
.app-container > .wrap > .login-box > .login-title {
  display: flex;
  flex-direction: row;
  font-size: 2rem;
  align-items: center;
  justify-content: center;
  gap: 5px;
}
.app-container > .wrap > .login-box > .login-title > img {
  border-radius: 50%;
}
.app-container > .wrap > .login-box > .login-form {
  display: flex;
  flex-direction: row;
  gap: 10px;
  margin-top: 20px;
}
```

```css
.app-container > .wrap > .login-box > .login-form select {
  border: 0;
  cursor: pointer;
}
.app-container > .wrap > .login-box > .login-form input {
  width: 100%;
  border: 0;
  padding: 10px;
  border-radius: 5px;
  background-color: #f6f6f6;
}
.app-container > .wrap > .login-box > .login-form > button {
  border: 0;
  padding: 10px;
  border-radius: 5px;
  background-color: #00d8ff;
  color: #fff;
}

.app-container > .wrap > .chat-box .chat {
  list-style: none;
  padding: 10px;
  margin: 0;
  border: 1px solid #cecece;
  border-radius: 10px;
  width: 300px;
  height: 300px;
  overflow: auto;
}
.app-container > .wrap > .chat-box .chat li.me {
  text-align: left;
}
.app-container > .wrap > .chat-box .chat li.other {
  text-align: right;
  cursor: pointer;
}
.app-container > .wrap > .chat-box .chat li.private {
  text-align: right;
```

```css
  color: red;
  cursor: pointer;
}
.app-container > .wrap > .chat-box .chat li.welcome {
  display: flex;
  flex-direction: row;
  align-items: center;
  font-size: 12px;
  font-weight: bold;
  gap: 10px;
}
.app-container > .wrap > .chat-box .chat li.welcome > .line {
  height: 0.5px;
  flex: 1 1 auto;
  padding: 0 10px;
  background-color: #cecece;
}
.app-container > .wrap > .chat-box .chat div.me {
  padding: 5px;
  display: inline-block;
  border-top-right-radius: 20px;
  border-bottom-left-radius: 20px;
  border-bottom-right-radius: 20px;
  background-color: #cecece;
}
.app-container > .wrap > .chat-box .chat div.other {
  padding: 5px;
  display: inline-block;
  border-top-left-radius: 20px;
  border-bottom-left-radius: 20px;
  border-bottom-right-radius: 20px;
  background-color: #000;
  color: #fff;
}
.app-container > .wrap > .chat-box .chat div.private {
  padding: 5px;
  display: inline-block;
  border-top-left-radius: 20px;
```

```css
  border-bottom-left-radius: 20px;
  border-bottom-right-radius: 20px;
  background-color: #000;
  color: #fff;
}
.app-container > .wrap > .chat-box .chat .userId {
  margin-top: 5px;
  font-size: 13px;
  font-weight: bold;
}
.app-container > .wrap > .chat-box .chat .private-user {
  margin-top: 5px;
  font-size: 13px;
  font-weight: bold;
  color: red;
}
.app-container > .wrap > .chat-box .send-form {
  margin-top: 10px;
  display: flex;
  flex-direction: row;
  align-items: center;
  gap: 10px;
}
.app-container > .wrap > .chat-box .send-form input {
  width: 100%;
  border: 0;
  padding: 10px;
  border-radius: 5px;
  background-color: #f6f6f6;
}
.app-container > .wrap > .chat-box .send-form button {
  border: 0;
  padding: 10px;
  border-radius: 5px;
  background-color: #00d8ff;
}
.app-container > .wrap > .chat-box .send-form .private-target {
```

```
  border: 0;
  padding: 5px;
  color: green;
  font-weight: bold;
}
```

서버 사이드

이번에는 server.js를 구현하겠습니다. 기존 코드에서 약간만 변경하면 됩니다. 추가된 코드를 보면서 socket.io가 제공하는 룸의 개념을 살펴보겠습니다.

■ server.js

[server.js]
```
const { Server } = require("socket.io");

const io = new Server("5000", {
  cors: {
    origin: "http://localhost:3000",
  },
});

const clients = new Map();

io.sockets.on("connection", (socket) => {
  console.log("user connected");
  socket.on("message", (res) => {
    const { target } = res;
    if (target) {
      const toUser = clients.get(target);
      io.sockets.to(toUser).emit("sMessage", res);
      return;
    }
    // 1
    const myRooms = Array.from(socket.rooms);
    if (myRooms.length > 1) {
```

```
      socket.broadcast.in(myRooms[1]).emit("sMessage", res);
      return;
    }
    socket.broadcast.emit("sMessage", res);
  });
  socket.on("login", (data) => {
    const { userId, roomNumber } = data;
    // 2
    socket.join(roomNumber);
    clients.set(userId, socket.id);
    socket.broadcast.emit("sLogin", userId);
  });
  socket.on("disconnect", () => {
    console.log("user disconnected");
  });
});
```

1~2. 클라이언트에서 Login 버튼을 누른 후에 전송된 방 번호를 이용해서 socket.join() 번호를 넘겨줍니다.

join()은 접속한 사용자를 특정한 방에 배정할 수 있는 함수입니다

```
const myRooms = Array.from(socket.rooms);
if (myRooms.length > 1) {
  socket.broadcast.in(myRooms[1]).emit("sMessage", res);
  return;
}
```

socket.rooms라는 속성을 사용했습니다. socket.rooms라는 속성은 해당 접속자가 어떤 방에 속해 있는지 나타냅니다.

Note / **socket.rooms**

socket.rooms로 사용자가 어디에 속해 있는지 알 수 있습니다. console.log(socket.rooms)로 내용을 확인해보겠습니다.

`Set(2) { 'iCss-z8DLLmYVgIPAAAD', '1' }`

socket.rooms는 Set이라는 자료구조를 사용해 룸을 관리합니다. 첫 번째 값에는 임의의 값이 들어 있습니다.

이 값은 앞에서 미리 확인한 socket.id와 동일합니다. 결국 소켓의 접속한 모든 사용자는 개인의 방이 존재한다는 사실을 확인했습니다.

두 번째 값에는 우리가 임의로 설정한 방 번호가 있습니다. Set 데이터에 쉽게 접근하기 위해 Array.from()을 이용해 배열 구조로 변경했습니다.

> **Note** 무조건 방 하나에만 들어가야 하나요?

아닙니다. 코드를 통해서 동시에 여러 방에 소속될 수 있습니다.

```
socket.broadcast.in('1').in("2").in("3").emit("sMessage", res);
```

아래 코드처럼 in(또는 to) 메소드를 이용해서 한 번에 여러 방에 소속될 수 있습니다.

또한 특정한 방에 소속되고 싶지 않다면 except()를 이용할 수도 있습니다.

```
socket.broadcast.in("1").in("2").except("3").emit("sMessage", res);
```

배열로 변경된 방 정보를 이용해 1보다 크면 가공의 방에 속한 것으로 판단해서 지정된 방에만 메시지를 전송합니다. socket.broadcast.in()을 이용하면 지정된 방에만 데이터를 전송할 수 있습니다. broadcast를 붙인 이유는 내가 보낸 메시지는 스스로 받지 않기 위함입니다.

생각보다 코드가 간단합니다. 이제 제대로 구현이 되었는지 확인하겠습니다. 동일하게 서버와 클라이언트를 실행할 수 있는 터미널 두 개를 열어주세요. 이후에 http://localhost:5000으로 접속하겠습니다.

저는 Tom으로 로그인하고 방 번호 1을 선택했습니다. 정확한 테스트를 위해 브라우저 창을 두 개 더 실행하겠습니다. Jane은 방 1로 Chris는 방 2로 선택하고 들어가겠습니다.

모두 입장을 완료했습니다. 이제 Tom이 채팅방에 "Hello"를 입력해 전송합니다.

우리의 예상대로 같은 방에 속해 있는 Jane만 메시지를 받았나요? 정확한 테스트를 위해 Chris를 포함한 모두와 메시지를 나누겠습니다.

앞의 그림처럼 1번 방 사람들만 대화하고 Chris의 메시지는 Tom, Jane에게 전달되지 않은 걸 볼 수 있습니다.

> **Note** 방 떠나기
>
> socket.join([roomId])을 이용해서 방에 접속했다면 socket.leave([roomId])를 이용해서 방을 떠날 수 있습니다. 또한 socket.io의 disconnect 이벤트로 연결이 끊어지면 자동으로 방에서 나가게 됩니다.

네임스페이스

네임스페이스(namespace)는 서비스를 내부적으로 구분할 수 있는 공간을 의미합니다. 예를 들어 옷 판매 사이트가 있다고 가정하겠습니다. 옷 판매 사이트에는 여러 개의 도메인이 있습니다. 주문, 상품, 배송 등 관리 포인트가 있고 이런 관리 포인트를 네임스페이스로 구분 지어 관리할 수 있습니다.

앞에서는 룸이라는 개념을 이용해서 단체방을 생성했습니다. 여기서는 단체방이라고 말했지만 사실은 룸을 이용해서 관리 포인트를 구분한 것과 같습니다. 그렇다면 네임스페이스를 사용하지 않고 룸만으로도 충분히 관리할 수 있지 않을까요?

네, 가능하긴 합니다. 하지만 네임스페이스는 룸의 상위 버전으로 용도가 조금 다릅니다. 만약 네임스페이스를 이용해 옷 판매 사이트의 상품이라는 공간을 만들었다면 룸을 이용해 신발, 하의, 상의와 같은 상세한 상품 카테고리를 만들 수도 있습니다.

라우터에 따른 네임스페이스에 접속 유무를 확인할 수 있는 단순한 예제를 만들어보겠습니다. 다음 화면은 http://localhost:3000/goods로 접근하면 나오는 화면입니다.

GoodsNameSpace is *Not Connected!*

Connected   Disconnected

여기서 Connected 버튼을 클릭했을 때 "Connected"라는 초록색 글자가 보이면 우리가
지정한 네임스페이스로 정상적으로 연결될 것입니다.

GoodsNameSpace is Connected!

이제 프로젝트 설정부터 구현하겠습니다.

프로젝트 초기 설정

namespace 폴더를 생성하겠습니다. 그 아래에 client와 server 폴더를 만듭니다.

```
> mkdir namespace
> cd namespace
> mkdir server
> npx create-react-app client
```

기존에 만들었던 리액트 프로젝트와 동일하게 CRA
를 이용해서 client 폴더를 생성했습니다.

클라이언트 사이드

필요한 라이브러리

- socket.io-client(4.6.1): socket.io를 실행하기 위한 라이브러리입니다.
- react-router-dom(6.10.0): 이번 예제에 필요한 라우팅 라이브러리입니다.

이제 클라이언트 사이드부터 구현을 시작하겠습니다. 필요한 라이브러리부터 설치합니다.

```
> npm install socket.io-client
> npm install react-router-dom
```

[package.json]

```json
{
  "name": "client",
  "version": "0.1.0",
  "private": true,
  "dependencies": {
    "@testing-library/jest-dom": "^5.16.5",
    "@testing-library/react": "^13.4.0",
    "@testing-library/user-event": "^13.5.0",
    "react": "^18.2.0",
    "react-dom": "^18.2.0",
    "react-router-dom": "^6.10.0",
    "react-scripts": "5.0.1",
    "socket.io-client": "^4.6.1",
    "web-vitals": "^2.1.4"
  },
  "scripts": {
    "start": "react-scripts start",
    "build": "react-scripts build",
    "test": "react-scripts test",
    "eject": "react-scripts eject"
  },
  "eslintConfig": {
    "extends": [
      "react-app",
      "react-app/jest"
    ]
  },
  "browserslist": {
    "production": [
      ">0.2%",
      "not dead",
      "not op_mini all"
    ],
    "development": [
      "last 1 chrome version",
      "last 1 firefox version",
      "last 1 safari version"
```

```
      ]
    }
}
```

필요한 라이브러리 설치가 완료되었나요? 이제는 앞에서 진행했던 프로젝트와 동일하게 client 폴더에 사용하지 않는 파일과 폴더를 삭제하겠습니다.

- App.test.js
- logo.svg
- reportWebVitals.js
- setupTests.js

index.js의 사용하지 않는 부분은 제거하겠습니다.

[index.js]
```
import React from "react";
import ReactDOM from "react-dom/client";
import "./index.css";
import App from "./App";

const root = ReactDOM.createRoot(document.getElementById("root"));
root.render(<App />);
```

App.js에서 logo 파일을 사용하는 부분도 삭제합니다.

[App.js]
```
import './App.css';

function App() {
 return (
 <div className="App">
  <header className="App-header">
   <p>
   Edit <code>src/App.js</code> and save to reload.
   </p>
   <a
```

```
        className="App-link"
        href="https://reactjs.org"
        target="_blank"
        rel="noopener noreferrer"
      >
        Learn React
      </a>
    </header>
  </div>
  );
}

export default App;
```

client 폴더의 모습입니다. 기본적인 준비는 끝났습니다.

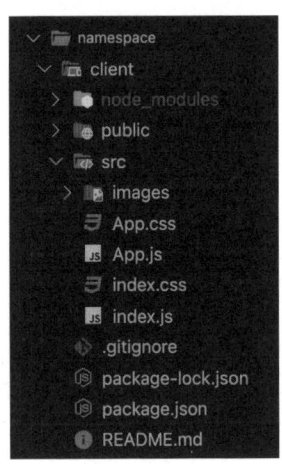

■ App.js

이제 App.js와 라우팅에 필요한 Page를 하나씩 만들겠습니다.

[App.js]
```
// 1
import {
  BrowserRouter as Router,
  Routes,
  Route,
```

```
    Navigate,
} from "react-router-dom";
import GoodsPage from "./GoodsPage";
import UserPage from "./UserPage";
import "./App.css";

function App() {
  return (
    // 2
    <Router>
      <Routes>
        <Route path="/" element={<Navigate replace to="/goods" />} />
        <Route path="/goods" element={<GoodsPage />} />
        <Route path="/user" element={<UserPage />} />
      </Routes>
    </Router>
  );
}

export default App;
```

1. 라우팅을 위한 함수를 불러왔습니다. 또한 각각 라우팅에 구분되는 Page 컴포넌트들도 추가했습니다.

2. 우리가 설정한 routing은 /goods와 /user 두 가지입니다. 만약 / 루트 경로로 접근한다면 자동으로 /goods로 리다이렉트되도록 설정했습니다.

■ App.css

App.css 내용은 간단합니다. 활성/비활성화 처리에 필요한 색상을 스타일링했습니다.

[App.css]
```
.text-wrap {
  height: 100vh;
  display: flex;
  flex-direction: column;
  justify-content: center;
  align-items: center;
```

```css
    gap: 10px;
}
.active {
    color: green;
}
.deactive {
    color: red;
}
.btn-box {
    display: flex;
    flex-direction: row;
    gap: 5px;
}
.active-btn {
    border: 0;
    padding: 10px;
    border-radius: 5px;
    background-color: #00d8ff;
    cursor: pointer;
}
.deactive-btn {
    border: 0;
    padding: 10px;
    border-radius: 5px;
    background-color: red;
    color: #fff;
    cursor: pointer;
}
```

■ **socket.js**

[socket.js]
```js
import { io } from "socket.io-client";

// 1
export const socketGoods = io("http://localhost:5000/goods", {
    autoConnect: false,
```

```
});
// 2
export const socketUser = io("http://localhost:5000/user", {
    autoConnect: false,
});
```

1~2. 지금까지와는 다른 방식으로 socket.io 객체를 초기화했습니다. 앞으로 Part 2에서 사용할 예제는 위와 같은 방식으로 진행될 예정입니다. 이렇게 객체를 하나의 파일에서 따로 관리할 경우 개발 환경에 따른 분기 처리가 쉽고 가독성 또한 좋아집니다.

두 개의 객체가 준비되어 있습니다. socketGoods는 goods 네임스페이스로 접속된 소켓 객체이고 아래에 있는 socketUser는 user 네임스페이스에 접속된 소켓 객체입니다. 마지막으로 autoConnect: false라는 속성이 보입니다. 이 속성을 적용할 경우 리액트 컴포넌트가 마운트될 때 자동으로 소켓이 연결되는 것이 아니라 수동으로 socket.connect()라는 함수를 이용해서 연결해야 합니다.

> **Note** / io([url][, options])
>
> socket.io에서는 소켓을 연결할 때 다양한 옵션이 있습니다. 예를 들어 'reconnection', 'autoConnect', 'timeout' 등 연결에 필요한 항목을 선택할 수 있습니다.
>
> ■ 참고: https://socket.io/docs/v4/client-api/

■ UserPage.js와 GoodsPage.js

UserPage.js와 GoodsPage.js의 코드가 비슷하기 때문에 한 번에 설명하겠습니다.

[UserPage.js]
```
import React, { useEffect, useState } from "react";
import { socketUser } from "./socket";

const UserPage = () => {
    const [isConnect, setIsConnect] = useState(false);
    useEffect(() => {
        function onConnect() {
            setIsConnect(true);
```

```
    }
    function onDisConnect() {
        setIsConnect(false);
    }
    socketUser.on("connect", onConnect);
    socketUser.on("disconnect", onDisConnect);

    return () => {
        socketUser.off("connect", onConnect);
        socketUser.off("disconnect", onDisConnect);
    };
}, []);
const onConnectHandler = () => {
    socketUser.connect();
};
const onDisConnectHandler = () => {
    socketUser.disconnect();
};
return (
    <div className="text-wrap">
        <h1>
            UserNameSpace is
            {isConnect ? (
                <em className="active"> Connected!</em>
            ) : (
                <em className="deactive"> Not Connected!</em>
            )}
        </h1>
        <div className="btn-box">
            <button onClick={onConnectHandler} className="active-btn">
                Connected
            </button>
            <button onClick={onDisConnectHandler} className="deactive-btn">
                Disconnected
            </button>
        </div>
    </div>
```

```
    );
};

export default UserPage;
```

[GoodsPage.js]
```
import React, { useEffect, useState } from "react";
// 1
import { socketGoods } from "./socket";

const GoodsPage = () => {
    // 2
    const [isConnect, setIsConnect] = useState(false);
    // 3
    useEffect(() => {
        function onConnect() {
            setIsConnect(true);
        }
        function onDisConnect() {
            setIsConnect(false);
        }
        socketGoods.on("connect", onConnect);
        socketGoods.on("disconnect", onDisConnect);

        return () => {
            socketGoods.off("connect", onConnect);
            socketGoods.off("disconnect", onDisConnect);
        };
    }, []);
    // 4
    const onConnectHandler = () => {
        socketGoods.connect();
    };
    // 5
    const onDisConnectHandler = () => {
        socketGoods.disconnect();
    };
```

```
    return (
        <div className="text-wrap">
            <h1>
                GoodsNameSpace is
                {isConnect ? (
                    <em className="active"> Connected!</em>
                ) : (
                    <em className="deactive"> Not Connected!</em>
                )}
            </h1>
            <div className="btn-box">
                <button onClick={onConnectHandler} className="active-btn">
                    Connected
                </button>
                <button onClick={onDisConnectHandler} className="deactive-btn">
                    Disconnected
                </button>
            </div>
        </div>
    );
};

export default GoodsPage;
```

1. 미리 정의한 socket.js에서 socketGoods 객체를 불러왔습니다.

2. isConnect 변수를 설정했습니다. 네임스페이스에 소켓이 연결되었다면 true, 아니면 false 값을 가집니다.

3. useEffect에 'connect', 'disconnect' 이벤트 리스너를 등록했습니다. 소켓이 연결되었다면 isConnect를 true로 업데이트합니다.

4. 화면에 Connected 버튼을 클릭하면 실행됩니다. socket.io의 connect() 메소드는 소켓을 연결할 때 사용합니다.

5. Disconnected 버튼을 클릭하면 실행됩니다.

> Note / 네임스페이스를 여러 개 연결할 경우 소켓이 여러 번 연결되는 건가요?

결론부터 말씀드리면 '아니오.'입니다. 동일한 메인 도메인의 하위 경로를 추가해서 네임스페이스를 만들었습니다. 이럴 경우 socket.io에서는 하나의 웹 소켓 연결만을 생성한 후에 패킷을 알맞은 목적지에 전송하도록 분산 처리합니다.

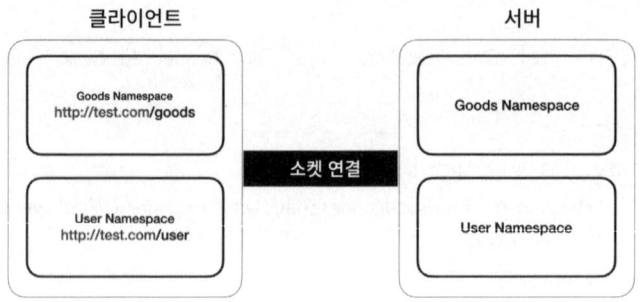

만약 접속의 메인 도메인 주소가 아래처럼 달라진다면 웹 소켓 연결은 두 번 생기게 됩니다.

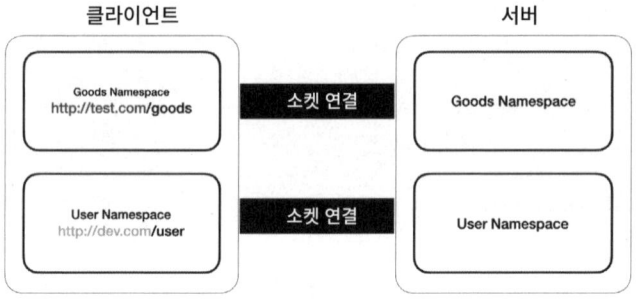

서버 사이드

이제 네임스페이스를 확인할 수 있는 마지막 구현인 서버 사이드로 넘어가겠습니다. server.js부터 만들겠습니다. server 폴더로 이동한 후에 server.js 파일을 생성해주세요.

```
> cd server
> touch server.js
```

또 socket.io 라이브러리를 사용하기 때문에 npm이 필요합니다. npm을 이용해서 package.json을 생성하겠습니다.

> npm init -y

npm init -y라는 명령어를 통해서 자동으로 package.json 파일이 생성된 것을 확인할 수 있습니다. 이제 server.js를 만들면서 socket.io를 설치하겠습니다.

■ server.js

필요한 라이브러리

- socket.io(4.6.1) : socket.io를 사용하기 위한 소켓 라이브러리입니다.

npm 명령어를 통해서 socket.io를 설치해주세요.

> npm install socket.io

설치된 server 폴더의 모양은 다음과 같습니다.

[package.json]

```
{
  "name": "server",
  "version": "1.0.0",
  "description": "",
  "main": "server.js",
  "scripts": {
    "test": "echo \"Error: no test specified\" && exit 1",
    "start": "node server.js"
  },
  "keywords": [],
  "author": "",
  "license": "ISC",
```

```
  "dependencies": {
    "socket.io": "^4.6.1"
  }
}
```

package.json 파일을 통해서 socket.io가 잘 설치된 것을 확인할 수 있습니다.

이제 본격적으로 server.js를 구현하겠습니다.

[server.js]
```
const { Server } = require("socket.io");

const io = new Server("5000", {
  cors: {
      origin: "http://localhost:3000",
  },
});
// 1
io.of("/goods").on("connection", (socket) => {
  console.log("goods connected");
  socket.on("shoes", (res) => {});
  socket.on("pants", (res) => {});
});
// 2
io.of("/user").on("connection", (socket) => {
  console.log("user connected");
  socket.on("admin", (res) => {});
});
```

1~2. 네임스페이스를 위한 설정이라고 했지만 코드는 너무 간단합니다. 네임스페이스를 설정하기 위해서 단지 of() 메소드를 이용하면 됩니다. of([네임스페이스])를 지정하면 해당 URL로 설정할 수 있습니다.

이 예제의 경우 상품과 사용자 네임스페이스를 만들었고 각각의 소켓 안에 신발과 바지와 같은 카테고리를 생성했습니다. 네임스페이스 하위의 나머지 기능들은 지금까지 우리가 배운 socket.io의 기능과 동일합니다. 그렇다면 우리가 작성한 코드가 제대로 동작하는지 확인해보겠습니다. 터미널을 두 개 열고 각각 클라이언트와 서버를 실행해주세요.

```
> cd client
> npm run start
```

```
> cd server
> npm run start
```

먼저 /goods부터 확인하겠습니다. http://localhost:5000/goods로 접속해주세요.

GoodsNameSpace is *Not Connected!*

이후에 Connected 버튼을 클릭합니다. 아래처럼 나왔나요? 그렇다면 성공입니다.

GoodsNameSpace is *Connected!*

이번에는 /user를 확인하겠습니다. http://localhost:5000/user로 접속해주세요.

UserNameSpace is *Not Connected!*

UserNameSpace is *Connected!*

사용자 네임스페이스도 동일하게 나오는 걸 확인할 수 있습니다.

socket.io의 주요한 기능을 배울 수 있었습니다. public, broadcast, private이라는 대표적인 3개의 통신 방법과 룸 생성, 마지막으로 네임스페이스를 이용해서 도메인을 분리하는 것까지 확인했습니다. 이제는 지금까지 배운 내용을 토대로 실전 예제를 만들어볼 차례입니다. 이제 레벨업하러 가겠습니다!

PART

02

실시간 웹 서비스 만들기

"자신이 있어서 하는 것이 아니라
 자신이 없기 때문에
 자신감을 얻고자 행동하는 것이다."
- 휴 월폴

드디어 준비 운동은 끝났습니다. Part 2에서는 우리가 학습한 내용을 토대로 실시간 웹 서비스를 만들어보는 시간입니다. 실시간 웹 서비스 예제로는 우리에게 이미 익숙한 다양한 플랫폼들을 클론 코딩하면서 주요한 특징을 구현하는 방식으로 진행하겠습니다.

앞에서는 학습하면서 주로 다루었던 예제는 채팅 서비스였습니다. 그러나 웹 소켓을 이용하면 더 다양한 서비스를 만들 수 있습니다. 이제는 웹 소켓을 채팅이 아닌 다른 곳에서 사용되는 예제를 구현할 시간입니다. 그 첫 번째 예제는 인스타그램에서 사용되는 실시간 알람 서비스입니다.

1 _ 인스타그램 실시간 알림

2 _ 극장 좌석 예약 서비스

3 _ 구글 문서

4 _ 슬랙 메신저

01장

인스타그램 실시간 알림

첫 번째로 만들어볼 예제는 인스타그램의 알림 기능입니다. 인스타그램에서는 좋아요를 받았을 때 앱 상단 하트에 빨간색으로 표시됩니다. 인스타그램과 동일하게 좋아요를 받은 사용자가 바로 알 수 있도록 상단에 빨간색으로 노출되도록 구현하겠습니다.

이 화면은 우리가 앞으로 구현할 인스타그램의 알림 기능 예제입니다. Jane이 좋아요를 받으면 이미지처럼 상단에 받은 개수와 빨간 점이 동시에 노출될 것입니다.

1.1 프로젝트 초기 설정

먼저 instagram-notification이라는 프로젝트 폴더를 생성하겠습니다.

```
> mkdir instagram-notification
```

그 아래에 server와 client 폴더를 만듭니다. client 폴더에서 CRA를 이용하겠습니다.

```
> cd instagram-notification
> mkdir server
> npx create-react-app client
```

다음으로 server 폴더로 이동해서 server.js 파일을 생성하고 npm 프로젝트를 설정하겠습니다.

```
> cd server
> touch server.js
> npm init -y
```

또 인스타그램 프로젝트에서 사용할 images 폴더도 생성해주세요.

```
> cd client/src/
> mkdir images
```

> **Note** 이미지 파일 확인하기
>
> 프로젝트에 사용되는 파일은 깃허브 주소를 참고하면 됩니다.
>
> - https://github.com/devh-e/socket-programming-using-react/tree/master/part2/instagram-notification/client/src/images

깃허브에서 다운로드한 이미지 파일을 images 폴더에 넣습니다.

마지막으로 client 폴더에서 사용하지 않는 파일은 삭제하겠습니다.

- App.css
- App.test.js
- index.css
- logo.svg
- reportWebVitals.js
- setupTests.js

App.js에서 방금 지웠던 import 항목들과 로고를 사용하는 부분을 삭제합니다.

[App.js]
```
function App() {
 return (
 <div className="App">
  <header className="App-header">
  <p>
  Edit <code>src/App.js</code> and save to reload.
  </p>
  <a
   className="App-link"
   href="https://reactjs.org"
   target="_blank"
   rel="noopener noreferrer"
  >
   Learn React
  </a>
  </header>
 </div>
 );
}

export default App;
```

추가적으로 index.js에서 참조하지 않는 파일과 React.strictMode를 제거하겠습니다.

[index.js]
```
import React from "react";
import ReactDOM from "react-dom/client";
import App from "./App";

const root = ReactDOM.createRoot(document.getElementById("root"));
root.render(<App />);
```

최종적인 모습은 이런 구조를 가지고 있습니다.

1.2 서버 사이드

필요한 라이브러리

- nodemon(2.0.20) : nodejs 서버를 모니터링하고 쉽게 재시작하기 위해 사용합니다.

- socket.io(4.6.0) : 소켓 통신을 위해 사용합니다.

서버 사이드에 필요한 라이브러리를 설치하기 위해 npm을 이용하겠습니다.

```
> npm install socket.io
> npm install nodemon
```

또한 서버를 쉽게 시작하기 위해 package.json 파일의 scripts 부분에 다음 명령어를 추가합니다.

```
"start": "nodemon server.js",
```

[package.json]
```
{
  "name": "server",
  "version": "1.0.0",
  "description": "",
  "main": "index.js",
  "scripts": {
    "start": "nodemon server.js",
    "test": "echo \"Error: no test specified\" && exit 1"
  },
  "keywords": [],
  "author": "",
  "license": "ISC",
  "dependencies": {
    "nodemon": "^2.0.20",
    "socket.io": "^4.6.0"
  }
}
```

인스타그램 예제에서는 포스팅을 위한 목(mock) 데이터가 필요합니다. data.js 파일을 생성하고 안에 목 데이터를 만들겠습니다.

[data.js]
```
// 1
module.exports.posts = [
  {
    id: 1,
    // 2
    userName: "",
    location: "Republic of Korea",
    userImg:
      "https://cdn.pixabay.com/photo/2017/02/16/23/10/smile-2072907_1280.jpg",
    postImg:
      "https://cdn.pixabay.com/photo/2023/02/04/09/20/castle-7766794_1280.jpg",
  },
```

```
  {
    id: 2,
    userName: "",
    location: "USA",
    userImg:
      "https://cdn.pixabay.com/photo/2018/02/21/08/40/woman-3169726_1280.jpg",
    postImg:
      "https://cdn.pixabay.com/photo/2023/01/21/13/39/night-sky-7733876_1280.jpg",
  },
  {
    id: 3,
    userName: "",
    location: "Japan",
    userImg:
      "https://cdn.pixabay.com/photo/2017/12/31/15/56/portrait-3052641_1280.jpg",
    postImg:
      "https://cdn.pixabay.com/photo/2022/09/07/17/26/vintage-pocket-watch-7439233_1280.jpg",
  },
  {
    id: 4,
    userName: "",
    location: "Italy",
    userImg:
      "https://cdn.pixabay.com/photo/2016/11/20/18/18/girl-1843477_1280.jpg",
    postImg:
      "https://cdn.pixabay.com/photo/2022/03/11/10/55/couple-7061929_1280.jpg",
  },
  {
    id: 5,
    userName: "",
    location: "Canada",
    userImg:
      "https://cdn.pixabay.com/photo/2017/04/01/21/06/portrait-2194457_1280.jpg",
    postImg:
      "https://cdn.pixabay.com/photo/2022/11/16/16/56/city-7596379_1280.jpg",
  },
];
```

이 데이터들은 사용자가 로그인했을 때 임의로 다섯 개 중 하나를 할당해서 포스팅한 것처럼 노출합니다.

1. module.exports라는 문법을 이용해 nodejs 환경에서 모듈화 작업을 할 수 있습니다. 이렇게 모듈화된 js 파일은 require 문법을 이용해 어디서든 쉽게 사용할 수 있습니다.
2. userName 항목은 공백입니다. 나중에 클라이언트 사이드에서 전송된 사용자 이름이 들어가야 하기 때문에 초기에는 공백으로 설정했습니다.

server.js

이제 server.js 파일을 수정하겠습니다.

[server.js]
```
// 1
const { Server } = require("socket.io");
const { posts } = require("./data");

// 2
const io = new Server("5000", {
  cors: {
    origin: "http://localhost:3000",
  },
});

// 3
let users = [];

// 4
const addNewUser = (userName, socketId) => {
  !users.some((user) => user.userName === userName) &&
    users.unshift({
      ...posts[Math.floor(Math.random() * 5)],
      userName,
      socketId,
    });
};
```

```
// 5
const getUser = (userName) => {
    return users.find((user) => user.userName === userName);
};
// 6
io.use((socket, next) => {
    const userName = socket.handshake.auth.userName;
    if (!userName) {
        console.log("err");
        return next(new Error("invalid userName"));
    }
    socket.userName = userName;
    next();
});

io.on("connection", (socket) => {
    // 7
    addNewUser(socket.userName, socket.id);
    socket.on('userList', () => {
      io.sockets.emit("user-list", users);
    })

    // 8
    socket.on("sendNotification", ({ senderName, receiverName, type }) => {
        const receiver = getUser(receiverName);
        io.to(receiver.socketId).emit("getNotification", {
            senderName,
            type,
        });
    });

    socket.on("disconnect", () => {
        console.log("logout");
    });
});
```

1. socket.io에서 소켓 서버를 생성하기 위해 Server 객체를 가져옵니다. 또한 앞에서 미리 만들었던 포스팅에 필요한 목 데이터를 가져왔습니다.

2. 소켓 서버 포트 번호를 5000번으로 설정합니다. 추가적으로 CORS 설정으로 localhost:3000이 접속할 수 있도록 허용했습니다.

3. users라는 배열을 생성했습니다. 인스타그램 예제에서는 데이터베이스를 따로 사용하지 않기 때문에 임시로 users라는 배열에 접속한 사용자의 정보를 저장합니다. 이렇게 임시로 사용하는 걸 인-메모리(in-memory) 방식이라고 말합니다. users 배열에 저장된 정보가 클라이언트 사이드로 전송되어 포스팅 데이터 역할을 합니다.

4. 새로운 사용자가 접속하면 users 배열에 저장하는 함수입니다. 기존 사용자가 있다면 저장하지 않습니다. math.random() 함수를 이용해서 미리 만들어 두었던 5개의 목 데이터 중 하나를 선택해서 사용자가 포스팅한 정보로 만듭니다. 함께 저장될 정보로는 사용자 이름과 소켓 아이디(socketId)가 있습니다. 여기서 말하는 socketId는 소켓을 연결할 때 할당되는 고유의 아이디를 말합니다.

5. users 배열에서 일치하는 사용자 이름을 검색해서 반환합니다.

6. socket.io가 제공하는 미들웨어(middleware)를 설정합니다. socket.io에서는 use()를 이용해서 미들웨어를 설정할 수 있습니다. 위 설정으로 클라이언트 사이드에서 넘어온 사용자 이름을 확인합니다. 만약 사용자 이름이 없다면 오류 객체를 실행해서 클라이언트 사이드의 오류 콜백을 실행합니다. 이름이 있다면 socket 속성에 이름을 추가합니다.

> **Note** 미들웨어
>
> 여기서 말하는 미들웨어(middleware)란 기존 로직 이전에 먼저 실행되는 함수를 의미합니다. 이런 미들웨어의 개념은 socket.io에 국한된 것이 아닙니다. nodejs는 물론 다른 프로그래밍 언어에서도 사용됩니다.
>
> 흔히 미들웨어에서는 서비스의 메인 비즈니스 로직을 처리하기보단 서비스를 관리하기 위한 로직들이 실행됩니다. 예를 들어 로깅(logging), 인증/인가와 같은 로직입니다.
>
> socket.io에서 미들웨어를 실행하면 연결 시점에 딱 한 번만 실행하게 됩니다.

7. 미들웨어를 통과한 소켓 연결이 처음으로 시작되는 함수입니다. addNewUser()는 user 배열에 사용자를 추가하는 역할을 합니다.

'userList' 이벤트는 소켓에 접속한 모든 사용자에게 추가된 포스팅을 전송하는 기능입니다.

8. 'sendNotification' 이벤트는 좋아요를 눌렀을 때 호출됩니다. 이벤트와 함께 전송된 이름을 통해서 좋아요를 받는 사람에게 알림을 표시합니다. io.to([socketId])로 알림을 받을 특정한 사람에게만 정보를 전송합니다.

서버에 모든 작업은 완료되었습니다. 최종적인 폴더 구조를 확인하겠습니다.

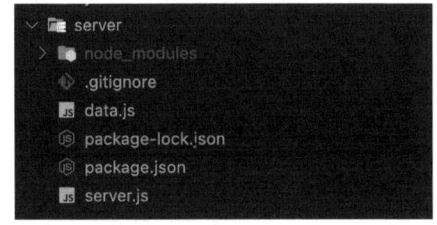

1.3 클라이언트 사이드

필요한 라이브러리

- socket.io-client(4.6.0): 브라우저에서 socket.io를 사용하기 위해 사용합니다.
- react-icons(4.7.1): 웹에서 svg 이미지를 쉽게 사용하기 필요합니다.
- react-router-dom(6.10.0): 리액트 페이지를 라우팅하기 위해 사용됩니다.

이제 클라이언트 사이드로 넘어가겠습니다. 프로젝트 초기 설정 루트(root) 디렉터리에서 CRA로 만든 client 폴더로 이동합니다.

```
> cd client
```

npm을 이용해서 필요한 라이브러리를 추가하겠습니다.

```
> npm install socket.io-client
> npm install react-icons
> npm install react-router-dom
```

이제 기본적인 준비는 끝났습니다. 먼저 웹 소켓을 연결하기 위한 준비를 하겠습니다. 루트 경로에서 socket.js라는 파일을 추가합니다.

```
> cd src
> touch socket.js
```

파일 구조는 다음과 같습니다.

```
- src
  - socket.js
```

socket.js

socket.js 파일은 웹 소켓을 연결하기 위한 socket.io 객체를 초기화합니다. autoConnect: false로 설정해서 사용자 아이디로 로그인할 때에 연결되도록 했습니다.

[socket.js]
```
import { io } from "socket.io-client";

export const socket = io("http://localhost:5000", {
    autoConnect: false,
});
```

App.js

라우팅 설정에 필요한 App.js 파일을 수정하겠습니다. 기존에 작성된 App.js를 다음과 같이 변경합니다.

[App.js]
```
import "./App.css";
// 1
import { BrowserRouter as Router, Routes, Route } from "react-router-dom";
import { IndexContainer, MainContainer } from "./containers";

function App() {
 return (
   // 2
   <Router>
     <Routes>
       <Route path="/" element={<IndexContainer />} />
       <Route path="/main" element={<MainContainer />} />
     </Routes>
   </Router>
```

```
    );
}

export default App;
```

1. react-router-dom에서 라우팅에 필요한 컴포넌트를 불러옵니다.
2. 라우팅을 설정하는 부분입니다. 아직 IndexContainer와 MainContainer를 작성하지 않아서 빨간 줄로 표시될 수 있습니다. 이 부분은 뒤에서 작성하겠습니다.

1.4 전역 변수를 위한 Context API 설정

지금까지 useState, useRef를 이용해서 함수 범위의 변수만 설정했습니다. 하지만 이런 함수 범위의 변수 처리는 한계가 있습니다. 다른 페이지에서는 같은 변수를 사용할 수 없기 때문입니다. 예를 들어 로그인 페이지에서 선언되고 사용된 변수는 로그인 페이지에서만 사용할 수 있고 다른 페이지에서는 사용할 수 없습니다.

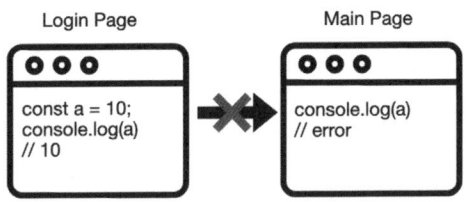

이런 한계를 극복하기 위해 리액트에서는 전역에서 공통으로 사용할 수 있는 전역 변수 API를 제공합니다.

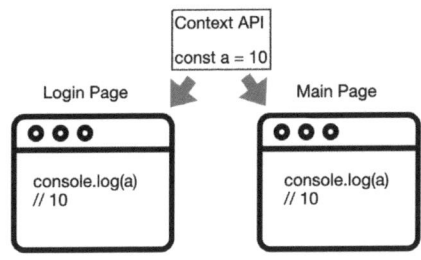

그림처럼 설정된 변수는 어떤 페이지에서도 사용할 수 있습니다. 이렇게 전역으로 상태를 관리하는 API를 Context API라고 합니다.

> **Note** 전역 상태 관리는 Context API만 있나요?
>
> 리액트에서 가장 많이 사용했던 전역 상태 관리 라이브러리는 Redux가 있습니다. 하지만 버전 16.3 이후부터 리액트에서 제공하는 Context API가 등장했습니다. Context API의 등장으로 '굳이 외부 라이브러리인 Redux를 사용해야 할까?' 하는 의문이 생겼습니다. 그래서 상황에 맞게 redux와 Context API를 사용하는 추세입니다.
>
> 현재는 Context API, Redux를 제외한 더 개선된 기능을 제공하는 다양한 라이브러리가 등장했습니다. 그 예로 recoil, SWR 등이 있습니다.

context 파일 생성

이제 우리 인스타그램 예제에서도 전역 변수를 사용할 수 있도록 context 폴더를 추가하겠습니다. src 경로로 이동 후에 context 폴더를 생성해주세요. 그 아래에 index.js와 action.js라는 파일을 만듭니다.

```
> cd src
> mkdir context & cd context
> touch action.js
> touch index.js
```

폴더 구조는 아래와 같습니다.

```
- src
  - socket.js
  - App.js
  ㄴ context
    - action.js
    - index.js
```

■ action.js

action.js의 내용은 간단합니다. 이 파일에서는 Context API로 관리하기 위한 명령어를 작성합니다. AUTH_INFO라는 키워드를 이용해서 사용자 이름을 저장할 예정입니다.

[action.js]
```
export const AUTH_INFO = "AUTH_INFO";
```

■ index.js

Context API를 다루기 위한 핵심 부분입니다. 앞에서 배운 리액트에서 다루지 않은 내용이 있기 때문에 천천히 설명하면서 진행하겠습니다.

[index.js]
```
// 1
import { createContext, useReducer } from "react";
import { AUTH_INFO } from "./action";

// 2
const initialState = {
    userName: "",
};

// 3
const Context = createContext({});

// 4
const reducer = (state = initialState, action) => {
    switch (action.type) {
        case AUTH_INFO:
            return {
                ...state,
                userName: action.payload,
            };
        default:
            return state;
    }
};
```

```
// 5
const StoreProvider = ({ children }) => {
  const [state, dispatch] = useReducer(reducer, initialState);
  const value = { state, dispatch };
  return <Context.Provider value={value}>{children}</Context.Provider>;
};

export { Context, StoreProvider };
```

1. 리액트에서 제공하는 createContext, useReducer라는 함수를 불러옵니다.
    - createContext: 리액트의 전역 변수를 설정하기 위한 context 객체를 생성하는 함수입니다.
    - useReducer: 지금까지 useState를 이용해서 상태를 관리했습니다. 하지만 useReducer를 이용하면 더 복잡한 상태 관리를 할 수 있습니다. 무엇보다 상태 관리라는 로직과 기존의 비즈니스 로직을 분리할 수 있다는 장점이 있습니다.

2. useReducer가 관리할 초기 객체 변수를 설정합니다. 사용자 이름을 저장하기 위한 userName을 작성했습니다.

3. createContext를 이용해서 전역으로 관리된 context를 생성했습니다.

4. useReducer의 핵심 기능인 상태를 관리하는 부분입니다. switch 문을 이용해서 들어온 상태의 키워드 값을 구분하고 실행합니다.

```
switch (action.type) {
  case AUTH_INFO:
    return {
      ...state,
      userName: action.payload,
    };
  default:
    return state;
}
```

action 객체에는 payload와 type이 있습니다. payload는 상태를 업데이트하는 최신 변수를 받습니다. 또한 앞에서 미리 정의한 AUTH_INFO라는 키워드가 보입니다. 현재는 하나지만 애플리케이션의 규모가 커지면 개수가 늘어납니다.

5. storeProvider는 Context API를 사용하는 모든 컴포넌트에게 변화를 알리는 역할을 합니다. 현재는 하나만 작성했지만 상황에 따라 여러 개의 store를 생성할 수 있습니다.

■ App.js

마지막으로, 작성한 Context API를 최상위 컴포넌트인 App.js에 적용합니다.

```
[App.js]
import "./App.css";
import { BrowserRouter as Router, Routes, Route } from "react-router-dom";
import { IndexContainer, MainContainer } from "./containers";
import { StoreProvider } from "./context";
function App() {
  return (
    <StoreProvider>
      <Router>
        <Routes>
          <Route path="/" element={<IndexContainer />} />
          <Route path="/main" element={<MainContainer />} />
        </Routes>
      </Router>
    </StoreProvider>
  );
}

export default App;
```

StoreProvider로 최상위 컴포넌트를 감싸면서 어디서든지 전역 변수에 접근할 수 있도록 합니다.

Card 컴포넌트

인스타그램과 비슷하게 만들기 위해 상단의 헤더 부분과 포스팅을 위한 Card 컴포넌트를 제작하겠습니다. src 폴더 아래 components라는 폴더를 만들어주세요. 그 아래에 card와 navbar라는 폴더를 생성합니다.

Card 컴포넌트부터 생성하겠습니다. card 폴더 아래에 Card.js와 Card.module.css 파일을 생성해주세요.

```
- src
  - socket.js
  - App.js
  ∟ context
    - action.js
    - index.js
  ∟ components
    ∟ card
      - Card.js
      - Card.module.css
    ∟ navbar
```

[Card.js]
```
import { useState } from "react";
import { AiOutlineHeart, AiFillHeart } from "react-icons/ai";
import { HiOutlinePaperAirplane } from "react-icons/hi";
import { BiMessageRounded } from "react-icons/bi";
import { FiMoreVertical } from "react-icons/fi";
// 1
import { socket } from "../../socket";
import styles from "./Card.module.css";

// 2
const Card = ({ key, post, loginUser }) => {
  // 3
  const [liked, setLiked] = useState(false);

  // 4
  const onLikeHandler = (e) => {
    const { type } = e.target.closest("svg").dataset;
    setLiked(type === "0");
    socket.emit("sendNotification", {
      senderName: loginUser,
      receiverName: post.userName,
      type,
```

```
        });
    };

    return (
        <div className={styles.card} key={key}>
            <div className={styles.info}>
                <div className={styles.userInfo}>
                    <img src={post.userImg} alt="" className={styles.userImg} />
                    <div className={styles.username}>
                        <div>{post.userName}</div>
                        <div className={styles.loc}>{post.location}</div>
                    </div>
                </div>
                <FiMoreVertical size="20" />
            </div>
            <img src={post.postImg} alt="" className={styles.postImg} />
            <div className={styles.icons}>
                // 5
                liked ? (
                    <AiFillHeart
                        className={styles.fillHeart}
                        size="20"
                        onClick={onLikeHandler}
                        data-type="1"
                    />
                ) : (
                    <AiOutlineHeart
                        className={styles.heart}
                        size="20"
                        onClick={onLikeHandler}
                        data-type="0"
                    />
                )}
                <BiMessageRounded className={styles.msg} size="20" />
                <HiOutlinePaperAirplane className={styles.airplane} size="20" />
            </div>
        </div>
    );
```

```
};

export default Card;
```

1. 소켓 통신을 위해 socket 객체를 불러옵니다.
2. Card 컴포넌트에는 리스트를 구분하는 key 값과 포스팅 객체, 로그인한 사용자 이름을 전달받습니다.
3. useState를 이용해서 좋아요를 눌렀는지 누르지 않았는지 상태를 저장합니다. 좋아요를 눌렀다면 true, 누르지 않았다면 false입니다.
4. onLikeHandler()는 좋아요를 클릭하면 호출됩니다. 좋아요를 클릭했다면 'sendNotification'이라는 소켓 이벤트를 실행시킵니다. 그와 동시에 서버로 누른 사람과 좋아요를 받은 사람에 정보를 함께 전송합니다.
5. liked라는 상태에 따라 꽉 찬 하트 혹은 빈 하트를 노출하게 했습니다.

다음은 Card 컴포넌트의 스타일 파일입니다.

[Card.module.css]
```css
.card {
    height: 280px;
    padding: 10px 0;
}

.info {
    display: flex;
    align-items: center;
    padding: 5px 20px;
    justify-content: space-between;
    font-weight: 500;
    font-size: 14px;
}
.userInfo {
    display: flex;
    flex-direction: row;
}

.userName {
```

```css
    display: flex;
    flex-direction: column;
}

.loc {
    font-size: 12px;
}

.userImg {
    width: 30px;
    height: 30px;
    border-radius: 50%;
    object-fit: cover;
    margin-right: 10px;
}

.postImg {
    width: 100%;
    height: 200px;
    object-fit: cover;
}

.icons {
    display: flex;
    align-items: center;
    padding: 5px 20px;
    position: relative;
}

.heart {
    cursor: pointer;
}
.fillHeart {
    color: red;
    cursor: pointer;
}
.airplane {
    transform: rotate(45deg);
```

```
    margin-left: 6px;
    margin-bottom: 5px;
}
.msg {
    margin-left: 5px;
}
```

Navbar 컴포넌트

이번에는 인스타그램 헤더 부분인 navbar 컴포넌트를 만들겠습니다. 위에서 작성한 navbar 폴더에 다음과 같이 Navbar.js와 Navbar.module.css를 생성해주세요.

```
- src
   - socket.js
   - App.js
   └ context
      - action.js
      - index.js
   └ components
      └ card
         - Card.js
         - Card.module.css
      └ navbar
         - Navbar.js
         - Navbar.module.css
```

[Navbar.js]
```
import { useEffect, useState } from "react";
import { AiOutlineHeart, AiFillHeart } from "react-icons/ai";
import { HiOutlinePaperAirplane } from "react-icons/hi";
// 1
import { socket } from "../../socket";
import styles from "./Navbar.module.css";

const Navbar = () => {
```

```jsx
// 2
const [notifications, setNotifications] = useState([]);

// 3
useEffect(() => {
    function getNofi(data) {
        const { type } = data;
        const temp =
            type === "0" ? [...notifications, data] : notifications.pop();
        setNotifications(temp || []);
    }
    socket.on("getNotification", getNofi);

    return () => {
        socket.off("getNotification", getNofi);
    };
}, []);

return (
    <div className={styles.navbar}>
        <span className={styles.logo}>Instagram</span>
        <div className={styles.icons}>
            <div className={styles.heartContainer}>
                {notifications.length > 0 && (
                    <span className={styles.noti}></span>
                )}
                <AiOutlineHeart size="20" className={styles.heart} />
                {notifications.length > 0 && (
                    <div className={styles.likeBubble}>
                        <AiFillHeart size="15" color="#fff" />{" "}
                        <div className={styles.count}>
                            {notifications.length}
                        </div>
                    </div>
                )}
            </div>
```

```
            <HiOutlinePaperAirplane className={styles.airplane} size="20" />
        </div>
      </div>
  );
};

export default Navbar;
```

1. 소켓 통신을 위한 소켓 객체를 불러옵니다.
2. notification이라는 변수는 좋아요를 받은 개수를 저장합니다. 저장된 값에 따라 몇 개를 노출할지 화면에 표시됩니다.
3. useEffect를 이용해서 소켓 통신을 대기합니다. 'getNotification'이라는 이벤트는 좋아요를 받을 때 서버에서 전송한 데이터를 받을 수 있는 콜백 함수입니다.
받아온 데이터는 setNotifications() 상태 관리 객체에 배열 형태로 저장됩니다.

[Navbar.module.css]
```css
.navbar {
  height: 50px;
  display: flex;
  align-items: center;
  justify-content: space-between;
  position: relative;
  border-bottom: 1px solid #cecece;
  padding: 0 20px;
}

.logo {
  font-weight: bold;
  font-size: 20px;
}

.icons {
  display: flex;
  align-items: center;
}
```

```css
.airplane {
  transform: rotate(45deg);
  margin-left: 5px;
  margin-bottom: 5px;
}
.heartContainer {
  display: inline-block;
  position: relative;
}
.noti {
  display: inline-block;
  position: absolute;
  width: 7px;
  height: 7px;
  background-color: red;
  border-radius: 50%;
  right: 0;
  top: 0;
}
.heart {
  vertical-align: text-top;
}

.likeBubble {
  display: flex;
  flex-direction: row;
  gap: 5px;
  position: absolute;
  padding: 5px 10px;
  background-color: red;
  border-top-left-radius: 10px;
  border-bottom-left-radius: 10px;
  border-bottom-right-radius: 10px;
  right: 10px;
  bottom: -27px;
}
.count {
  color: #fff;
}
```

LoginContainer.js

컴포넌트의 구현은 끝났습니다. 이제 앞에서 개발한 모든 컴포넌트와 기능을 조합할 컨테이너를 만들 차례입니다. 먼저 웹 서비스의 입구인 LoginContainer부터 작성하겠습니다. src 폴더 아래에 containers라는 폴더를 만들고 그 아래로 loginContainer라는 폴더를 만들고 이동합니다.

```
> cd src
> mkdir containers && cd containers
> mkdir loginContainer && cd loginContainer
> touch LoginContainer.js
> touch LoginContainer.module.css
```

loginContainer 아래 LoginContainer.js와 LoginContainer.module.css를 만듭니다.

```
- src
  - socket.js
  - App.js
  ㄴ context
    - action.js
    - index.js
  ㄴ components
    ㄴ card
      - Card.js
      - Card.module.css
    ㄴ navbar
      - Navbar.js
      - Navbar.module.css
  ㄴ containers
    ㄴ loginContainer
      - LoginContainer.js
      - LoginContainer.module.css
```

[LoginContainer.js]

```js
import { useEffect, useState, useContext } from "react";
import styles from "./LoginContainer.module.css";
// 1
import { socket } from "../../socket";
import { Context } from "../../context";
import { AUTH_INFO } from "../../context/action";
import logo from "../../images/logo.png";
import { useNavigate } from "react-router-dom";
const LoginContainer = () => {
    // 2
    const navigate = useNavigate();
    // 3
    const {
        dispatch,
    } = useContext(Context);
    const [user, setUser] = useState("");

    // 4
    useEffect(() => {
        socket.on("connect_error", (err) => {
            if (err.message === "invalid username") {
                console.log("err");
            }
        });
    }, []);

    const setUserNameHandler = (e) => {
        setUser(e.target.value);
    };
    // 5
    const onLoginHandler = (e) => {
        e.preventDefault();
        dispatch({
            type: AUTH_INFO,
            payload: user,
        });
```

```
        socket.auth = { userName: user };
        socket.connect();
        navigate("/post");
    };

    return (
        <div className={styles.login_container}>
            <div className={styles.login}>
                <img src={logo} width="200px" alt="logo" />
                <form className={styles.loginForm} onSubmit={onLoginHandler}>
                    <input
                        className={styles.input}
                        type="text"
                        value={user}
                        placeholder="Enter your name"
                        onChange={setUserNameHandler}
                    />
                    <button onClick={onLoginHandler} className={styles.button}>
                        Login
                    </button>
                </form>
            </div>
        </div>
    );
};

export default LoginContainer;
```

1. 필요한 라이브러리와 컴포넌트를 불러옵니다.

    ```
    import { Context } from "../../context";
    import { AUTH_INFO } from "../../context/action";
    ```

    특히 위에서 미리 설정한 Context API 액션 값과 Context를 불러와서 로그인할 때 사용자 이름을 저장합니다.

2. useNavigate()는 페이지 라우팅을 위해 설정했습니다.

3. dispatch라는 함수를 통해 전역 변수를 관리합니다.

```
const {
  dispatch,
} = useContext(Context);
```

4. 소켓 서버에서 사용자 이름 유효성 검사를 확인한 후에 없다면 오류 콜백을 호출합니다.

```
socket.on("connect_error", (err) => {
  if (err.message === "invalid username") {
    console.log("err");
  }
});
```

'connect_error'라는 이벤트를 통해서 호출되며 위 예제에서는 단순하게 오류 로그를 노출합니다.

5. 로그인 버튼을 클릭하면 호출됩니다.

```
dispatch({
  type: AUTH_INFO,
  payload: user,
});
socket.auth = { userName: user };
socket.connect();
```

드디어 위에서 설정한 Context API의 사용 모습이 보입니다. dispatch 함수에 미리 선언한 AUTH_INFO 타입을 추가하고 payload에 실제 업데이트할 값을 추가합니다. 서버 사이드에서 먼저 살펴봤던 handshake 속성의 auth 부분을 추가하는 부분입니다. socket.auth라는 객체에 userName을 설정합니다. socket.connect() 메소드로 소켓을 연결합니다.

LoginContainer.module.css는 다음과 같이 작성합니다.

[LoginContainer.module.css]
```css
.login_container {
  height: 100vh;
  display: flex;
  flex-direction: column;
  align-items: center;
```

```css
    justify-content: center;
}
.login {
    border: 1px solid #cecece;
    padding: 20px;
    height: 400px;
    width: 400px;
    display: flex;
    flex-direction: column;
    align-items: center;
    justify-content: center;
}
.loginForm {
    margin-top: 30px;
    display: flex;
    flex-direction: column;
    gap: 7px;
    width: 100%;
}
.input {
    width: calc(100% - 22px);
    border: 1px solid #cecece;
    padding: 10px;
    border-radius: 5px;
}
.button {
    width: 100%;
    border: 0;
    padding: 10px;
    border-radius: 5px;
    background-color: #6799ff;
    color: white;
    cursor: pointer;
}
```

PostingContainer.js

다음은 포스팅 목록을 노출하는 PostingContainer입니다. containers 폴더로 이동한 다음 LoginContainer와 동일하게 postingContainer 폴더를 추가합니다. 그 아래에 Posting Container.js와 PostingContainer.module.css 파일을 만들겠습니다.

```
> cd containers
> mkdir postingContainer && cd postingContainer
> touch PostingContainer.js
> touch PostingContainer.module.css

- src
  - socket.js
  - App.js
  ㄴ context
    - action.js
    - index.js
  ㄴ components
    ㄴ card
      - Card.js
      - Card.module.css
    ㄴ navbar
      - Navbar.js
      - Navbar.module.css
  ㄴ containers
    ㄴ loginContainer
      - LoginContainer.js
      - LoginContainer.module.css
    ㄴ postingContainer
      - PostingContainer.js
      - PostingContainer.module.css
```

[PostingContainer.js]

```
import { useEffect, useState, useContext } from "react";
import Card from "../../components/card/Card";
import Navbar from "../../components/navbar/Navbar";
import { socket } from "../../socket";
import { Context } from "../../context";
```

```
const PostingContainer = () => {
    // 1
    const {
        state: { userName },
    } = useContext(Context);
    const [post, setPost] = useState([]);

    // 2
    useEffect(() => {
        socket.emit("userList", {});
    }, []);

    // 3
    useEffect(() => {
        function setPosting(data) {
            setPost(data);
        }
        socket.on("user-list", setPosting);
        return () => {
            socket.off("user-list", setPosting);
        };
    }, []);

    return (
        <div>
            <h2>{`Login as a ${userName}`}</h2>
            <div>
                <Navbar />
                {post.map((p) => (
                    <Card key={p.id} post={p} loginUser={userName} />
                ))}
            </div>
        </div>
    );
};

export default PostingContainer;
```

1. 전역으로 설정한 userName을 불러옵니다.
2. 사용자 리스트를 불러옵니다.
3. 서버에서 받아온 사용자 리스트를 setPost에 설정합니다.

끝으로 작성한 컨테이너를 쉽게 불러올 수 있도록 containers 폴더에 index.js를 작성하겠습니다. containers 폴더로 이동한 후에 index.js를 만들어주세요.

```
> cd containers
> touch index.js
```

```
- src
 - socket.js
 - App.js
 ㄴ context
 ㄴ components
 ㄴ containers
  ㄴ loginContainer
  ㄴ postingContainer
  - index.js
```

[index.js]
```
export { default as LoginContainer } from "./loginContainer/LoginContainer";
export { default as PostingContainer } from "./postingContainer/PostingContainer";
```

1.5 테스트

드디어 모든 구현은 끝났습니다. 최종적인 폴더 구조는 이런 모습입니다.

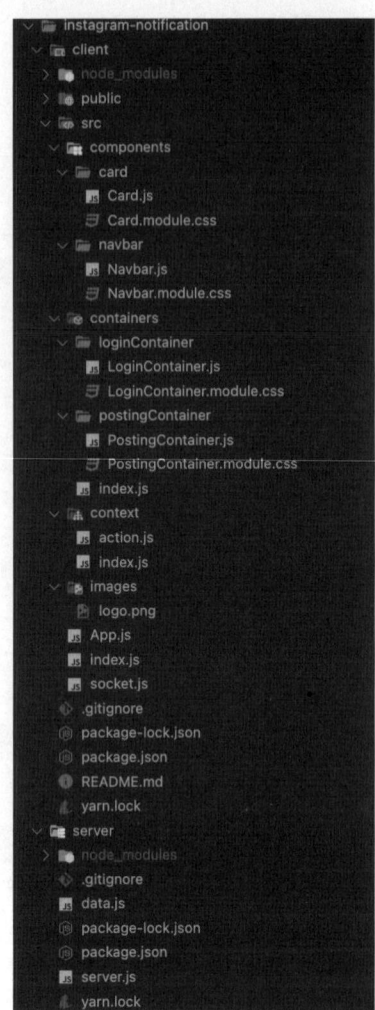

이제 실행을 해보겠습니다. 먼저 아래 명령어로 server.js를 실행해주세요.

```
> cd server
> npm run start
[nodemon] 2.0.20
[nodemon] to restart at any time, enter `rs`
[nodemon] watching path(s): *.*
[nodemon] watching extensions: js,mjs,json
[nodemon] starting `node server.js`
```

이제 클라이언트를 실행합니다.

```
> cd client
> npm run start
```

http://localhost:3000으로 다음과 같이 보인다면 성공입니다. 이제 사용자 이름을 입력하고 로그인 버튼을 클릭해주세요. 저는 Tom으로 입력하겠습니다.

Tom으로 로그인했다는 제목과 함께 랜덤한 사진과 포스팅 글이 나왔습니다.

이제 localhost:3000으로 다른 브라우저 창 하나를 더 띄워주세요. 이번엔 Jane으로 로그인하겠습니다.

Jane까지 노출되는 것을 볼 수 있습니다. Jane으로 접속한 화면에서 Tom의 포스팅에 좋아요를 눌러볼까요?

좋아요 클릭과 동시에 Tom의 헤더에 알림이 표시됩니다.

이번 예제를 통해서 Context API 설정 방법과 socket.io의 handshake 속성을 살펴봤습니다. 여기서 배운 기능을 토대로 남아 있는 Part 2의 실전 예제를 진행할 예정입니다. 다음은 더 재밌는 예제가 기다리고 있습니다. 바로 확인해보죠.

02장

극장 좌석 예약 서비스

좌석 예약 서비스는 우리의 일상에서 흔히 접할 수 있는 시스템입니다. 극장, 기차, 식당 등 많은 종류가 있지만 극장의 좌석 예약 서비스를 만들면서 웹 소켓을 이해하겠습니다.

Movie Chart

Avatar: The Way of Water

Ant-Man and the Wasp: Quantumania

Puss in Boots: The Last Wish

위 화면은 우리가 만들 극장 좌석 예약 서비스의 홈 화면입니다. 3개의 영화 중 하나를 선택해서 클릭을 할 수 있습니다.

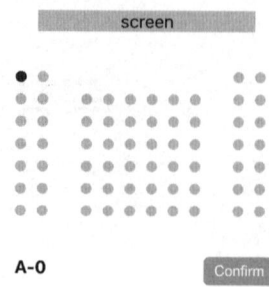

하나의 영화를 선택하면 위와 같은 좌석을 선택할 수 있는 UI를 볼 수 있습니다. 좌석마다 이름이 붙어 있고 파란색으로 선택한 영역이 표시됩니다. 최종적으로 Confirm 버튼을 클릭하면 선택한 부분이 빨간색으로 표시됩니다. 물론 동시에 접속한 고객들의 선택 좌석 또한 빨간색으로 동일하게 표시됩니다.

2.1 프로젝트 초기 설정

먼저 movie-theater라는 프로젝트 폴더를 생성하겠습니다.

```
> mkdir movie-theater
```

그 아래에 server와 client 폴더를 만듭니다. client 폴더는 CRA를 이용해 만들겠습니다.

```
> cd movie-theater
> mkdir server
> npx create-react-app client
```

다음으로 server 폴더로 이동해서 npm 프로젝트를 설정하고 server.js 파일을 생성합니다.

```
> cd server
> npm init -y
> touch server.js
```

좌석 예약 프로젝트에서 사용할 images 폴더도 생성해주세요.

```
> cd client/src/
> mkdir images
```

> **Note** 이미지 파일 확인하기
>
> 프로젝트에 사용되는 파일은 깃허브 주소를 참고하면 됩니다.
>
> - https://github.com/devh-e/socket-programming-using-react/tree/master/part2/movie-theater/client/src/images

깃허브에서 다운로드한 이미지 파일을 images 폴더에 넣습니다.

마지막으로 client 폴더에 사용하지 않는 파일은 삭제하겠습니다.

```
- App.css
- App.test.js
- index.css
- logo.svg
- reportWebVitals.js
- setupTests.js
```

App.js에서 방금 지웠던 import 항목들과 로고를 사용하는 부분을 삭제합니다.

[App.js]
```
function App() {
return (
 <div className="App">
  <header className="App-header">
  <p>
  Edit <code>src/App.js</code> and save to reload.
  </p>
  <a
   className="App-link"
```

```
        href="https://reactjs.org"
        target="_blank"
        rel="noopener noreferrer"
      >
        Learn React
      </a>
    </header>
  </div>
  );
}

export default App;
```

추가적으로 index.js에서 참조하지 않는 파일과 React.strictMode를 제거하겠습니다.

[index.js]
```
import React from "react";
import ReactDOM from "react-dom/client";
import App from "./App";

const root = ReactDOM.createRoot(document.getElementById("root"));
root.render(<App />);
```

최종적인 모습은 이런 구조를 가지고 있습니다.

2.2 서버 사이드

필요한 라이브러리

- nodemon(2.0.20) : nodejs 서버를 모니터링하고 쉽게 재시작하기 위해 사용합니다.
- socket.io(4.6.1) : 소켓 통신을 위해 사용합니다.

서버 사이드에 필요한 라이브러리를 설치하겠습니다.

```
> npm install socket.io
> npm install nodemon
```

서버를 시작하기 위해 package.json에 다음 스크립트를 추가하겠습니다.

```
"start": "nodemon server.js",
```

아래는 package.json 소스의 모습입니다.

[package.json]
```
{
  "name": "server",
  "version": "1.0.0",
  "description": "",
  "main": "index.js",
  "scripts": {
    "start": "nodemon server.js",
    "test": "echo \"Error: no test specified\" && exit 1"
  },
  "keywords": [],
  "author": "",
  "license": "ISC",
  "dependencies": {
    "nodemon": "^2.0.20",
    "socket.io": "^4.6.1"
  }
}
```

극장 좌석 예약 서비스의 가장 중요한 데이터는 바로 좌석의 배치입니다. 좌석의 활성/비활성화를 표현하기 위해서는 정형화된 데이터가 필요합니다. 그래서 data.js라는 파일을 따로 만들어서 2차원 배열로 좌석을 생성하겠습니다.

[data.js]
```js
module.exports.seats = [
  [
    { status: 1, seatNumber: "A-0" },
    { status: 1, seatNumber: "A-1" },
    { status: 0, seatNumber: "A-2" },
    { status: 0, seatNumber: "A-3" },
    { status: 0, seatNumber: "A-4" },
    { status: 0, seatNumber: "A-5" },
    { status: 0, seatNumber: "A-6" },
    { status: 0, seatNumber: "A-7" },
    { status: 0, seatNumber: "A-8" },
    { status: 0, seatNumber: "A-9" },
    { status: 1, seatNumber: "A-10" },
    { status: 1, seatNumber: "A-11" },
  ],
  [
    { status: 1, seatNumber: "B-0" },
    { status: 1, seatNumber: "B-1" },
    { status: 0, seatNumber: "B-2" },
    { status: 1, seatNumber: "B-3" },
    { status: 1, seatNumber: "B-4" },
    { status: 1, seatNumber: "B-5" },
    { status: 1, seatNumber: "B-6" },
    { status: 1, seatNumber: "B-7" },
    { status: 1, seatNumber: "B-8" },
    { status: 0, seatNumber: "B-9" },
    { status: 1, seatNumber: "B-10" },
    { status: 1, seatNumber: "B-11" },
  ],
  [
    { status: 1, seatNumber: "C-0" },
    { status: 1, seatNumber: "C-1" },
    { status: 0, seatNumber: "C-2" },
```

```
      { status: 1, seatNumber: "C-3" },
      { status: 1, seatNumber: "C-4" },
      { status: 1, seatNumber: "C-5" },
      { status: 1, seatNumber: "C-6" },
      { status: 1, seatNumber: "C-7" },
      { status: 1, seatNumber: "C-8" },
      { status: 0, seatNumber: "C-9" },
      { status: 1, seatNumber: "C-10" },
      { status: 1, seatNumber: "C-11" },
    ],
    [
      { status: 1, seatNumber: "D-0" },
      { status: 1, seatNumber: "D-1" },
      { status: 0, seatNumber: "D-2" },
      { status: 1, seatNumber: "D-3" },
      { status: 1, seatNumber: "D-4" },
      { status: 1, seatNumber: "D-5" },
      { status: 1, seatNumber: "D-6" },
      { status: 1, seatNumber: "D-7" },
      { status: 1, seatNumber: "D-8" },
      { status: 0, seatNumber: "D-9" },
      { status: 1, seatNumber: "D-10" },
      { status: 1, seatNumber: "D-11" },
    ],
    [
      { status: 1, seatNumber: "E-0" },
      { status: 1, seatNumber: "E-1" },
      { status: 0, seatNumber: "E-2" },
      { status: 1, seatNumber: "E-3" },
      { status: 1, seatNumber: "E-4" },
      { status: 1, seatNumber: "E-5" },
      { status: 1, seatNumber: "E-6" },
      { status: 1, seatNumber: "E-7" },
      { status: 1, seatNumber: "E-8" },
      { status: 0, seatNumber: "E-9" },
      { status: 1, seatNumber: "E-10" },
      { status: 1, seatNumber: "E-11" },
    ],
```

```
    [
        { status: 1, seatNumber: "F-0" },
        { status: 1, seatNumber: "F-1" },
        { status: 0, seatNumber: "F-2" },
        { status: 1, seatNumber: "F-3" },
        { status: 1, seatNumber: "F-4" },
        { status: 1, seatNumber: "F-5" },
        { status: 1, seatNumber: "F-6" },
        { status: 1, seatNumber: "F-7" },
        { status: 1, seatNumber: "F-8" },
        { status: 0, seatNumber: "F-9" },
        { status: 1, seatNumber: "F-10" },
        { status: 1, seatNumber: "F-11" },
    ],
    [
        { status: 1, seatNumber: "G-0" },
        { status: 1, seatNumber: "G-1" },
        { status: 0, seatNumber: "G-2" },
        { status: 1, seatNumber: "G-3" },
        { status: 1, seatNumber: "G-4" },
        { status: 1, seatNumber: "G-5" },
        { status: 1, seatNumber: "G-6" },
        { status: 1, seatNumber: "G-7" },
        { status: 1, seatNumber: "G-8" },
        { status: 0, seatNumber: "G-9" },
        { status: 1, seatNumber: "G-10" },
        { status: 1, seatNumber: "G-11" },
    ],
]
```

status는 총 4개의 값을 가지고 있습니다.

0: 통로, 화면에 노출되지 않습니다.

1: 빈 좌석, 화면에 회색으로 표현됩니다.

2: 임시 선택된 좌석, 사용자가 선택한 자리로 파란색으로 표시됩니다.

3: 최종 확정된 좌석, 사용자가 자리를 선택한 후 Confirm 버튼을 클릭한 상태입니다.

seatNumber는 각 좌석의 이름을 의미합니다. seatNumber는 데이터를 찾는 아이디 값으로도 활용됩니다.

server.js

다음은 server.js를 구현하겠습니다.

[server.js]
```js
const { Server } = require("socket.io");
const { seats } = require("./data");

// 1
const io = new Server("5000", {
  cors: {
      origin: "http://localhost:3000",
  },
});

// 2
let avatar = [...seats];
let antman = [...seats];
let cats = [...seats];

// 3
const setSeats = (roomNumber, seat) => {
  let temp = [];
  function setStatus(seats) {
      return seats.map((i) => {
          let temp = { ...i };
          if (i.seatNumber === seat) {
              temp = { ...i, status: 3 };
          }
          return temp;
      });
  }
  if (roomNumber === "1") {
```

```js
            temp = [...avatar].map((s) => setStatus(s));
            avatar = [...temp];
        } else if (roomNumber === "2") {
            temp = [...antman].map((s) => setStatus(s));
            antman = [...temp];
        } else {
            temp = [...cats].map((s) => setStatus(s));
            cats = [...temp];
        }
        return temp;
};
io.on("connection", (socket) => {
    // 4
    socket.on("join", (movie) => {
        socket.join(movie);
        let tempSeat = [];
        if (movie === "1") {
            tempSeat = avatar;
        } else if (movie === "2") {
            tempSeat = antman;
        } else {
            tempSeat = cats;
        }
        io.sockets.in(movie).emit("sSeatMessage", tempSeat);
    });

    // 5
    socket.on("addSeat", (seat) => {
        const myRooms = Array.from(socket.rooms);
        io.sockets
            .in(myRooms[1])
            .emit("sSeatMessage", setSeats(myRooms[1], seat));
    });

    socket.on("disconnect", () => {
        console.log("logout");
    });
});
```

1. socket.io를 이용해서 소켓 서버를 생성합니다. 포트는 5000번으로 설정합니다. 또한 CORS 설정으로 localhost:3000으로 오는 요청을 허락합니다.

2. data.js에서 좌석 배치 데이터를 불러옵니다. 3개의 영화가 있습니다. 각 영화마다 좌석 배치를 만들기 위해 각각의 변수를 생성해서 관리합니다. 이 부분은 실제 DB가 있다면 DB로 관리되어야 할 포인트입니다. 그러나 간편한 구현을 위해 인-메모리 방식을 선택했습니다.

3. setSeats()는 최종 확정된 좌석의 상태를 변환하는 함수입니다. roomNumber 1, 2, 3은 각각 영화 Avatar, Antman, Cats를 뜻합니다. socket.io에서 생성된 room에 따라 영화와 자리를 구분하고 클라이언트에서 받은 정보를 토대로 좌석의 status를 3으로 변경한 후 배열 객체를 반환합니다.

4. 좌석을 선택하는 페이지에 접속하면 소켓의 'join'이라는 이벤트를 통해서 서버에 요청을 보냅니다. socket.join() 함수는 socket.io의 room을 배정하는 기능을 담당합니다. 클라이언트에서 영화에 구분 값이 1, 2, 3을 접속한 사용자에 맞게 join()에 할당합니다. 마지막으로 자신이 속해 있는 room에만 저장된 현재 상태 좌석 배치도를 클라이언트에 전송합니다.

5. 클라이언트에서 Confirm 버튼을 누르면 'addSeat'라는 이벤트가 호출됩니다. 현재 접속해 있는 소켓의 room 번호를 찾고 해당 room에 속해 있는 접속자에게 업데이트된 좌석 배치도를 전송합니다.

최종적인 서버 사이드 폴더 구조입니다.

2.3 클라이언트 사이드

이제는 클라이언트 사이드를 구현하겠습니다. 먼저 필요한 라이브러리를 확인해주세요.

필요한 라이브러리

- socket.io-client(4.6.1) : 클라이언트 소켓 통신에 필요한 socket.io입니다.
- react-router-dom(6.8.1) : 리액트 페이지의 라우팅을 담당합니다. /과 /seat이라는 두 개의 라우팅이 있습니다.

- classnames(2.3.2): 여러 개의 CSS 속성을 할당하기 위해 사용합니다.

다음 라이브러리를 설치하겠습니다.

```
> npm install socket-io.client
> npm install react-router-dom
> npm install classnames
```

[package.json]
```
{
  "name": "client",
  "version": "0.1.0",
  "private": true,
  "dependencies": {
    "@testing-library/jest-dom": "^5.16.5",
    "@testing-library/react": "^13.4.0",
    "@testing-library/user-event": "^13.5.0",
    "classnames": "^2.3.2",
    "react": "^18.2.0",
    "react-dom": "^18.2.0",
    "react-router-dom": "^6.8.1",
    "react-scripts": "5.0.1",
    "socket.io-client": "^4.6.1",
    "web-vitals": "^2.1.4"
  },
  "scripts": {
    "start": "react-scripts start",
    "build": "react-scripts build",
    "test": "react-scripts test",
    "eject": "react-scripts eject"
  },
  "eslintConfig": {
    "extends": [
      "react-app",
      "react-app/jest"
    ]
  },
```

```
"browserslist": {
  "production": [
    ">0.2%",
    "not dead",
    "not op_mini all"
  ],
  "development": [
    "last 1 chrome version",
    "last 1 firefox version",
    "last 1 safari version"
  ]
}
}
```

socket.js

소켓을 연결하기 위한 socket.js 파일을 추가합니다.

```
> cd src
> touch socket.js
```

파일 구조는 아래와 같습니다.

```
- src
  - socket.js
```

socket.js 파일은 웹 소켓을 연결하기 위한 socket.io 객체를 초기화합니다. autoConnect: false로 설정해서 사용자가 영화를 선택하는 화면에서 연결되도록 하겠습니다.

[socket.js]
```
import { io } from "socket.io-client";

export const socket = io("http://localhost:5000", {
  autoConnect: false,
});
```

HomeContainer.js

이제 폴더 구조를 설정하겠습니다. 컨테이너를 추가해서 라우팅되는 페이지마다 알맞은 컨테이너가 출력되도록 하겠습니다. src 폴더 아래에 containers 폴더를 만들고 homeContainer와 seatContainer 폴더를 만듭니다.

```
- src
  - socket.js
  ㄴ containers
    ㄴ homeContainer
    ㄴ seatContainer
```

HomeContainer는 사용자가 우리 사이트를 방문하면 처음으로 노출되는 화면입니다. HomeContainer에 현재 상영작인 3개의 영화를 노출할 계획입니다.

Movie Chart

Avatar: The Way of Water   Ant-Man and the Wasp: Quantumania   Puss in Boots: The Last Wish

homeContainer 폴더 아래 HomeContainer.js와 HomeContainer.module.css를 추가합니다.

```
- src
  - socket.js
  ㄴ containers
    ㄴ homeContainer
      - HomeContainer.js
      - HomeContainer.module.css
    ㄴ seatContainer
```

[HomeContainer.module.css]

```css
.home_container {
  height: 100vh;
  display: flex;
  flex-direction: column;
  align-items: center;
  justify-content: center;
}
.title {
  text-align: left;
}
.wrap_movies {
  display: flex;
  flex-direction: row;
  flex-wrap: nowrap;
  gap: 10px;
  list-style: none;
}
.movie {
  display: flex;
  flex-direction: column;
  cursor: pointer;
  border-radius: 15px;
}
.movie:hover {
  box-shadow: 5px 5px 5px #cecece;
}
.img_wrap {
  position: relative;
}
.number {
  position: absolute;
  bottom: 10px;
  left: 10px;
  color: #fff;
  font-size: 40px;
  padding: 0;
  margin: 0;
```

```
}
.img {
  border-radius: 15px;
}

.movie_title {
  font-weight: bold;
  padding: 5px 10px;
  color: #000;
}
```

module을 사용했기 때문에 CSS의 계층 구조를 사용하지 않았습니다.

[HomeContainer.js]
```
import React, { useEffect } from "react";
import styles from "./HomeContainer.module.css";
import classNames from "classnames/bind";
import avatar from "../../images/avatar.png";
import antman from "../../images/antman.png";
import cat from "../../images/cat.png";
import { socket } from "../../socket";
import { Link } from "react-router-dom";

// 1
const cx = classNames.bind(styles);

const HomeContainer = () => {
    useEffect(() => {
        socket.connect();
    }, []);
    return (
        <div className={cx("home_container")}>
            <h2 className={cx("title")}>Movie Chart</h2>
            <ul className={cx("wrap_movies")}>
                <li className={cx("movie")}>
                    // 2
                    <Link
```

```jsx
            to={`/seat/1/Avatar: The Way of Water`}
            style={{ textDecoration: "none" }}
        >
            <div className={cx("img_wrap")}>
                <img
                    src={avatar}
                    width="250px"
                    height="300px"
                    className={cx("img")}
                    alt="aa"
                />
                <h3 className={cx("number")}>1</h3>
            </div>
            <div className={cx("movie_title")}>
                Avatar: The Way of Water
            </div>
        </Link>
</li>
<li className={cx("movie")}>
    <Link
        to={`/seat/2/Ant-Man and the Wasp:Quantumania`}
        style={{ textDecoration: "none" }}
    >
        <div className={cx("img_wrap")}>
            <img
                src={antman}
                width="250px"
                height="300px"
                className={cx("img")}
                alt="aa"
            />
            <h3 className={cx("number")}>2</h3>
        </div>
        <div className={cx("movie_title")}>
            Ant-Man and the Wasp:
            <br /> Quantumania
        </div>
    </Link>
```

```
                </li>
                <li className={cx("movie")}>
                    <Link
                        to={`/seat/3/Puss in Boots: The Last Wish`}
                        style={{ textDecoration: "none" }}
                    >
                        <div className={cx("img_wrap")}>
                            <img
                                src={cat}
                                width="250px"
                                height="300px"
                                className={cx("img")}
                                alt="aa"
                            />
                            <h3 className={cx("number")}>3</h3>
                        </div>
                        <div className={cx("movie_title")}>
                            Puss in Boots: The Last Wish
                        </div>
                    </Link>
                </li>
            </ul>
        </div>
    );
};
export default HomeContainer;
```

1. classnames라는 라이브러리를 이용해 스타일을 연결합니다. 이후에는 cx() 형태로 정의된 스타일을 사용할 수 있습니다. cx('home_container') 문법을 사용하면 조건문을 이용한 스타일도 가능합니다.

2. react-router-dom에서 제공하는 〈Link〉 태그를 사용합니다. to 속성을 사용하면 라우팅하는 페이지의 pathVariable을 쉽게 사용할 수 있습니다. 이동한 페이지 또한 쉽게 path에 속해 있는 변수값을 추출할 수 있습니다.

SeatContainer.js

seatContainer 폴더 아래 SeatContainer.js와 SeatContainer.module.css를 추가합니다.

```
- src
  - socket.js
  ㄴ containers
    ㄴ homeContainer
      - HomeContainer.js
      - HomeContainer.module.css
    ㄴ seatContainer
      - SeatContainer.js
      - SeatContainer.module.css
```

[SeatContainer.module.css]

```css
.seat_container {
  height: 100vh;
  display: flex;
  flex-direction: column;
  align-items: center;
  justify-content: center;
}
.title {
  text-align: left;
}
.screen {
  margin-top: 50px;
  background-color: #cecece;
  width: 200px;
  text-align: center;
}
.wrap_seats {
  display: flex;
  flex-direction: row;
  gap: 10px;
  list-style: none;
  flex-wrap: wrap;
```

```css
  padding: 20px;
  width: 240px;
}
.seat {
  width: 10px;
  height: 10px;
  cursor: pointer;
  border-radius: 50%;
}
.default {
  background-color: #cecece;
}
.default:hover {
  background-color: blue;
}
.empty {
  background-color: #fff;
  cursor: default;
}
.active {
  background-color: blue;
}
.soldout {
  background-color: red;
  cursor: default;
}
.r_wrap {
  width: 240px;
  display: flex;
  flex-direction: row;
  justify-content: space-between;
}
.r_title {
  margin: 0;
}
.r_confirm {
  border: 0;
  padding: 5px 10px;
```

```css
    border-radius: 5px;
    background-color: #6cc0ff;
    color: #fff;
    cursor: pointer;
}
```

[SeatContainer.js]

```javascript
import { useEffect, useState, useRef } from "react";
import { useParams } from "react-router-dom";
import styles from "./SeatContainer.module.css";
import classNames from "classnames/bind";
import { socket } from "../../socket";

const cx = classNames.bind(styles);

const SeatContainer = () => {
    // 1
    const { id, title } = useParams();
    const [booked, setBooked] = useState("");
    const [seats, setSeats] = useState([]);
    const [isDisabled, setIsDisabled] = useState(false);

    // 2
    useEffect(() => {
        socket.emit("join", id);
        return () => {
            socket.disconnect();
        };
    }, []);

    // 3
    useEffect(() => {
        function setSeat(data) {
            setSeats(data);
        }
        socket.on("sSeatMessage", setSeat);
        return () => {
            socket.off("sSeatMessage", setSeat);
        };
```

```
}, []);

// 4
const onClickHandler = (e) => {
    if (isDisabled) return;
    const { id, status } = e.target.dataset;
    if (status === "3" || status === "0") return;
    setBooked(id);
    const tempSeats = seats.map((s) => {
        return s.map((i) => {
            let temp = { ...i };
            if (i.seatNumber === id) {
                temp = { ...i, status: 2 };
            } else {
                temp = { ...i, status: i.status === 2 ? 1 : i.status };
            }
            return temp;
        });
    });
    setSeats(tempSeats);
};

// 5
const onConfirmHandler = () => {
    if (!booked) return;
    socket.emit("addSeat", booked);
    setIsDisabled(true);
};
return (
    <div className={cx("seat_container")}>
        <h2 className={cx("title")}>{title}</h2>
        <div className={cx("screen")}>screen</div>
        <ul className={cx("wrap_seats")}>
            // 6
            {seats.map((v) => {
                return v.map((i, idx) => (
                    <li
                        key={`seat_${idx}`}
                        data-id={i.seatNumber}
```

```
                    data-status={i.status}
                    className={cx(
                        "seat",
                        i.status === 0 && "empty",
                        i.status === 1 && "default",
                        i.status === 2 && "active",
                        i.status === 3 && "soldout"
                    )}
                    onClick={onClickHandler}
                ></li>
            ));
        })}
        </ul>
        <div className={cx("r_wrap")}>
            <h4 className={cx("r_title")}>{booked}</h4>
            {!isDisabled && (
                <button
                    className={cx("r_confirm")}
                    onClick={onConfirmHandler}
                >
                    Confirm
                </button>
            )}
        </div>
    </div>
    );
};
export default SeatContainer;
```

1. useParam()을 이용해서 param path로 들어온 id와 title 값을 추출합니다.

2. 좌석 페이지에 최초로 진입할 때 소켓의 'join' 이벤트를 호출합니다. 호출과 동시에 지금 어느 상영관인지를 구분하기 위해 구분값으로 아이디 값을 함께 전송합니다. 전송된 아이디 값은 socket.io의 room 구분값으로 사용됩니다.

```
    return () => {
      socket.disconnect();
    };
```

또한 페이지가 언마운트되었을때 소켓 연결을 해제하기 위한 콜백 함수를 정의했습니다.

3. 'sSeatMessage'는 페이지에 진입할 때 서버에 저장된 좌석 배치를 받아오는 이벤트입니다. 이 이벤트를 통해서 접속자는 남아 있는 좌석을 파악하고 예약할 수 있습니다. 받아온 데이터는 setSeats이라는 객체에 저장되서 관리됩니다.

4. onClickHandler()는 사용자가 좌석을 클릭하면 호출됩니다. 회색을 클릭하는 경우 파란색으로 변하게 되고 빨간색 혹은 통로쪽은 클릭할 수 없도록 return 처리를 했습니다.

5. onConfirmHandler()는 Confirm 버튼을 클릭하면 실행됩니다. 최종적으로 선택된 좌석의 이름 값을 소켓 서버로 전송합니다. 이걸 받은 서버는 빨간색으로 status를 변경하고 다시 클라이언트에게 업데이트된 내용을 돌려줍니다. Confirm 버튼을 한 번 클릭했기 때문에 Confirm 버튼을 보이지 않게 하는 처리를 추가했습니다.

6. map()을 이용해서 좌석을 배치하는 문장입니다. classnames 라이브러리를 이용해서 status 값에 따른 CSS 처리를 추가했습니다.

마지막으로 containers 폴더에 index.js를 추가하겠습니다. export 설정을 함으로써 다른 컴포넌트에서 사용할 때 간단하게 import할 수 있습니다.

```
[index.js]
export { default as HomeContainer } from "./homeContainer/HomeContainer";
export { default as SeatContainer } from "./seatContainer/SeatContainer";
```

```
- src
  - socket.js
  └ containers
    └ homeContainer
      - HomeContainer.js
      - HomeContainer.module.css
    └ seatContainer
      - SeatContainer.js
      - SeatContainer.module.css
  - index.js
```

App.js

[App.js]
```
import { BrowserRouter as Router, Routes, Route } from "react-router-dom";
import { HomeContainer, SeatContainer } from "./containers";

function App() {
  return (
    <Router>
      <Routes>
        <Route path="/" element={<HomeContainer />} />
        <Route path="/seat/:id/:title" element={<SeatContainer />} />
      </Routes>
    </Router>
  );
}

export default App;
```

react-router-dom을 이용해서 라우팅을 설계합니다. 우리가 사용하는 버전은 6 버전으로 하위 버전을 사용한다면 문법이 다르기 때문에 주의가 필요합니다.

```
<Route path="/seat/:id/:title" element={<SeatContainer />} />
```

:id, :title을 이용해서 동적으로 path 값을 변경할 수 있습니다.

2.4 테스트

이제 모든 준비가 끝났습니다. 최종적인 폴더 구조는 다음과 같습니다.

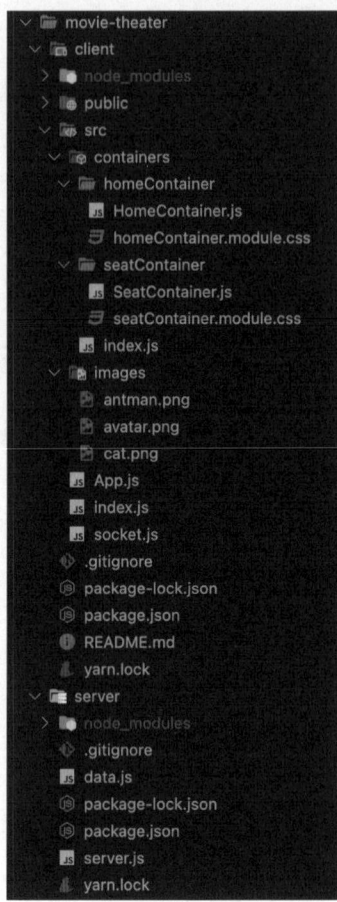

이제는 http://localhost:3000으로 접속해서 우리가 만든 서비스가 잘 동작하는지 확인하겠습니다.

Movie Chart

Avatar: The Way of Water

Ant-Man and the Wasp: Quantumania

Puss in Boots: The Last Wish

저는 이 중에 아바타를 선택하겠습니다. 선택한다면 다음과 같이 좌석을 선택하는 화면이 나옵니다.

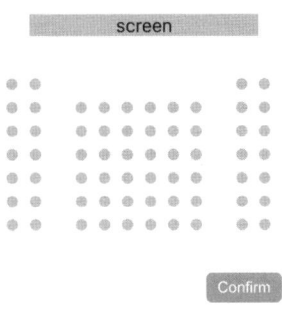

좌석을 선택하면 파란 표시와 함께 좌석 번호가 함께 출력됩니다.

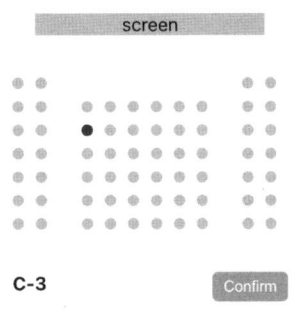

이제 Confirm 버튼을 눌러서 좌석을 확정하겠습니다. 이와 동시에 다른 브라우저로 http://locahost:3000으로 접속해서 동일하게 아바타를 선택하겠습니다. 그림처럼 임의의 자리를 선택해주세요.

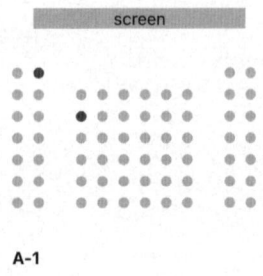

선택과 동시에 기존에 있던 좌석에도 빨간색으로 체크되는 걸 확인할 수 있습니다. 생각보다 실시간 좌석 예약이 너무 간단하지 않나요? 위의 예제는 간단한 기능만을 구현했지만 이 원리를 이용해서 더 멋진 예약 서비스도 만들 수 있습니다.

03장

구글 문서

구글 문서(Google Docs)는 구글에서 제공하는 온라인 문서 편집 도구입니다. 구글 문서를 이용해서 언제 어디서든지 간편하게 워드 파일을 작성하고 공유할 수 있습니다. 구글 문서의 가장 큰 특징은 동시에 여러 사용자와 함께 문서를 제작/편집할 수 있다는 점입니다.

이번에 우리가 만들어볼 웹 서비스는 구글 문서의 클론 버전으로 동시에 문서를 편집할 수 있는 기능과 일정 시간이 지나면 자동으로 저장되는 기능을 만들어보겠습니다.

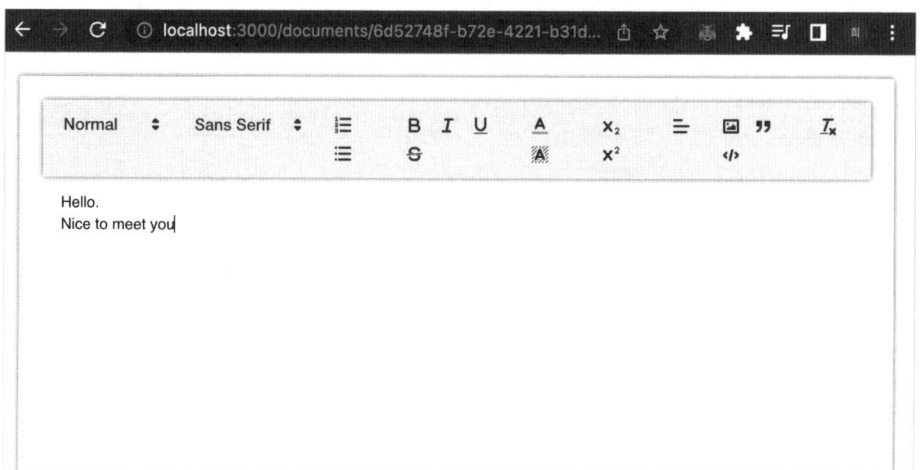

앞의 화면은 우리가 만들어볼 구글 문서 스타일의 웹 서비스입니다. http://localhost:3000 으로 접속하면 자동으로 식별 가능한 URL로 리다이렉트됩니다.

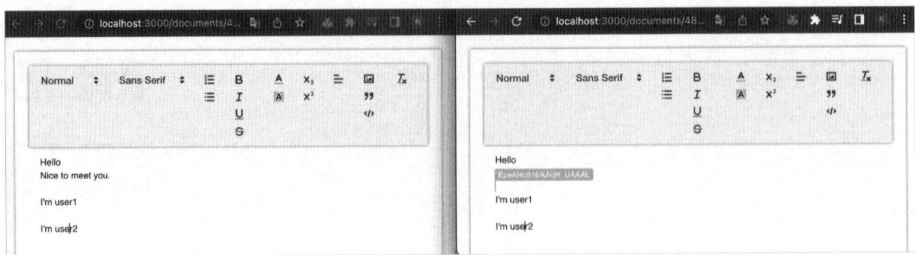

다른 사용자가 동일한 URL에 접속하면 기존에 접속했던 사용자가 작성했던 내용이 그대로 노출됩니다. 또한 앞의 사용자의 커서가 현재 어디에 위치해 있는지 실시간으로 확인할 수 있습니다. 물론 동시에 작성할 수도 있습니다.

3.1 프로젝트 초기 설정

먼저 google-docs라는 프로젝트 폴더를 생성하겠습니다.

```
> mkdir google-docs
```

그 아래에 server와 client 폴더를 만듭니다. client 폴더 생성은 CRA를 이용하겠습니다.

```
> cd google-docs
> mkdir server
> npx create-react-app client
```

server 폴더로 이동해서 npm 프로젝트를 설정하고 server.js 파일을 생성합니다.

```
> cd server
> npm init -y
> touch server.js
```

client 폴더에서 사용하지 않는 파일은 삭제하겠습니다.

- App.css
- App.test.js
- index.css
- logo.svg
- reportWebVitals.js
- setupTests.js

App.js에서 방금 지웠던 import 항목들과 로고를 사용하는 부분을 삭제합니다.

[App.js]
```
function App() {
return (
 <div className="App">
  <header className="App-header">
   <p>
   Edit <code>src/App.js</code> and save to reload.
   </p>
   <a
    className="App-link"
    href="https://reactjs.org"
    target="_blank"
    rel="noopener noreferrer"
   >
    Learn React
   </a>
  </header>
 </div>
 );
}

export default App;
```

추가적으로 index.js에서 참조하지 않는 파일과 React.strictMode를 제거하겠습니다.

[index.js]
```
import React from "react";
import ReactDOM from "react-dom/client";
import App from "./App";

const root = ReactDOM.createRoot(document.getElementById("root"));
root.render(<App />);
```

최종적인 모습은 이런 구조를 가지고 있습니다.

google-docs 프로젝트에는 사용자가 입력한 내용을 저장할 수 있는 공간이 필요합니다. 그 공간으로 mongoDB를 사용할 예정입니다. 이 책 부록에 있는 mongoDB에서 기본적인 connection url 설정을 확인해주세요.

3.2 서버 사이드

필요한 라이브러리

- mongoose(7.0.0) : mongoDB를 사용하기 위한 인터페이스 기능을 제공합니다.
- nodemon(2.0.21) : nodejs 서버를 모니터링하고 쉽게 재시작하기 위해 사용합니다.
- socket.io(4.6.1) : 소켓 통신을 위해 사용합니다.

서버 사이드에 필요한 라이브러리를 설치하겠습니다.

```
> npm install mongoose
> npm install nodemon
> npm install socket.io
```

또 서버를 시작하기 위해 package.json에 아래 스크립트를 추가하겠습니다.

```
"start": "nodemon server.js",
```

아래는 package.json 전체 소스입니다.

[package.json]

```
{
  "name": "server",
  "version": "1.0.0",
  "description": "",
  "main": "index.js",
  "scripts": {
    "start": "nodemon server.js",
    "test": "echo \"Error: no test specified\" && exit 1"
  },
  "keywords": [],
  "author": "",
  "license": "ISC",
  "dependencies": {
    "mongoose": "^7.0.0",
    "nodemon": "^2.0.21",
    "socket.io": "^4.6.1"
  }
}
```

Schema.js

google-docs 프로젝트에서는 사용자가 입력한 정보를 저장하기 위해 mongoDB를 사용합니다. mongoDB는 데이터베이스이기 때문에 스키마 정보를 필요로 합니다.

> [!Note] 스키마가 무엇인가요?
>
> 데이터베이스의 스키마(schema)는 데이터의 자료구조와 연관관계 등을 기술한 메타데이터입니다. 그래서 스키마를 통해 사람들은 애플리케이션의 데이터 관계를 파악하고 제약조건을 빠르게 이해할 수 있습니다. 스키마는 개체(entity), 속성(attribute), 관계(relation) 등으로 이루어져 있습니다.

먼저 server 폴더에 Schema.js 파일을 만들어주세요.

```
> touch Schema.js
```

우리가 만들 스키마 내용을 추가합니다.

[Schema.js]
```js
const { Schema , model } = require("mongoose");

const googleDocsSchema = new Schema({
    _id: String,
    data: Object
})

module.exports = model("GoogleDocs", googleDocsSchema);
```

mongoose에는 Schema와 model이라는 함수를 이용해서 간단하게 스키마를 만들고 모델화할 수 있습니다. _id와 data 이름을 갖는 도큐먼트를 만들겠습니다. _id는 문자열 속성을 가지고 data는 객체의 속성을 가집니다.

server.js

이제는 server.js를 작성하겠습니다. server.js는 socket.io를 이용해서 만든 소켓 서버입니다. 또한 mongoDB를 연결하는 작업도 포함합니다.

[server.js]

```js
// 1
const mongoose = require("mongoose");
const Document = require("./Schema");

const uri =
"mongodb+srv://google-docs:1111@cluster0.6suahnm.mongodb.net/?retryWrites
=true&w=majority";

mongoose.set("strictQuery", false);
mongoose
 .connect(uri)
 .then(() => console.log("MongoDB Connected..."))
 .catch((err) => console.log(err));

// 2
const io = require("socket.io")(5000, {
 cors: {
   origin: "http://localhost:3000",
 },
});
const userMap = new Map();



io.on("connection", (socket) => {
 let _documentId = "";
 // 3
 socket.on("join", async (documentId) => {
   _documentId = documentId;
   const document = await findOrCreateDocument(documentId);
   socket.join(documentId);
   socket.emit("initDocument", {
     _document: document.data,
     userList: userMap.get(documentId) || [],
   });
   const myId = Array.from(socket.rooms)[0];
   setUserMap(_documentId, myId);
   socket.broadcast.to(_documentId).emit("newUser", myId);
```

```
  });

  // 4
  socket.on("save-document", async (data) => {
    await Document.findByIdAndUpdate(_documentId, { data });
  });

  // 5
  socket.on("send-changes", (delta) => {
    socket.broadcast.to(_documentId).emit("receive-changes", delta);
  });

  // 6
  socket.on("cursor-changes", (range) => {
    const myRooms = Array.from(socket.rooms);
    socket.broadcast
      .to(_documentId)
      .emit("receive-cursor", { range: range, id: myRooms[0] });
  });

  socket.on("disconnect", () => {
    console.log("disconnect...");
  });
});

// 7
function setUserMap(documentId, myId) {
  const tempUserList = userMap.get(documentId);
  if (!tempUserList) {
    userMap.set(documentId, [myId]);
  } else {
    userMap.set(documentId, [...tempUserList, myId]);
  }
}

// 8
async function findOrCreateDocument(id) {
```

```
if (id == null) return;

const document = await Document.findById(id);
if (document) return document;
return await Document.create({ _id: id, data: defaultValue });
}
```

1. mongoose 라이브러리와 미리 작성한 Schema.js 파일을 불러옵니다. 또한 부록에서 설정한 mongoDB 연결 정보를 uri에 복사/붙여넣기 했습니다. mongoose 설정 부분이 보입니다. mongoose 에서는 strictQuery가 true로 설정되어 있습니다. false로 변경한다면 mongoDB에 유연하게 접근할 수 있습니다. 그러나 보안의 이유로 실제 운영하는 서비스라면 true를 추천합니다.

   ```
   mongoose.set("strictQuery", false);
   ```

   connect(uri) 함수를 이용해서 우리가 미리 설정한 mongoDB에 접속할 수 있습니다.

   ```
   mongoose.connect(uri)
   ```

   uri 정보에는 아이디와 비밀번호가 노출됩니다. 실제 운영 환경에서는 소스에 직접 입력하기보다는 환경 변수와 같은 다른 방법을 추천합니다. 사용에 주의해주세요.

2. socket.io를 이용해서 소켓 서버를 생성합니다. 우리가 만든 소켓 서버는 5000번 포트를 가지며 http://localhost:3000에서 오는 요청을 허용합니다.

   접속한 사용자의 정보를 userMap이라는 객체에 저장할 예정입니다. 사용자의 정보는 Map 형태로 저장되며 키 값으로는 도큐먼트 아이디, 값으로는 접속한 사용자의 아이디를 배열 형태로 저장합니다.

   ```
   const userMap = new Map();
   ```

3. 최초 사용자가 google-docs에 진입하면 'join'이라는 소켓 이벤트를 호출하게 됩니다. 'join' 이벤트는 기본적으로 documentId라는 변수를 함께 넘기게 되어 있습니다.

   ```
   const document = await findOrCreateDocument(documentId);
   ```

   findOrCreateDocument()는 클라이언트에서 전달받은 documentId를 이용해서 기존에 작성한 문서가 있는지 확인하고 있다면 기존 문서를 반환하고 없다면 비어 있는 문서를 반환하는 함수입니다.

각 문서마다 정보를 다르게 관리하기 위해 socket.join()을 이용해서 documentId에 맞는 방을 생성했습니다.

'initDocument' 이벤트를 이용해서 접속한 사용자에게 현재 문서의 내용과 접속되어 있는 사용자 정보를 전송합니다. 전송된 사용자 정보는 실시간으로 다른 사람의 커서 정보를 확인할 수 있는 기본 데이터가 됩니다.

```
socket.emit("initDocument", {
    _document: document.data,
    userList: userMap.get(documentId) || [],
});
```

socket.rooms를 이용해서 socket.io가 제공하는 기본적인 socket ID(사용자 아이디)를 확인할 수 있습니다. setUserMap()으로 현재 아이디 값을 Map에 저장하고 나를 제외한 같은 방에 속해 있는 모든 사람에게 나의 socket ID를 전송합니다.

```
const myId = Array.from(socket.rooms)[0];
setUserMap(_documentId, myId);
socket.broadcast.to(_documentId).emit("newUser", myId);
```

4. 'save-document' 이벤트를 이용해서 현재 작성 중인 글을 저장합니다.

   findByIdAndUpdate()는 mongoose에서 제공되는 함수로 데이터를 업데이트하는 데 사용합니다.

   ```
   await Document.findByIdAndUpdate(_documentId, { data });
   ```

5. 'send-changes' 이벤트는 클라이언트에서 작성되는 글을 실시간으로 전송받아서 다른 사용자에게 전송하는 역할을 합니다. 여기서 중요한 건 'delta'라는 객체입니다. 'delta'는 우리가 사용하는 quill이라는 에디터에서 사용하는 객체입니다. delta를 이용하면 quill 문서의 내용과 변화 등 다양한 부분을 표현할 수 있습니다.

6. 'cursor-changes' 이벤트는 실시간으로 다른 사용자의 커서 클릭을 감지합니다. 만약 나의 커서가 클릭을 했다면 나를 제외한 모든 사람들에게 커서의 위치 정보와 나의 사용자 아이디가 전송됩니다.

7. setUserMap()은 우리가 위에서 작성한 userMap 객체를 관리하는 함수입니다. 기본적으로 자바스크립트의 Map은 set(), get() 메소드를 이용해서 데이터를 추가하고 가져와서 사용할 수 있습니다.

8. findOrCreateDocument()는 mongoDB에 접근해서 문서의 유무를 확인합니다. 기존에 문서가 없다면 create() 메소드를 이용해서 생성합니다.

마지막으로 서버 폴더 모습을 확인하겠습니다.

3.3 클라이언트 사이드

필요한 라이브러리

- @emotion/react(11.10.6) : emotionjs는 CSS 스타일을 위한 라이브러리입니다. emotionjs를 이용해서 module.css와 scss 같은 기능을 간편하게 사용할 수 있습니다.

- lodash-es(4.17.21) : lodash는 자바스크립트의 대표적인 utility 기능을 모아놓은 라이브러리입니다. 함수형 프로그래밍으로 되어 있기 때문에 가독성 좋은 코딩이 가능합니다.

- quill-cursors(4.0.2) : quill 에디터의 멀티 커서 기능을 사용하기 위해 추가했습니다.

- react-quill(2.0.0) : quill은 대표적인 자바스크립트 에디터 라이브러리입니다. quill을 이용하면 우리가 흔히 사용하는 블로그와 문서 형식의 웹 서비스를 간편하게 제작할 수 있습니다. 여기서는 리액트 지원 버전인 react-quill을 사용할 예정입니다.

- react-router-dom(6.8.2) : 리액트 라우팅을 위해 사용합니다.

- socket.io-client(4.6.1) : 브라우저의 소켓 통신을 위해 사용합니다.

- uuid(9.0.0) : UUID는 Universally Unique IDentifier의 약자로 네트워크에서 고유한 아이디 값을 표현하는 규약입니다. 흔히 UUID를 생성한다고 하면 고유한 키 값이 필요할 때 사용합니다. 작성 중인 문서를 구분하기 위한 키 값으로 사용할 예정입니다.

- @craco/craco(7.1.0) : CRACO는 Create-React-App Configuration Override의 약자로 우리가 사용하는 CRA를 쉽게 설정할 수 있는 기능을 제공합니다.

> **Note** — CRACO를 꼭 사용해서 설정해야 되나요?
>
> CRA로 리액트 프로젝트를 시작한 경우 꼭 CRACO를 이용해서 설정 파일을 건드리지 않아도 됩니다. 다만 CRACO를 이용하지 않는다면 CRA에서 제공하는 eject라는 명령어를 이용해서 실행해야 합니다.
>
> eject 명령어는 CRA 프로젝트가 설정해놓은 모든 파일을 공개적으로 프로젝트 폴더에 노출하게 하는 명령어입니다. 여기서 말하는 설정 파일은 웹팩과 바벨 같은 설정을 말합니다. 그러나 eject를 실행한 CRA 프로젝트는 다시 전 상태로 돌릴 수 없으며 CRA에서 관리되는 리액트 버전을 관리하는 데 번거로움이 있습니다. 특히 프로젝트 디렉터리가 어지럽게 변하는 단점이 있습니다.

- @emotion/babel-preset-css-prop(11.10.0): emotionjs를 사용하기 위한 바벨 설정 파일입니다.

클라이언트를 위한 라이브러리를 먼저 설치하겠습니다.

```
> npm install @emotion/react
> npm install lodash-es
> npm install quill-cursors
> npm install react-router-dom
> npm install socket.io-client
> npm install uuid
> npm install --save-dev @craco/craco
> npm install --save-dev @emotion/babel-preset-css-prop
```

설치하는 과정에서 --save-dev라는 설정값이 추가되었습니다. --save-dev 명령어로 설치된 라이브러리는 package.json의 'devDependencies'로 관리됩니다. 또한 production으로 배포될 때는 빌드되는 파일에는 포함되지 않는 특징을 가지고 있습니다.

스타일 라이브러리인 emotionjs를 CRA에서 사용하기 위한 CRACO 라이브러리 설정이 필요합니다. 루트 디렉터리인 client에서 craco.config.js 파일을 생성하겠습니다.

```
> cd client
> touch craco.config.js
```

아래는 폴더 구조입니다.

```
client
 └ src
 - craco.config.js
```

아래 코드를 그대로 작성해주세요.

[craco.config.js]
```
module.exports = {
  babel: {
    presets: ['@emotion/babel-preset-css-prop'],
  },
}
```

최종적으로 우리가 설치하고 작성한 package.json 파일을 확인하겠습니다.

[package.json]
```
{
  "name": "client",
  "version": "0.1.0",
  "private": true,
  "dependencies": {
    "@emotion/react": "^11.10.6",
    "@testing-library/jest-dom": "^5.16.5",
    "@testing-library/react": "^13.4.0",
    "@testing-library/user-event": "^13.5.0",
    "lodash-es": "^4.17.21",
    "quill-cursors": "^4.0.2",
    "react": "^18.2.0",
    "react-dom": "^18.2.0",
    "react-quill": "^2.0.0",
    "react-router-dom": "^6.8.2",
    "react-scripts": "5.0.1",
    "socket.io-client": "^4.6.1",
    "uuid": "^9.0.0",
    "web-vitals": "^2.1.4"
  },
```

```json
  "scripts": {
    "start": "craco start",
    "build": "craco build",
    "test": "craco test",
    "eject": "craco eject"
  },
  "eslintConfig": {
    "extends": [
      "react-app",
      "react-app/jest"
    ]
  },
  "browserslist": {
    "production": [
      ">0.2%",
      "not dead",
      "not op_mini all"
    ],
    "development": [
      "last 1 chrome version",
      "last 1 firefox version",
      "last 1 safari version"
    ]
  },
  "devDependencies": {
    "@craco/craco": "^7.1.0",
    "@emotion/babel-preset-css-prop": "^11.10.0"
  }
}
```

script를 실행하는 부분에 craco로 변경된 것을 확인해주세요.

```json
  "scripts": {
    "start": "craco start",
    "build": "craco build",
    "test": "craco test",
    "eject": "craco eject"
  },
```

이제 클라이언트 프로젝트를 위한 모든 준비는 끝났습니다. 컴포넌트부터 하나씩 작성을 시작하겠습니다.

socket.js

소켓을 연결하기 위한 socket.js 파일을 추가합니다.

```
> cd src
> touch socket.js
```

파일 구조는 아래와 같습니다.

```
- src
  - socket.js
```

socket.js 파일은 웹 소켓을 연결하기 위한 socket.io 객체를 초기화합니다.

[socket.js]
```
import { io } from "socket.io-client";

export const socket = io("http://localhost:5000");
```

TextEditor.js

먼저 src 아래 components라는 폴더를 생성하겠습니다. components 아래에 textEditor라는 폴더를 만들겠습니다.

```
- src
  - socket.js
  ㄴ components
    ㄴ textEditor
      - TextEditor.js
      - textEditor.style.js
```

TextEditor.js와 textEditor.style.js 파일을 textEditor 폴더 아래 생성해주세요.

[TextEditor.js]
```
// 1
import { css } from "@emotion/react";
import QuillCursors from "quill-cursors";
import { container } from "./textEditor.style.js";
import ReactQuill, { Quill } from "react-quill";
import "react-quill/dist/quill.snow.css";

// 2
const modules = {
    cursors: true,
    toolbar: [
        [{ header: [1, 2, 3, 4, 5, 6, false] }],
        [{ font: [] }],
        [{ list: "ordered" }, { list: "bullet" }],
        ["bold", "italic", "underline", "strike"],
        [{ color: [] }, { background: [] }],
        [{ script: "sub" }, { script: "super" }],
        [{ align: [] }],
        ["image", "blockquote", "code-block"],
        ["clean"],
    ],
};

Quill.register("modules/cursors", QuillCursors);

// 3
const TextEditor = ({
    text,
    onChangeTextHandler,
    reactQuillRef,
    onChangeSelection,
}) => {
    return (
        <div css={container}>
```

```
            <ReactQuill
                theme="snow"
                modules={modules}
                value={text}
                onChange={onChangeTextHandler}
                onChangeSelection={onChangeSelection}
                ref={(el) => {
                    reactQuillRef.current = el;
                }}
            />
        </div>
    );
};

export default TextEditor;
```

1. 우리가 사용할 emotionjs와 ReactQuill을 추가합니다. 또한 Quill 테마 중에 snow라는 CSS 스타일을 가져와서 quill 스타일을 적용합니다. quill-cursors를 이용해서 다중 사용자의 커서 위치를 확인할 수 있습니다. emotionjs에서는 'css'라는 속성을 이용해서 CSS 스타일을 정의합니다.

2. Quill 라이브러리에서는 객체 구조를 이용해서 에디터의 다양한 도구를 구현하고 사용할 수 있습니다. modules라는 객체 안에 toolbar 배열을 확인하면 우리가 흔히 볼 수 있는 에디터의 편집 도구를 확인할 수 있습니다.

   ```
   Quill.register("modules/cursors", QuillCursors);
   ```

   Quill 라이브러리에는 다양한 모듈을 추가할 수 있습니다. 제공되는 기본적인 모듈의 사용부터 사용자가 직접 제작할 수 있는 커스텀 모듈까지 에디터에 추가할 수 있습니다.

3. TextEditor라는 재사용 가능한 컴포넌트를 정의했습니다. TextEditor는 속성으로 작성된 글 정보와 onChange, onChangeSelection이라는 이벤트 함수를 받습니다. 마지막으로 Quill 정보를 부모 컴포넌트에서 참조하기 위해 리액트의 ref 속성을 이용했습니다.

[textEditor.style.js]

```js
// 1
import { css } from "@emotion/react";

export const container = css`
  .quill {
    height: 100vh;
    padding: 20px;
    margin: 20px;
    box-shadow: 0 0 5px 0 rgba(0, 0, 0, 0.5);
    background-color: #fff;
  }
  .ql-container.ql-snow {
    border: none;
    display: flex;
    justify-content: center;
  }
  .ql-container .ql-editor {
    width: 100%;
  }
  .ql-toolbar.ql-snow {
    display: flex;
    justify-content: center;
    position: sticky;
    top: 0;
    z-index: 1;
    background-color: #f3f3f3;
    border: none;
    box-shadow: 0 0 5px 0 rgba(0, 0, 0, 0.5);
  }
`;
```

1. emotionjs를 이용해서 우리가 사용할 CSS 스타일을 정의합니다. 특이한 점은 파일명이 css가 아니라 js 로 되어 있다는 점입니다. emotionjs는 대표적인 CSS-in-JS 라이브러리입니다. 그래서 js 파일 형태 로 작성되고 js처럼 export, import가 가능합니다.

   CSS-in-JS이기 때문에 TextEditor.js 파일에 동시에 작성할 수 있습니다. 그러나 스타일을 분리해서 작성하면 프로젝트 파일 관리와 가독성이 뛰어난 장점이 있습니다.

EditorContainer.js

TextEditor 컴포넌트를 불러와서 사용하는 컨테이너를 정의하겠습니다. src 아래 containers 폴더를 추가하고 그 아래에 editorContainer 폴더를 만들어주세요. editorContainer 폴더 아래 EditorContainer.js라는 파일을 추가합니다.

```
- src
  - socket.js
  ㄴ components
   ㄴ textEditor
     - textEditor.js
     - textEditor.style.js
  ㄴ containers
   ㄴ editorContainer
     - EditorContainer.js
```

EditorContainer.js는 소켓 통신과 Quill 이벤트를 관장하는 역할을 합니다.

[EditorContainer.js]
```
import React, { useEffect, useRef, useState } from "react";
// 1
import { useParams } from "react-router-dom";
import { debounce } from "lodash-es";
import TextEditor from "../../components/textEditor/TextEditor";
import { socket } from "../../socket";

// 2
const cursorMap = new Map();
const cursorColor = [
  "#FF0000",
  "#FF5E00",
  "#FFBB00",
  "#FFE400",
  "#ABF200",
  "#1DDB16",
  "#00D8FF",
  "#0054FF",
];
```

```
const EditorContainer = () => {
    const timerRef = useRef(null);
    const cursorRef = useRef(null);
    const reactQuillRef = useRef(null);
    // 3
    const { id: documentId } = useParams();

    const [text, setText] = useState("");

    // 4
    useEffect(() => {
        socket.emit("join", documentId);
        return () => {
            socket.disconnect();
        };
    }, []);

    // 5
    useEffect(() => {
        socket.once("initDocument", (res) => {
            const { _document, userList } = res;
            setText(_document);
            userList.forEach((u) => {
                setCursor(u);
            });
        });
    }, []);

    // 6
    useEffect(() => {
        function setCursorHandler(user) {
            setCursor(user);
        }
        socket.on("newUser", setCursorHandler);
        return () => {
            socket.off("newUser", setCursorHandler);
        };
```

```
}, []);

// 7
useEffect(() => {
    if (!reactQuillRef.current) return;
    cursorRef.current = reactQuillRef.current
        .getEditor()
        .getModule("cursors");
}, []);

// 8
useEffect(() => {
    function updateContentHandler(delta) {
        reactQuillRef.current.getEditor().updateContents(delta);
    }
    socket.on("receive-changes", updateContentHandler);
    return () => {
        socket.off("receive-changes", updateContentHandler);
    };
}, []);

// 9
useEffect(() => {
    function updateHandler(res) {
        const { range, id } = res;
        debouncedUpdate(range, id);
    }
    socket.on("receive-cursor", updateHandler);
    return () => {
        socket.off("receive-cursor", updateHandler);
    };
}, []);

// 10
const onChangeTextHandler = (content, delta, source, editor) => {
    if (timerRef.current != null) {
        clearTimeout(timerRef.current);
    }
```

```
        timerRef.current = setTimeout(() => {
            socket.emit(
                "save-document",
                reactQuillRef.current.getEditor().getContents()
            );
            timerRef.current = null;
        }, 1000);
        if (source !== "user") return;
        socket.emit("send-changes", delta);
    };

    // 11
    function setCursor(id) {
        if (!cursorMap.get(id)) {
            cursorRef.current.createCursor(
                id,
                id,
                cursorColor[Math.floor(Math.random() * 8)]
            );
            cursorMap.set(id, cursorRef.current);
        }
    }

    // 12
    const debouncedUpdate = debounce((range, id) => {
        cursorMap.get(id).moveCursor(id, range);
    }, 500);

    // 13
    const onChangeSelection = (selection, source, editor) => {
        if (source !== "user") return;
        socket.emit("cursor-changes", selection);
    };

    return (
        <TextEditor
            text={text}
            onChangeTextHandler={onChangeTextHandler}
```

```
            onChangeSelection={onChangeSelection}
            reactQuillRef={reactQuillRef}
        />
    );
};

export default EditorContainer;
```

1. 앞에서 만든 socket 객체를 불러왔습니다. 또한 react-router-dom에서 제공하는 useParams()를 이용해서 라우팅으로 생성된 UUID 값을 쉽게 사용할 수 있도록 했습니다. 마지막으로 우리가 위에서 작성한 TextEditor 컴포넌트를 추가했습니다.

2. cursorMap이라는 Map 객체를 생성했습니다. cursorMap은 다양한 사용자의 실시간 커서 위치를 반영하기 위해 만들었습니다. 새로운 사용자가 접속하면 cursorMap에 추가되고 관리됩니다. 바로 아래 cursorColor는 사용자의 커서의 색을 표현하기 위해 사용합니다.

3. useParams()를 이용해 파라미터로 넘어오는 documentId 값을 확인합니다.

4. 처음 사용자가 http://localhost:3000에 접속하면 소켓의 'join' 이벤트를 호출합니다. join과 동시에 클라이언트에서 획득한 documentId를 함께 전송합니다.

5. socket.io의 once()는 소켓 연결 이후 무조건 한 번만 실행되는 함수입니다.

```
    socketIo.current.once("initDocument", (res) => {
        const { _document, userList } = res;
        setText(_document);
        userList.forEach((u) => {
          setCursor(u);
        });
    });
```

'initDocument'라는 이벤트를 통해서 미리 작성된 문서의 내용과 현재 접속 중인 사용자 리스트 정보를 가져올 수 있습니다. 배열 형태로 내려온 사용자 정보는 순회하면서 setCursor()라는 함수를 호출합니다.

6. 새로운 사용자가 접속하면 'newUser'라는 이벤트를 통해서 데이터를 받습니다. 받아온 데이터는 setCursor() 함수를 이용해서 커서의 노출을 설정합니다.

7. 우리가 추가한 quill-cursors라는 모듈을 설정하는 부분입니다.

```
    cursorRef.current = reactQuillRef.current.getEditor().getModule("cursors");
```

ReactQuill에서 getEditor()라는 함수를 이용해서 에디터의 정보를 가져올 수 있습니다.

8. 다른 사용자가 텍스트를 작성하게 되면 'receive-changes'라는 이벤트로 작성된 내용을 전달받습니다. 전달받은 데이터는 quill에서 제공하는 delta 객체로 updateContents()라는 함수를 통해서 에디터 내용을 수정할 수 있습니다.

9. 'receive-cursor'는 다른 사용자가 마우스로 커서를 움직이게 되면 움직인 index 번호를 받는 함수입니다. 내부에는 debounceUpdate()라는 함수를 실행합니다. 해당 함수는 아래에서 더 자세히 설명하겠습니다.

10. 문서에 글을 작성하면 호출되는 함수입니다. 리액트에서 input에 사용하는 기본적인 onChange()와는 다른 파라미터값을 가지고 있습니다. 이유는 quill 에디터에서 제공되는 함수이기 때문입니다. 파라미터 중 delta 값을 'send-changes' 이벤트를 이용해서 서버로 전송합니다.

```
if (timerRef.current != null) {
    clearTimeout(timerRef.current);
}
timerRef.current = setTimeout(() => {
  socketIo.current.emit(
    "save-document",
    reactQuillRef.current.getEditor().getContents()
  );
  timerRef.current = null;
}, 1000);
```

위 함수 안에는 문서의 내용을 저장하는 'save-document' 이벤트가 있습니다. 텍스트를 입력할 때마다 'save-document'를 호출할 수도 있습니다. 그러나 매번 호출된다면 연속된 타이핑의 순간에는 비효율적이기 때문에 timer라는 객체를 생성해서 마지막 순간에 한 번만 실행되도록 위처럼 설정했습니다.

11. setCursor()는 커서를 생성하고 cursorMap 객체에 저장하는 역할을 합니다. createCursor() 함수는 quill-cursors에서 제공되는 함수로 색상과 id를 정의할 수 있습니다.

12. cursorMap에 저장되어 있는 커서 객체의 위치를 실시간으로 이동시키는 역할을 합니다. 이 부분에서 중요한 점은 debounce()를 이용한다는 점입니다.

> **Note** — debounce와 throttle
>
> debounce는 다수의 이벤트를 모았다가 한 번에 처리하는 로직을 말합니다. 그와 반대로 throttle은 일정한 주기를 기준으로 무조건 한 번씩 일어나는 방법입니다. debounce의 대표적인 예제로는 브라우저의 리사이즈마다 일어나는 이벤트가 있으며 throttle은 특정한 구간 동안 반복해서 발생하는 스크롤링 이벤트가 있습니다.

13. onChangeSelection()은 quill에서 제공되는 함수로 커서의 위치를 반환합니다. 사용자가 커서를 움직이면 'cursor-changes'라는 이벤트를 이용해서 서버로 정보를 전송합니다.

App.js

기존에 App.js에 작성되어 있던 내용은 모두 지워주세요. 아래처럼 코드를 작성하겠습니다.

[App.js]
```
import {
  BrowserRouter as Router,
  Routes,
  Route,
  Navigate,
} from "react-router-dom";
// 1
import { v4 as uuidV4 } from "uuid";
import EditorContainer from "./containers/editorContainer/EditorContainer";

function App() {
  // 2
  return (
    <Router>
      <Routes>
        <Route
          path="/"
          element={<Navigate replace to={`/documents/${uuidV4()}`} />}
        />
        <Route path="/documents/:id" element={<EditorContainer />} />
      </Routes>
    </Router>
  );
}

export default App;
```

1. UUID 라이브러리를 이용해서 문서를 구분할 수 있는 URL을 생성합니다.

2. 라우팅을 설정합니다. 여기서 살펴봐야 할 부분은 다음 부분입니다.

```
<Navigate replace to={`/documents/${uuidV4()}`} />
```

replace를 사용해서 http://localhost:3000으로 접속했을 때 자동으로 /documents/[uuid] 기반에 주소로 리다이렉트됩니다.

드디어 모든 작업이 끝났습니다. 우리가 작성한 최종 폴더 구조는 아래와 같습니다.

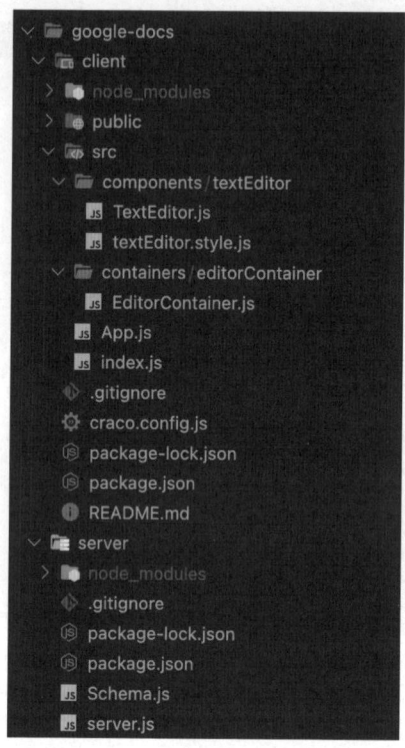

3.4 테스트

이제 테스트를 하겠습니다. 먼저 server.js부터 실행해주세요.

```
> cd server
> npm run start
[nodemon] 2.0.21
[nodemon] to restart at any time, enter `rs`
```

```
[nodemon] watching path(s): *.*
[nodemon] watching extensions: js,mjs,json
[nodemon] starting `node server.js`
MongoDB Connected...
```

이제 다른 터미널 혹은 에디터 터미널 창에서 client를 실행하겠습니다.

```
> cd client
> npm run start
```

브라우저에서 http://localhost:3000을 접속합니다. 그럼 아래 그림처럼 UUID를 가진 값으로 자동으로 리다이렉트되는 걸 확인할 수 있습니다.

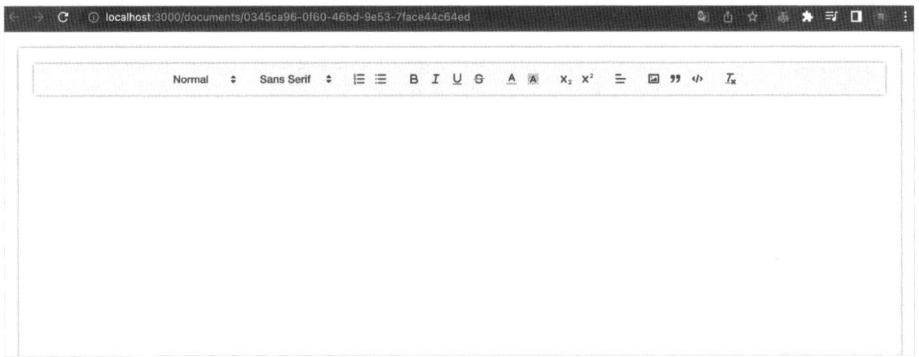

다음으로 위의 주소를 복사해서 동일한 브라우저 창을 3개 더 띄우도록 하겠습니다.

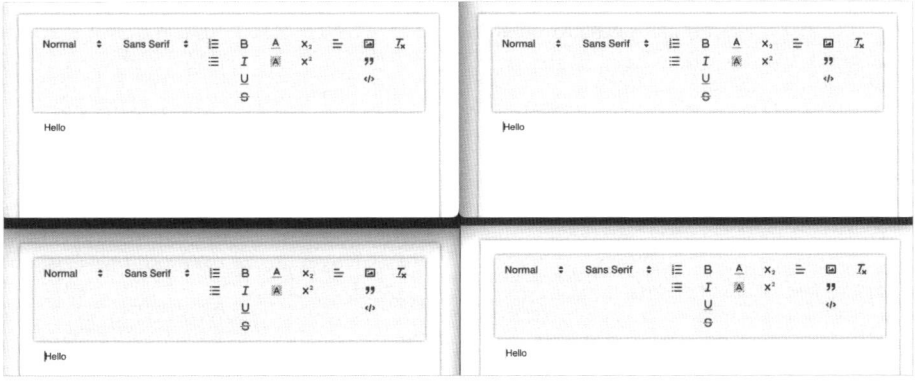

1번 창에서 Hello.를 입력하자 다른 창에서도 동시에 입력되는 걸 볼 수 있습니다.

이번에는 조금 더 긴 문장을 입력한 후에 각각의 창에서 커서의 위치를 변경하겠습니다.

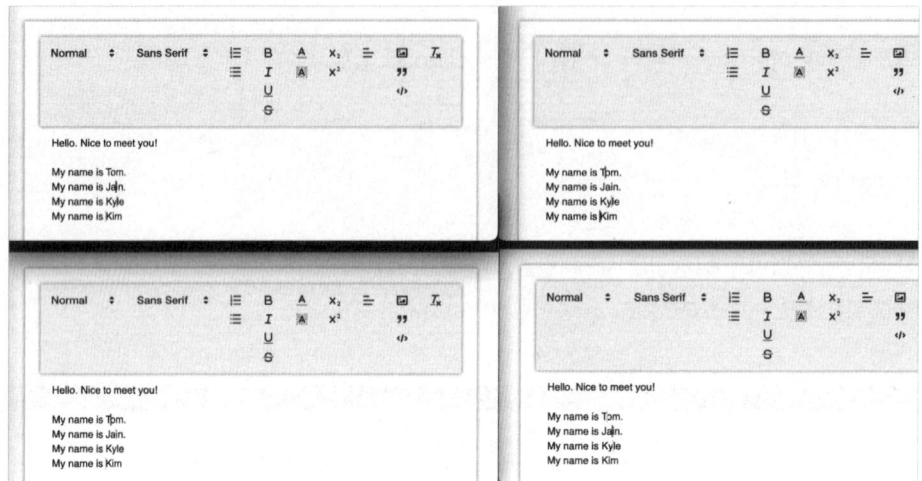

그림처럼 각각의 색상별로 사용자의 커서 위치가 표시됩니다. 마우스를 오버하게 되면 소켓에서 할당받은 아이디가 화면에 노출됩니다.

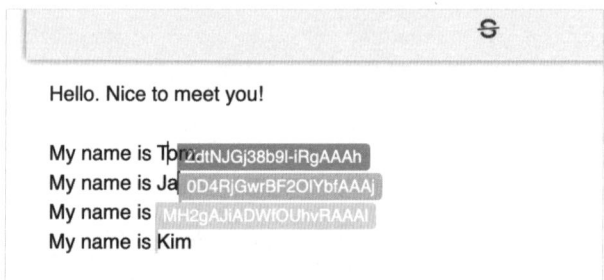

04장

슬랙 메신저

우리가 이번에 만들어볼 예제는 슬랙(Slack) 메신저입니다. 전 세계적으로 유명한 메신저를 선택하라고 한다면 그중 하나가 바로 슬랙입니다. 슬랙은 특히 비즈니스 환경에 강점을 가지고 있습니다.

개인 채팅과 그룹 채팅은 물론 다양한 API 연동이 가능합니다. 특히 개발자들에게는 깃허브, 깃랩과 같은 버전 관리 툴을 연동해서 소스 커밋 내용과 알림 등을 실시간으로 확인할 수 있다는 장점을 가지고 있습니다. 최근에는 chatGPT를 슬랙에서 간편하게 사용할 수 있는 기능도 추가되었습니다.

지금부터 앞에서 배웠던 내용을 토대로 슬랙의 가장 기본적인 기능인 개인 메시지와 그룹 메시지를 만들어보겠습니다.

먼저 슬랙에 접속할 수 있는 아이디를 설정하는 부분입니다. 여기에 특정한 아이디를 설정해 로그인할 수 있습니다.

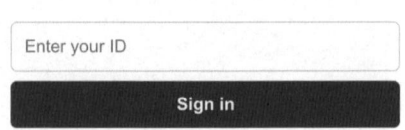

다음 화면은 Kyle과 Jane이 개인 메시지를 주고받는 모습입니다. 오른쪽에는 현재 접속한 사람의 리스트가 출력됩니다. 초록색이 회색으로 변경된다면 해당 사용자는 로그아웃한 것으로 간주합니다.

다음 화면처럼 그룹 채팅도 구현합니다. 그룹 채팅으로 현재 소속되어 있는 모든 사용자에게 방을 임의로 생성하고 초대할 수 있습니다.

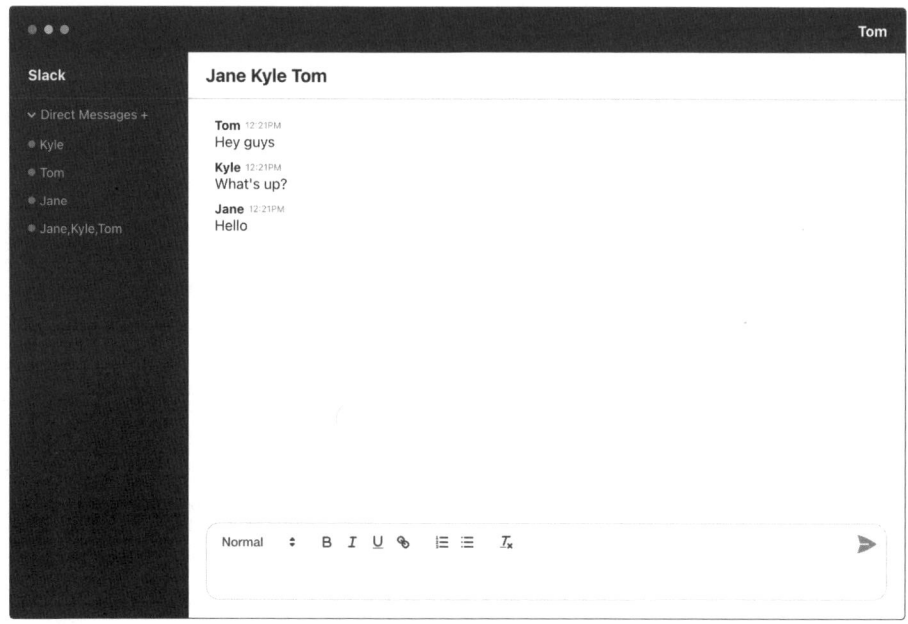

4.1 프로젝트 초기 설정

이제 본격적으로 코드를 작성하겠습니다. 먼저 프로젝트 초기 설정입니다. slack 프로젝트 폴더를 생성합니다.

```
> mkdir slack
```

그 아래에 server와 client 폴더를 만듭니다. client 폴더 생성은 CRA를 이용하겠습니다.

```
> cd slack
> mkdir server
> npx create-react-app client
```

다음으로 server 폴더로 이동해서 npm 프로젝트를 설정하고 server.js 파일을 생성하겠습니다.

```
> cd server
> npm init -y
> touch server.js
```

slack 프로젝트에서 사용할 images 폴더도 생성해주세요.

```
> cd client/src/
> mkdir images
```

> **Note** 이미지 파일 확인하기
>
> 프로젝트에 사용되는 파일은 깃허브 주소를 참고하면 됩니다.
>
> - https://github.com/devh-e/socket-programming-using-react/tree/master/part2/slack/client/src/images

깃허브에서 다운로드한 이미지 파일을 images 폴더에 넣습니다.

마지막으로 client 폴더에서 사용하지 않는 파일은 삭제하겠습니다.

```
- App.css
- App.test.js
- index.css
- logo.svg
- reportWebVitals.js
- setupTests.js
```

App.js에서 방금 지웠던 import 항목들과 로고를 사용하는 부분을 삭제합니다.

[App.js]
```js
function App() {
 return (
  <div className="App">
   <header className="App-header">
   <p>
    Edit <code>src/App.js</code> and save to reload.
   </p>
   <a
    className="App-link"
    href="https://reactjs.org"
    target="_blank"
    rel="noopener noreferrer"
   >
    Learn React
   </a>
   </header>
  </div>
 );
}

export default App;
```

추가적으로 index.js에서 참조하지 않는 파일과 React.strictMode를 제거하겠습니다.

[index.js]
```js
import React from "react";
import ReactDOM from "react-dom/client";
import App from "./App";

const root = ReactDOM.createRoot(document.getElementById("root"));
root.render(<App />);
```

최종적인 모습은 이런 구조를 가지고 있습니다.

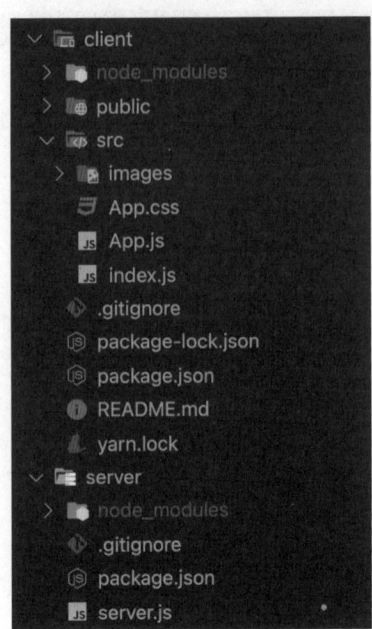

슬랙 예제에서도 mongoDB를 사용합니다. 부록의 mongoDB를 먼저 확인해주세요.

4.2 서버 사이드

필요한 라이브러리

- mongoose(7.0.0): mongoDB를 사용하기 위한 인터페이스 기능을 제공합니다.
- nodemon(2.0.21): nodejs 서버를 모니터링하고 쉽게 재시작하기 위해 사용합니다.
- socket.io(4.6.1): 소켓 통신을 위해 사용합니다.

서버 사이드에 필요한 라이브러리를 설치하겠습니다.

```
> npm install mongoose
> npm install nodemon
> npm install socket.io
```

또 서버를 시작하기 위해 package.json의 아래 스크립트를 추가하겠습니다.

```
"start": "nodemon server.js",
```

아래는 package.json 소스 모습입니다.

[package.json]
```
{
  "name": "server",
  "version": "1.0.0",
  "description": "",
  "main": "index.js",
  "scripts": {
    "start": "nodemon server.js",
    "test": "echo \"Error: no test specified\" && exit 1"
  },
  "keywords": [],
  "author": "",
  "license": "ISC",
  "dependencies": {
    "mongoose": "^7.0.0",
    "nodemon": "^2.0.21",
    "socket.io": "^4.6.1"
  }
}
```

server.js

서버의 루트에 해당하는 server.js를 생성하겠습니다. server.js 아래로 1:1 메시지를 담당하는 privateMsg.js와 그룹 메시지인 groupMsg.js, 마지막으로 공통 로직을 처리하는 common.js를 생성할 예정입니다. 각각의 기능들은 위에서 미리 학습했던 socket.io의 네임스페이스를 사용합니다.

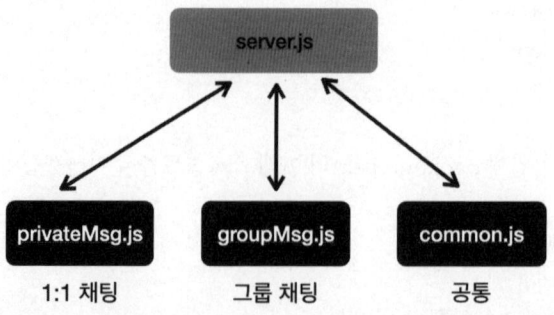

1:1 채팅   그룹 채팅   공통

[server.js]

```js
// 1
const privateMsg = require("./privateMsg");
const groupMsg = require("./groupMsg");
const common = require("./common");
const mongoose = require("mongoose");

// 2
const uri =
 "mongodb+srv://slack:1111@cluster0.g4q1ntc.mongodb.net/?retryWrites=true&w=majority";
mongoose.set("strictQuery", false);
mongoose
 .connect(uri)
 .then(() => console.log("MongoDB Connected..."))
 .catch((err) => console.log(err));

// 3
const io = require("socket.io")(5000, {
 cors: {
   origin: "http://localhost:3000",
 },
});

// 4
common.commoninit(io);
groupMsg.groupMsginit(io);
privateMsg.privateMsginit(io);
```

1. 앞에서 미리 설명한 각각의 네임스페이스에 해당하는 로직을 불러왔습니다. 추가적으로 mongoDB와 연결하기 위한 mongoose 라이브러리도 포함했습니다.

2. mongoDB를 연결하기 위한 설정입니다. 이 책 부록에 있는 mongoDB 환경 설정 부분을 참고해주세요.

uri 정보에는 아이디와 비밀번호가 노출됩니다. 실제 운영 환경에서는 소스에 직접 입력하기보다는 환경변수와 같은 다른 방법을 추천합니다. 사용에 주의해주세요.

3. socket.io를 이용해서 소켓을 서버를 생성합니다. 포트는 5000번입니다.
4. 우리가 불러온 각각의 로직을 실행하는 메소드입니다. 각각의 메소드는 socket.io 객체를 받습니다.

common.js

common.js는 공통적인 로직을 수행합니다. 사용자가 처음 슬랙 메신저에 접속했을 때 사용자 등록과 기존에 등록된 사용자 리스트를 클라이언트로 전송합니다.

먼저 server 폴더 아래 common.js 파일을 생성해주세요.

```
> cd server
> touch common.js
```

폴더 구조는 아래와 같습니다.

```
server
 ┗ server.js
 ┗ common.js
```

[common.js]
```
// 1
const User = require("./schema/User");
```

```
const common = (io) => {
  // 2
  io.use(async (socket, next) => {
    const userId = socket.handshake.auth.userId;
    if (!userId) {
      console.log("err");
      return next(new Error("invalid userId"));
    }
    socket.userId = userId;
    await findOrCreateUser(socket.userId, socket.id);
    next();
  });

  // 3
  io.on("connection", async (socket) => {
    io.sockets.emit("user-list", await User.find());

    socket.on("disconnect", async () => {
      await User.findOneAndUpdate(
        { _id: socket.userId },
        { status: false }
      );
      io.sockets.emit("user-list", await User.find());
      console.log("disconnect...");
    });
  });
};

// 4
async function findOrCreateUser(userId, socketId) {
  if (userId == null) return;

  const document = await User.findOneAndUpdate(
    { _id: userId },
    { status: true }
  );
  if (document) return document;
  return await User.create({
```

```
    _id: userId,
    status: true,
    userId: userId,
    socketId: socketId,
  });
}

module.exports.commoninit = common;
```

1. User 테이블의 스키마 내용을 불러옵니다. 지금은 정의되지 않는 오류가 날 수 있습니다. 지금은 일단 진행해주세요.

2. 미들웨어를 이용해서 접속한 소켓의 초기 설정을 담당합니다.

    ```
    const userId = socket.handshake.auth.userId;
    if (!userId) {
      console.log("err");
      return next(new Error("invalid userId"));
    }
    socket.userId = userId;
    ```

    클라이언트에서 받은 userId를 해당 소켓에 등록합니다. 만약 넘어온 userId가 없다면 오류를 반환합니다. 해당 함수를 이용해서 mongoDB에 사용자를 등록합니다.

    ```
    await findOrCreateUser(socket.userId, socket.id);
    ```

3. 소켓이 연결되면 mongoDB에 등록되어 있는 사용자 리스트를 클라이언트로 전송합니다.

    User.find() 함수는 mongoose에서 제공하는 함수로 등록되어 있는 모든 데이터를 가져오는 역할을 합니다.

    ```
    io.sockets.emit("user-list", await User.find());
    ```

    소켓 연결이 끊겼을 때 findOneAndUpdate 메소드를 이용해서 사용자의 접속 상태를 false로 변경합니다.

    ```
    socket.on("disconnect", async () => {
        await User.findOneAndUpdate(
          { _id: socket.userId },
          { status: false }
        );
    ```

```
            io.sockets.emit("user-list", await User.find());
            console.log("disconnect...");
        });
```

4. findOrCreateUser()는 사용자를 등록하는 함수입니다.

    실행 전에 먼저 User 테이블에 정보가 있는지 확인한 후에 있다면 접속 상태를 true로 변환합니다.

    ```
    const document = await User.findOneAndUpdate(
        { _id: userId },
        { status: true }
    );
    ```

    기존에 데이터가 없다면 User 스키마에 맞게 신규 데이터를 등록합니다.

    ```
    return await User.create({
        _id: userId,
        status: true,
        userId: userId,
        socketId: socketId,
    });
    ```

privateMsg.js

privateMsg는 1:1 채팅을 담당합니다. common.js와 동일하게 server 폴더 아래에 privateMsg.js 파일을 생성해주세요.

```
> cd server
> touch privateMsg.js
```

폴더 구조는 아래와 같습니다.

```
server
 ㄴ server.js
 ㄴ common.js
 ㄴ privateMsg.js
```

[privateMsg.js]

```javascript
// 1
const { PrivateRoom, PrivateMsg } = require("./schema/Private");

const privateMsg = (io) => {
 // 2
 io.of("/private").use((socket, next) => {
   const userId = socket.handshake.auth.userId;
   if (!userId) {
     console.log("err");
     return next(new Error("invalid userId"));
   }
   socket.userId = userId;
   next();
 });

 io.of("/private").on("connection", (socket) => {
   // 3
   socket.on("msgInit", async (res) => {
     const { targetId } = res;
     const userId = targetId[0];
     const privateRoom = await getRoomNumber(userId, socket.userId);
     if (!privateRoom) return;
     const msgList = await PrivateMsg.find({ roomNumber: privateRoom._id }).exec();
     io.of("/private").to(privateRoom._id).emit("private-msg-init", { msg: msgList });
   });
   // 4
   socket.on("privateMsg", async (res) => {
     const { msg, toUserId, time } = res;
     const privateRoom = await getRoomNumber(toUserId, socket.userId);
     if (!privateRoom) return;
     socket.broadcast.in(privateRoom._id).emit("private-msg", {
       msg: msg,
       toUserId: toUserId,
       fromUserId: socket.userId,
       time: time,
```

```
    });
      await createMsgDocument(privateRoom._id, res);
    });
    // 5
    socket.on("reqJoinRoom", async (res) => {
      const { targetId, targetSocketId } = res;
      let privateRoom = await getRoomNumber(targetId, socket.userId);
      if (!privateRoom) {
        privateRoom = `${targetId}-${socket.userId}`;
        await findOrCreateRoomDocument(privateRoom);
      } else {
        privateRoom = privateRoom._id;
      }
      socket.join(privateRoom);
      io.of("/private")
        .to(targetSocketId)
        .emit("msg-alert", { roomNumber: privateRoom });
    });
    // 6
    socket.on("resJoinRoom", (res) => {
      socket.join(res);
    });
  });
};

// 7
async function getRoomNumber(fromId, toId) {
  return (
    (await PrivateRoom.findById(`${fromId}-${toId}`)) ||
    (await PrivateRoom.findById(`${toId}-${fromId}`))
  );
}

// 8
async function findOrCreateRoomDocument(room) {
  if (room == null) return;

  const document = await PrivateRoom.findById(room);
```

```
    if (document) return document;
    return await PrivateRoom.create({
      _id: room,
    });
  }

  // 9
  async function createMsgDocument(roomNumber, res) {
    if (roomNumber == null) return;

    return await PrivateMsg.create({
      roomNumber: roomNumber,
      msg: res.msg,
      toUserId: res.toUserId,
      fromUserId: res.fromUserId,
      time: res.time,
    });
  }

module.exports.privateMsginit = privateMsg;
```

1. private 스키마의 두 기능인 방 생성과 채팅을 불러옵니다. 스키마 구조에 대한 이야기는 뒤에서 자세히 설명하겠습니다.

2. 미들웨어를 이용해서 접속한 사용자의 아이디를 등록합니다.

3. 1:1 채팅방에 들어가면 실행되는 'msgInit' 이벤트입니다. 'msgInit' 이벤트의 주요 기능은 과거의 채팅 이력을 가져오는 역할을 합니다.

   클라이언트에서 보내온 userId와 소켓에 등록된 사용자 아이디를 이용해서 기존에 1:1로 등록된 방이 있는지 검색합니다.

   ```
   const privateRoom = await getRoomNumber(userId, socket.userId);
   ```

   기존 대화한 방이 있다면 find() 함수를 이용해서 대화 내역을 가져옵니다. 그 대화 내역을 'private-msg-init' 이벤트를 이용해서 클라이언트에 전송합니다.

   ```
   const msgList = await PrivateMsg.find({ roomNumber: privateRoom._id
   }).exec();
       io.of("/private").to(privateRoom._id).emit("private-msg-init", { msg:
   msgList });
   ```

4. 'privateMsg'는 1:1 메시지를 전송하는 이벤트입니다. 위와 동일하게 방을 검색합니다.

```
socket.broadcast.in(privateRoom._id).emit("private-msg", {
    msg: msg,
    toUserId: toUserId,
    fromUserId: socket.userId,
});
await createMsgDocument(privateRoom._id, res);
```

방이 있다면 broadcast.in() 메소드를 이용해서 해당 방에 있는 사용자에게 메시지를 전송합니다. 추가적으로 createMsgDocument()는 메시지를 mongoDB에 저장하는 역할을 합니다.

5. 'reqJoinRoom' 이벤트는 1:1 대화방에 자신을 포함시키는 것은 물론 상대방에게 방에 들어오라는 메시지를 전송합니다. 물론 해당 로직은 다른 사용자가 모르게 소켓 로직에 의해서만 진행됩니다.

생성된 방이 없다면 새로 생성하고 있다면 기존 방에 입장합니다.

```
if (!privateRoom) {
  privateRoom = `${targetId}-${socket.userId}`;
  await findOrCreateRoomDocument(privateRoom);
} else {
  privateRoom = privateRoom._id;
}
```

방에 들어가는 건 socket.io의 join() 함수를 사용합니다. 해당 방에 들어오라는 초대장을 'msg-alert'라는 이벤트를 이용해서 상대방에 전송합니다. 전송 내용에는 방 번호가 함께 전송됩니다.

```
socket.join(privateRoom);
    io.of("/private")
      .to(targetSocketId)
      .emit("msg-alert", { roomNumber: privateRoom });
```

6. 만약 초대를 받은 상대방이라면 'resJoinRoom'이라는 이벤트가 자동으로 호출됩니다.

자신도 모르는 사이에 해당 방에 들어가게 됩니다.

```
socket.on("resJoinRoom", (res) => {
    socket.join(res);
});
```

7. getRoomNumber() 함수는 mongoDB에 등록되어 있는 방을 검색하는 역할을 합니다.

```
    return (
      (await PrivateRoom.findById(`${fromId}-${toId}`)) ||
      (await PrivateRoom.findById(`${toId}-${fromId}`))
    );
```

여기서 의아한 건 1:1 사용자의 아이디를 뒤집어서 한 번 더 검색하는 것입니다. 만약 Kyle과 Tom이 1:1 대화를 시작한다면 방은 시작 순서에 따라서 Kyle-Tom으로 생성될 수도 있고 Tom-Kyle로 생성될 수도 있습니다. 그래서 중복 방지를 위해 두 번 검색하는 로직을 추가했습니다.

8. findOrCreateRoom()은 방을 생성하는 역할을 합니다. 만약 해당 방이 이미 존재한다면 기존 방을 반환합니다.

9. createMsgDocument()는 메시지를 생성하는 역할을 합니다.

groupMsg.js

그룹 메시지와 관련된 네임스페이스 설정입니다. privateMsg와 거의 비슷한 내용을 담고 있습니다. server 폴더 아래로 groupMsg.js 파일을 생성해주세요.

```
> cd server
> touch groupMsg.js
```

폴더 구조는 아래와 같습니다.

```
server
 └ server.js
 └ common.js
 └ privateMsg.js
 └ groupMsg.js
```

[groupMsg.js]
```
// 1
const { GroupUserList, GroupRoom, GroupMsg } = require("./schema/Group");

const groupMsg = (io) => {
  // 2
```

```js
io.of("/group").use(async (socket, next) => {
    const userId = socket.handshake.auth.userId;
    if (!userId) {
        console.log("err");
        return next(new Error("invalid userId"));
    }
    socket.userId = userId;
    await createGroupUser(userId, socket.id);
    next();
});

// 3
io.of("/group").on("connection", async (socket) => {
    const groupRoom = await GroupRoom.find({
        loginUserId: socket.userId,
    }).exec();
    socket.emit("group-list", groupRoom);
    // 4
    socket.on("msgInit", async (res) => {
        const { targetId } = res;
        let roomName = null;
        roomName = targetId.join(",");
        const groupMsg = await GroupMsg.find({
            roomNumber: roomName,
        }).exec();
        io.of("/group")
            .to(roomName)
            .emit("group-msg-init", { msg: groupMsg || [] });
    });
    // 5
    socket.on("reqGroupJoinRoom", async (res) => {
        const { socketId } = res;
        const groupUser = await GroupUserList.find()
            .where("userId")
            .in(socketId.split(","));
        groupUser.forEach((v) => {
            io.of("/group").to(v.socketId).emit("group-chat-req", {
                roomNumber: socketId,
                socketId: v.socketId,
```

```
                userId: socket.userId,
            });
        });
    });
    // 6
    socket.on("groupMsg", async (res) => {
        const { msg, toUserSocketId, toUserId, fromUserId, time } = res;
        socket.broadcast.in(toUserSocketId).emit("group-msg", {
            msg: msg,
            toUserId,
            fromUserId,
            toUserSocketId: toUserSocketId,
            time: time,
        });
        await createMsgDocument(toUserSocketId, res);
    });
    // 7
    socket.on("joinGroupRoom", (res) => {
        const { roomNumber } = res;
        socket.join(roomNumber);
    });
    // 8
    socket.on("resGroupJoinRoom", async (res) => {
        const { roomNumber, socketId } = res;
        socket.join(roomNumber);
        await createGroupRoom(socket.userId, roomNumber, roomNumber);

        const groupRoom = await GroupRoom.find({
            loginUserId: socket.userId,
        }).exec();
        io.of("/group").to(socketId).emit("group-list", groupRoom);
    });
  });
};

// 9
async function createGroupRoom(loginUserId, userId, socketId) {
    if (loginUserId == null) return;
```

```
    return await GroupRoom.create({
        loginUserId: loginUserId,
        status: true,
        userId: userId,
        socketId: socketId,
        type: "group",
    });
}
// 10
async function createGroupUser(userId, socketId) {
    if (userId == null) return;
    const document = await GroupUserList.findOneAndUpdate(
        { userId: userId },
        { socketId: socketId }
    );
    if (document) return document;

    return await GroupUserList.create({
        status: true,
        userId: userId,
        socketId: socketId,
    });
}
// 11
async function createMsgDocument(roomNumber, res) {
    if (roomNumber == null) return;

    return await GroupMsg.create({
        roomNumber: roomNumber,
        msg: res.msg,
        toUserId: res.toUserId,
        fromUserId: res.fromUserId,
        time: res.time,
    });
}

module.exports.groupMsginit = groupMsg;
```

1. groupMsg.js에는 총 3개의 스키마를 가지고 있습니다. 하나는 그룹 채팅을 사용하는 사용자, 두 번째는 그룹 메시지, 마지막은 그룹방입니다. 스키마 부분에서 더 자세히 말씀드리겠습니다.

2. 그룹 메시지도 위와 동일하게 서버에서 오는 사용자 아이디를 소켓에 등록합니다. 추가적으로 createGroupUser()를 이용해서 해당 사용자를 그룹 채팅을 사용하는 사용자에 초기화합니다.

   ```
   socket.userId = userId;
   await createGroupUser(userId, socket.id);
   ```

3. 처음 접속할 때 접속한 사용자가 그룹방을 가지고 있는지 확인합니다.

   find()를 이용해서 해당 사용자의 아이디로 조회합니다. 'group-list'라는 이벤트로 클라이언트에게 그룹방 리스트를 전송합니다.

   ```
   const groupRoom = await GroupRoom.find({
       loginUserId: socket.userId,
     }).exec();
   socket.emit("group-list", groupRoom);
   ```

4. 'msgInit'은 그룹방에 처음 입장할 때 과거의 대화 내역을 가져오는 이벤트입니다.

   ```
   const groupMsg = await GroupMsg.find({ roomNumber: roomName }).exec();
   io.of("/group")
     .to(roomName)
     .emit("group-msg-init", { msg: groupMsg || [] });
   ```

   방 번호로 그룹방의 대화 내역을 가져옵니다. 'group-msg-init' 이벤트를 이용해서 해당 방에 속해 있는 모두에게 이벤트를 전송합니다.

5. 1:1 채팅과는 다르게 다수의 사용자가 함께 참여하는 방이기 때문에 참여한 모든 사용자에게 초대 메시지를 전송하는 이벤트입니다. mongoose의 where, in 문을 이용해서 속한 모든 사람의 데이터를 가져옵니다.

   ```
   const groupUser = await GroupUserList.find()
         .where("userId")
         .in(socketId.split(","));
   ```

   이후에 가져온 데이터를 순회하며 초대장을 발송하는 부분입니다.

   ```
   groupUser.forEach((v) => {
     io.of("/group").to(v.socketId).emit("group-chat-req", {
   ```

```
      roomNumber: socketId,
      socketId: v.socketId,
      userId: socket.userId,
   });
});
```

6. 그룹 메시지를 전송하고 저장하는 이벤트입니다.

   ```
   socket.broadcast.in(toUserSocketId).emit("group-msg", {
     msg: msg,
     toUserId,
     fromUserId,
     toUserSocketId: toUserSocketId,
   });
   await createMsgDocument(toUserSocketId, res);
   ```

7. 'joinGroupRoom' 이벤트는 사용자가 다른 대화를 하다가 다시 그룹방으로 들어왔을 때 호출됩니다. 해당 방에 다시 참여하는 로직을 가지고 있습니다.

8. 방에 초대받은 사용자가 방에 들어가기 위한 기능을 합니다.

   전송된 roomNumber를 이용해서 join()으로 방에 들어갑니다. createGroupRoom()은 개인이 참가한 방을 생성하는 함수입니다. 개인마다 참여하는 방이 다르기 때문에 다음과 같은 로직이 추가되었습니다.

   ```
   socket.join(roomNumber);
   await createGroupRoom(socket.userId, roomNumber, roomNumber);
   ```

   마지막으로 사용자 아이디를 검색해서 그 사용자가 가지고 있는 그룹방을 모두 클라이언트로 전송합니다.

   ```
   const groupRoom = await GroupRoom.find({
       loginUserId: socket.userId,
   }).exec();
   io.of("/group").to(socketId).emit("group-list", groupRoom);
   ```

9. createGroupRoom()은 개인별로 방을 생성하는 함수입니다.

10. createGroupUser()는 그룹방에 속하기 위한 아이디를 mongoDB에 저장합니다.

11. createMsgDocument()는 그룹 메시지를 저장하는 함수입니다.

이렇게 private과 group을 나누는 이유는 로직의 복잡도를 줄이고 코드의 가독성을 높이기 위한 방법입니다. 사실 private과 group의 로직은 비슷하지만 다른 점이 있습니다. 조금만 다르다는 이유로 같은 곳에 코드를 작성한다면 나중에 관리가 어려워질 수 있습니다. 그래서 약간의 차이가 있지만 아예 분리해서 코드를 관리하는 방법도 좋습니다. 이제 스키마 구조를 살펴보겠습니다.

스키마

server 폴더 아래 schema 폴더를 만들고 User.js, Private.js, Group.js 파일을 생성합니다.

■ User.js

User.js는 사용자 리스트를 정의한 스키마가 있습니다.

[User.js]
```
const { Schema, model } = require("mongoose");

const user = new Schema({
  _id: String,
  status: Boolean,
  userId: String,
  socketId: String,
});

module.exports = model("User", user);
```

User 스키마에는 사용자가 현재 접속했는지 확인할 수 있는 status 속성과 소켓의 현재 연결 값인 socketId가 있습니다.

■ Private.js

Private.js에는 두 개의 스키마가 있습니다. 하나는 1:1 채팅방을 저장하는 것이고 다른 하나는 1:1 채팅 대화를 저장하는 스키마입니다.

[Private.js]
```
const { Schema, model } = require("mongoose");

const msg = new Schema({
 roomNumber: String,
 msg: String,
 toUserId: String,
 fromUserId: String,
 time: String,
});

const room = new Schema({
 _id: String,
});

module.exports = {
 PrivateMsg: model("Private-msg", msg),
 PrivateRoom: model("Private-room", room),
};
```

■ Group.js

그룹 채팅을 관리하기 위해서 3개의 스키마를 생성했습니다.

[Group.js]
```
const { Schema, model } = require("mongoose");

// 1
const groupUserList = new Schema({
 status: Boolean,
 userId: String,
 socketId: String,
});

// 2
const groupRoom = new Schema({
 loginUserId: String,
 status: Boolean,
 userId: String,
 socketId: String,
```

```
 type: String,
});

// 3
const msg = new Schema({
 roomNumber: String,
 msg: String,
 toUserId: String,
 fromUserId: String,
 time: String,
});

module.exports = {
 GroupUserList: model("Group-user", groupUserList),
 GroupRoom: model("Group-room", groupRoom),
 GroupMsg: model("Group-msg", msg),
};
```

1. groupUserList는 그룹 채팅 관련된 사용자를 따로 관리하기 위해 생성했습니다. 기존에 User 도큐먼트를 그대로 사용하게 된다면 사람마다 다른 그룹 채팅을 구분할 수 없기 때문에 아예 그룹 채팅만을 위한 관리 포인트를 만들었습니다.

2. groupRoom은 그룹 채팅을 위한 스키마입니다. 하나의 방에는 여러 명의 사용자가 속해 있기 때문에 동일한 객체가 생성되지만 loginUserId는 각각 다르게 만들어집니다.

3. 그룹 채팅 메시지를 저장하기 위한 스키마입니다.

마지막으로 최종 서버 폴더 구조를 확인하겠습니다.

4.3 클라이언트 사이드

필요한 라이브러리

- @emotion/react(11.10.6): emotionjs는 CSS 스타일을 위한 라이브러리입니다. emotionjs를 이용해서 module.css와 scss 같은 기능을 간편하게 사용할 수 있습니다.
- react-icons(4.8.0): 아이콘 이미지를 간편하게 사용하기 위한 라이브러리입니다.
- react-quill(2.0.0): quill을 이용하면 우리가 흔히 사용하는 블로그와 문서 형식의 웹 서비스를 간편하게 제작할 수 있습니다.
- react-router-dom(6.8.2): 리액트 라우팅을 위해 사용합니다.
- socket.io-client(4.6.1): 브라우저의 소켓 통신을 위해 사용합니다.
- dayjs(1.11.7): 현재 채팅 날짜를 표현하기 위해 사용합니다.
- @craco/craco(7.1.0): CRACO는 CRA를 쉽게 설정할 수 있는 기능을 제공합니다.
- @emotion/babel-preset-css-prop(11.10.0): emotionjs를 사용하기 위한 바벨 설정 파일입니다.

클라이언트를 위한 라이브러리를 먼저 설치하겠습니다.

```
> npm install @emotion/react
> npm install react-router-dom
> npm install react-icons
> npm install react-quill
> npm install dayjs
> npm install socket.io-client
> npm install --save-dev @craco/craco
> npm install --save-dev @emotion/babel-preset-css-prop
```

설치하는 과정에서 --save-dev라는 설정값이 추가되었습니다. --save-dev 명령어로 설치된 라이브러리는 package.json의 'devDependencies'로 관리됩니다. 또한 production으로 배포될 때는 빌드되는 파일에는 포함되지 않는 특징을 가지고 있습니다.

스타일 라이브러리인 emotionjs를 CRA에서 사용하기 위한 CRACO 라이브러리 설정이 필요합니다. 루트 디렉터리인 client에서 craco.config.js 파일을 생성하겠습니다.

```
> cd client
> touch craco.config.js
```

아래는 폴더 구조입니다.

```
client
 └ src
 - craco.config.js
```

아래 코드를 그대로 작성해주세요.

[craco.config.js]
```
module.exports = {
  babel: {
    presets: ['@emotion/babel-preset-css-prop'],
  },
}
```

최종적으로 우리가 설치하고 작성한 package.json 파일을 확인하겠습니다.

[package.json]
```
{
  "name": "client",
  "version": "0.1.0",
  "private": true,
  "dependencies": {
    "@emotion/react": "^11.10.6",
    "@testing-library/jest-dom": "^5.16.5",
    "@testing-library/react": "^13.4.0",
    "@testing-library/user-event": "^13.5.0",
    "dayjs": "^1.11.7",
    "react": "^18.2.0",
    "react-dom": "^18.2.0",
    "react-icons": "^4.8.0",
    "react-quill": "^2.0.0",
    "react-router-dom": "^6.9.0",
    "react-scripts": "5.0.1",
```

```json
    "socket.io-client": "^4.6.1",
    "web-vitals": "^2.1.4"
  },
  "scripts": {
    "start": "craco start",
    "build": "craco build",
    "test": "craco test",
    "eject": "craco eject"
  },
  "eslintConfig": {
    "extends": [
      "react-app",
      "react-app/jest"
    ]
  },
  "browserslist": {
    "production": [
      ">0.2%",
      "not dead",
      "not op_mini all"
    ],
    "development": [
      "last 1 chrome version",
      "last 1 firefox version",
      "last 1 safari version"
    ]
  },
  "devDependencies": {
    "@craco/craco": "^7.1.0",
    "@emotion/babel-preset-css-prop": "^11.10.0"
  }
}
```

script를 실행하는 부분에 craco로 변경된 것을 확인해주세요.

```json
"scripts": {
  "start": "craco start",
  "build": "craco build",
```

```
    "test": "craco test",
    "eject": "craco eject"
},
```

이제 클라이언트 프로젝트를 위한 모든 준비는 끝났습니다. 소켓 설정부터 하나씩 진행하겠습니다.

socket.js

src 폴더 아래 socket.js 파일을 생성하겠습니다.

```
> cd src
> touch socket.js
```

폴더 구조는 아래와 같습니다.

```
src
 - socket.js
```

채팅을 하기 위한 소켓 설정입니다. 슬랙에서는 개인 메시지, 그룹 메시지, 공통 로직을 위한 네임스페이스를 정의합니다.

[socket.js]
```
import { io } from "socket.io-client";

export const socket = io("http://localhost:5000", {
    autoConnect: false,
});
// 1
export const socketPrivate = io("http://localhost:5000/private", {
    autoConnect: false,
});
// 2
export const socketGroup = io("http://localhost:5000/group", {
    autoConnect: false,
});
```

1~2. private과 group 네임스페이스를 생성했습니다. 소켓 연결이 자동으로 되지 않도록 autoConnect: false로 설정합니다.

context

슬랙 채팅에서는 다양한 컴포넌트와 컨테이너 영역에 데이터를 전달할 수 있도록 전역 변수를 설정할 예정입니다. 전역 변수 설정을 위해 Context API를 사용하겠습니다.

src 폴더 아래 context 폴더를 만들어주세요. 그 아래에 action.js와 index.js 파일을 생성합니다.

```
> cd src
> mkdir context && cd context
> touch action.js
> touch index.js
```

```
src
 └ socket.js
 └ context
  - action.js
  - index.js
```

action.js

Context API를 실행하기 위한 액션을 설정합니다.

```
                        [action.js]
export const AUTH_INFO = "AUTH_INFO";
export const USER_LIST = "USER_LIST";
export const GROUP_LIST = "GROUP_LIST";
export const CURRENT_CHAT = "CURRENT_CHAT";
export const GROUP_CHAT = "GROUP_CHAT";
```

index.js

[index.js]
```js
import { createContext, useReducer } from "react";
import {
  AUTH_INFO,
  USER_LIST,
  CURRENT_CHAT,
  GROUP_CHAT,
  GROUP_LIST,
} from "./action";

// 1
const initialState = {
  loginInfo: {
    userId: "",
    socketId: "",
  },
  userList: [],
  groupList: [],
  currentChat: {
    targetId: [],
    roomNumber: "",
    targetSocketId: "",
  },
  groupChat: {
    textBarStatus: false,
    groupChatNames: [],
  },
};

const Context = createContext({});

// 2
const reducer = (state = initialState, action) => {
  switch (action.type) {
    case AUTH_INFO:
```

```
            return {
                ...state,
                loginInfo: action.payload,
            };
        case USER_LIST:
            return {
                ...state,
                userList: action.payload,
            };
        case GROUP_LIST:
            return {
                ...state,
                groupList: action.payload,
            };
        case CURRENT_CHAT:
            return {
                ...state,
                currentChat: action.payload,
            };
        case GROUP_CHAT:
            return {
                ...state,
                groupChat: action.payload,
            };
        default:
            return state;
    }
};

const StoreProvider = ({ children }) => {
    const [state, dispatch] = useReducer(reducer, initialState);
    const value = { state, dispatch };
    return <Context.Provider value={value}>{children}</Context.Provider>;
};

export { Context, StoreProvider };
```

1. 전역 변수의 초깃값입니다. 전역 변수로는 현재 접속한 사용자의 정보, 사용자 리스트, 그룹 채팅 활성화 등이 있습니다.
2. 전역 변수를 업데이트하기 위한 switch 문입니다.

containers

컨테이너에는 처음 로그인 화면과 소켓 연결 공통 로직을 불러오기 위한 설정을 합니다. 먼저 로그인 페이지부터 구현하겠습니다. src 폴더에 containers 폴더를 만들고 그 아래에 indexContainer 폴더를 생성합니다.

```
> cd src
> mkdir containers && cd containers
> mkdir indexContainer
```

```
src
 - socket.js
 └ context
   - action.js
   - index.js
 └ containers
   └ indexContainer
```

마지막으로 indexContainer 폴더 아래에 IndexContainer.js와 IndexContainer.style.js 파일을 만들겠습니다.

```
> cd indexContainer
> touch IndexContainer.js
> touch IndexContainer.style.js
```

```
src
 ...
 └ containers
   └ indexContainer
     - IndexContainer.js
     - IndexContainer.style.js
```

IndexContainer.js

[IndexContainer.js]
```js
import React, { useState, useEffect } from "react";
import { css } from "@emotion/react";
import {
  indexContainerCss,
  loginWrapCss,
  headerCss,
  loginFormCss,
  inputCss,
  btnCss,
} from "./IndexContainer.style";
// 1
import { socket, socketPrivate, socketGroup } from "../../socket";
import { useNavigate } from "react-router-dom";
import logo from "../../images/logo.png";

const IndexContainer = () => {
  const [user, setUser] = useState("");
  const navigate = useNavigate();
  // 2
  useEffect(() => {
    socket.on("connect_error", (err) => {
      if (err.message === "invalid username") {
        console.log("err");
      }
    });
  }, []);
  // 3
  const onLoginHandler = (e) => {
    e.preventDefault();
    if (!user) return;
    socket.auth = { userId: user };
    socket.connect();
    socketPrivate.auth = { userId: user };
    socketPrivate.connect();
```

```
    socketGroup.auth = { userId: user };
    socketGroup.connect();
    navigate("/main");
  };
  // 4
  const onUserNameHandler = (e) => {
    setUser(e.target.value);
  };
  return (
    <div css={indexContainerCss}>
      <div css={loginWrapCss}>
        <h1 css={headerCss}>
          <img src={logo} width="100px" height="auto" alt="logo" />
        </h1>
        <form css={loginFormCss} onSubmit={onLoginHandler}>
          <input
            css={inputCss}
            type="text"
            value={user}
            placeholder="Enter your ID"
            onChange={onUserNameHandler}
          />
          <button onClick={onLoginHandler} css={btnCss}>
            Sign in
          </button>
        </form>
      </div>
    </div>
  );
};

export default IndexContainer;
```

1. 미리 설정한 socket.io의 네임스페이스 객체를 불러옵니다. 또한 sign in 버튼을 클릭하면 메인 페이지로 이동하기 위해 useNavigate라는 훅을 추가했습니다.

2. 만약 userId를 서버에 넘기지 않고 로그인했다면 오류 콜백을 받을 수 있는 함수를 정의했습니다.

```
useEffect(() => {
  socket.on("connect_error", (err) => {
    if (err.message === "invalid userId") {
      console.log("err");
    }
  });
}, []);
```

'connect_error'라는 이벤트 객체로 오류를 받습니다. 간단하게 오류 로그만 남도록 했습니다.

3. sign in 버튼을 클릭하면 실행됩니다.

```
socket.auth = { userId: user };
socket.connect();
socketPrivate.auth = { userId: user };
socketPrivate.connect();
socketGroup.auth = { userId: user };
socketGroup.connect();
```

각각의 네임스페이스에 동일한 userId를 추가했습니다. 이렇게 설정한 이유는 네임스페이스마다 고유한 socketId가 부여되는 별개의 환경이기 때문에 이렇게 설정되었습니다.

4. 사용자 아이디를 작성하는 함수입니다.

[IndexContainer.style.js]
```
import { css } from "@emotion/react";

export const indexContainerCss = css`
  height: 100vh;
  display: flex;
  align-items: center;
  justify-content: center;
`;

export const loginWrapCss = css`
  width: 300px;
  height: 300px;
  display: flex;
  flex-direction: column;
`;
```

```
export const headerCss = css`
  text-align: center;
`;

export const loginFormCss = css`
  margin-top: 30px;
  display: flex;
  flex-direction: column;
  gap: 7px;
  width: 100%;
`;

export const inputCss = css`
  width: calc(100% - 22px);
  border: 1px solid #cecece;
  padding: 10px;
  border-radius: 5px;
`;
export const btnCss = css`
  width: 100%;
  border: 0;
  padding: 10px;
  border-radius: 5px;
  background-color: #4a154b;
  color: white;
  font-weight: bold;
  cursor: pointer;
`;
```

MainContainer.js

MainContainer에서는 소켓 연결 해제와 공통 데이터를 가져오는 작업을 합니다. 여기서 말하는 공통 데이터는 사용자 리스트 정보와 그룹 대화방 리스트입니다.

IndexContainer와 동일하게 containers 폴더 아래로 mainContainer라는 폴더를 생성합니다. 바로 아래 MainContainer.js와 MainContainer.style.js 파일을 만듭니다.

```
> cd containers
> mkdir mainContainer && cd mainContainer
> touch MainContainer.js
> touch MainContainer.style.js
```

```
src
  ...
  ∟ containers
    ∟ indexContainer
    ∟ mainContainer
      - MainContainer.js
      - MainContainer.style.js
```

[MainContainer.js]
```
import React, { useEffect, useState, useContext } from "react";
import { css } from "@emotion/react";
import {
  mainContainerCss,
  slackMainCss,
  slackHeaderCss,
  slackWindowCss,
  mainContentCss,
} from "./MainContainer.style";
import { socket, socketPrivate, socketGroup } from "../../socket";
import { SideBar, ChatRoom } from "../../components";
import { USER_LIST, AUTH_INFO, GROUP_LIST } from "../../context/action";
import { Context } from "../../context";

const MainContainer = () => {
  // 1
  const {
    state: { loginInfo },
    dispatch,
  } = useContext(Context);
  // 2
  useEffect(() => {
    socket.on("connect", () => {
      dispatch({
```

```
      type: AUTH_INFO,
      payload: {
        userId: socket.auth.userId,
        socketId: socket.id,
      },
    });
  });
  return () => {
    socket.disconnect();
    socketPrivate.disconnect();
    socketGroup.disconnect();
  };
}, []);
// 3
useEffect(() => {
  function setUserListHandler(data) {
    dispatch({
      type: USER_LIST,
      payload: data || [],
    });
  }
  socket.on("user-list", setUserListHandler);
  return () => {
    socket.off("user-list", setUserListHandler);
  };
}, []);
// 4
useEffect(() => {
  function setGroupListHandler(data) {
    dispatch({
      type: GROUP_LIST,
      payload: data || [],
    });
  }
  socketGroup.on("group-list", setGroupListHandler);
  return () => {
    socketGroup.off("group-list", setGroupListHandler);
  };
```

```
    }, []);
    return (
      <div css={mainContainerCss}>
        <div css={slackMainCss}>
          <header css={slackHeaderCss}>
            <ul css={slackWindowCss}>
              <li className="red"></li>
              <li className="orange"></li>
              <li className="green"></li>
            </ul>
            <div className="user">{loginInfo.userId}</div>
          </header>
          <article css={mainContentCss}>
            <SideBar />
            <ChatRoom />
          </article>
        </div>
      </div>
    );
};

export default MainContainer;
```

1. useContext() 훅을 이용해서 전역 변수로 선언된 loginInfo 변수를 불러옵니다.

2. 소켓이 연결되면 'connect'라는 이벤트로 콜백을 받습니다.

```
socket.on("connect", () => {
    dispatch({
      type: AUTH_INFO,
      payload: {
        userId: socket.auth.userId,
        socketId: socket.id,
      },
    });
});
```

콜백 안에는 socket 객체에 선언된 userId 값을 가지고 있습니다. 이 값을 전역 변수에 선언할 예정입니다. 마지막으로 MainContainer가 언마운트되면 소켓 연결을 해제합니다.

```
    return () => {
        socket.disconnect();
        socketPrivate.disconnect();
        socketGroup.disconnect();
    };
```

3. 'user-list'라는 소켓 이벤트로 mongoDB에 저장된 사용자 리스트를 받아옵니다. 사용자 리스트 또한 전역 변수에 저장합니다.

4. 'group-list' 소켓 이벤트로 그룹 대화방에 해당하는 그룹 리스트를 받아옵니다.

[MainContainer.style.js]
```
import { css } from "@emotion/react";

export const mainContainerCss = css`
    height: 100vh;
    display: flex;
    flex-direction: column;
    align-items: center;
    justify-content: center;
`;
export const slackMainCss = css`
    display: flex;
    flex-direction: column;
    /* height: 60vh; */
    width: 100%;
    max-width: 1000px;
    border: 1px solid #4a154b;
    border-radius: 5px;
`;
export const slackHeaderCss = css`
    display: flex;
    flex-direction: row;
    align-items: center;
    justify-content: space-between;
    padding: 15px 20px;
    width: calc(100% - 40px);
    background-color: #340e36;
```

```
    .user {
        color: #fff;
        font-weight: bold;
    }
`;
export const slackWindowCss = css`
    display: flex;
    flex-direction: row;
    gap: 8px;
    list-style: none;
    margin: 0;
    padding: 0;

    li.green {
        cursor: pointer;
        background-color: #26c840;
        border-radius: 50%;
        width: 10px;
        height: 10px;
    }
    li.red {
        cursor: pointer;
        background-color: #fe5f58;
        border-radius: 50%;
        width: 10px;
        height: 10px;
    }
    li.orange {
        cursor: pointer;
        background-color: #febc2e;
        border-radius: 50%;
        width: 10px;
        height: 10px;
    }
`;
export const mainContentCss = css`
    display: flex;
    flex-direction: row;
    height: 100%;
`;
```

마지막으로 작성한 컨테이너를 쉽게 불러올 수 있도록 containers 폴더에 index.js를 작성하겠습니다. containers 폴더로 이동한 후에 index.js를 만들어주세요.

```
> cd containers
> touch index.js
```

```
src
 - socket.js
 ㄴ context
 ㄴ containers
  ㄴ indexContainer
  ㄴ mainContainer
  - index.js
```

[index.js]
```
export { default as IndexContainer } from "./indexContainer/IndexContainer";
export { default as MainContainer } from "./mainContainer/MainContainer";
```

components

다음으로 슬랙 메신저에서 사용할 컴포넌트를 작성할 차례입니다. src 폴더 아래 components라는 폴더를 만듭니다. 그 아래에 하나씩 컴포넌트를 작성하겠습니다.

```
> cd src
> mkdir components
```

폴더 구조는 다음과 같습니다.

```
src
 - socket.js
 ㄴ context
 ㄴ containers
 ㄴ components
```

User.js

user 컴포넌트는 왼쪽에 표시되는 사용자 아이디와 접속 여부를 표현합니다. components 폴더 아래 user라는 폴더를 생성합니다. user 폴더에 User.js와 User.style.js라는 파일을 생성하겠습니다.

```
> cd components
> mkdir user && cd user
> touch User.js
> touch User.style.js
```

```
src
 - socket.js
 ┕ context
 ┕ containers
 ┕ components
   ┕ user
     - User.js
     - User.style.js
```

[User.js]
```
import { css } from "@emotion/react";
import { userCss } from "./User.style";

// 1
const User = ({ id, status, onClick, socket, type }) => {
  return (
    <div
      css={userCss}
      data-id={id}
      data-type={type}
      data-socket={socket}
      data-status={status}
      onClick={onClick}
    >
      <span className={status ? "active" : "deactive"} />
      <span
```

```
            data-type={type}
            className="user"
            data-id={id}
            data-socket={socket}
            data-status={status}
        >
            {id}
        </span>
    </div>
 );
};

export default User;
```

1. User 컴포넌트는 접속 상태를 표현하기 위한 status 값을 받습니다. 또한 각각의 socket 아이디 값을 할당받아 클릭하면 어떤 채팅방에 속해 있는지 여부를 확인할 수 있도록 했습니다.

[User.style.js]

```
import { css } from "@emotion/react";

export const userCss = css`
    display: flex;
    flex-direction: row;
    gap: 5px;
    align-items: center;
    color: #cecece;
    font-size: 14px;
    padding: 7px 20px;
    cursor: pointer;

    &:hover {
        background-color: rgba(234, 234, 234, 0.2);
    }

    .active {
        width: 8px;
        height: 8px;
        border-radius: 50%;
        background-color: #29ac76;
```

```
        }
        .deactive {
            width: 6px;
            height: 6px;
            border-radius: 50%;
            border: 1px solid #cecece;
        }
`;
```

TextEditor.js

TextEditor 컴포넌트는 채팅을 입력할 수 있는 창입니다. 앞에서 미리 사용한 react-quill 을 변형해서 간편하게 사용할 예정입니다. components 폴더 아래 textEditor 폴더를 만들고 TextEditor.js와 TextEditor.style.js 파일을 생성합니다.

```
> cd components
> mkdir textEditor && cd textEditor
> touch TextEditor.js
> touch TextEditor.style.js
```

```
src
 - socket.js
 ┗ context
 ┗ containers
 ┗ components
   ┗ user
    - User.js
    - User.style.js
   ┗ textEditor
    - TextEditor.js
    - TextEditor.style.js
```

[TextEditor.js]
```
// 1
import { css } from "@emotion/react";
import { containerCss, sendCss } from "./TextEditor.style";
```

```
import ReactQuill, { Quill } from "react-quill";
import "react-quill/dist/quill.snow.css";
import { HiPaperAirplane } from "react-icons/hi2";

// 2
const modules = {
 toolbar: {
   containers: [
     [{ list: "ordered" }, { list: "bullet" }],
     ["bold", "italic", "underline", "strike"],
     [{ script: "sub" }, { script: "super" }],
   ],
 },
};

const TextEditor = ({
 text,
 onChangeTextHandler,
 reactQuillRef,
 onSendHandler,
}) => {
 return (
   <div css={containerCss}>
     <HiPaperAirplane css={sendCss} onClick={onSendHandler} />
     <ReactQuill
       theme="snow"
       modules={modules}
       value={text}
       onChange={onChangeTextHandler}
       ref={(el) => {
         reactQuillRef.current = el;
       }}
     ></ReactQuill>
   </div>
 );
};

export default TextEditor;
```

1. input 박스를 만들기 위한 react-quill을 불러옵니다. 또한 quill의 snow 스타일을 적용하기 위해 quill. snow.css도 적용했습니다.

2. react-quill 박스에 포함될 모듈을 설정합니다. 슬랙과 비슷한 모양만을 만들기 위해 간단하게 설정합니다.

[TextEditor.style.js]
```
import { css } from "@emotion/react";

export const containerCss = css`
   position: relative;
   width: 800px;
   .quill {
      margin: 20px;
      background-color: #fff;
      border: 1px solid #cecece;
      border-radius: 15px;
   }
   .ql-container.ql-snow {
      border: none;
      display: flex;
   }
   .ql-container .ql-editor {
      width: 100%;
   }
   .ql-toolbar.ql-snow {
      width: calc(100% - 30px);
      border-top-left-radius: 15px;
      border-top-right-radius: 15px;
      display: flex;
      position: sticky;
      top: 0;
      z-index: 1;
      border: none;
   }
`;
export const sendCss = css`
   position: absolute;
```

```
    right: 30px;
    top: 30px;
    height: 25px;
    width: 25px;
    color: #29ac76;
    cursor: pointer;
`;
```

GroupTextInput.js

GroupTextInput은 단체방을 만들기 위해 사용자를 초대하는 input 박스입니다. 슬랙의 Direct Messages라는 버튼을 누르면 활성화됩니다.

위 컴포넌트와 동일하게 components 폴더 아래 groupTextInput이라는 폴더를 추가하고 GroupTextInput.js와 GroupTextInput.style.js 파일을 만듭니다.

```
> cd components
> mkdir groupTextInput && cd groupTextInput
> touch GroupTextInput.js
> touch GroupTextInput.style.js
```

```
src
 - socket.js
 ㄴ context
 ㄴ containers
 ㄴ components
   ...
   ㄴ groupTextInput
    - GroupTextInput.js
    - GroupTextInput.style.js
```

[GroupTextInput.js]

```
import { css } from "@emotion/react";
import {
  groupTextContainerCss,
  titleCss,
```

```
  inputCss,
  groupFormCss,
  nameBoxCss,
  tagCss,
  joinBtnCss,
} from "./GroupTextInput.style";

// 1
const GroupTextInput = ({
  groupText,
  onChangeGroupTextHandler,
  onGroupSendHandler,
  groupChatUserList,
  groupChatUserCloseClick,
  onJoinClick,
}) => {
  return (
    <div css={groupTextContainerCss}>
      <span css={titleCss}>to:</span>
      <ul css={nameBoxCss}>
        {
          // 2
          groupChatUserList.map((v, i) => (
            <li css={tagCss} key={`${i}-${v}`}>
              {v}
              <span
                className="close"
                data-id={v}
                onClick={groupChatUserCloseClick}
              >
                X
              </span>
            </li>
          ))
        }
      </ul>
      <form onSubmit={onGroupSendHandler} css={groupFormCss}>
        <input
```

```
            type="text"
            value={groupText}
            css={inputCss}
            onChange={onChangeGroupTextHandler}
            onChangeGroupTextHandler={onChangeGroupTextHandler}
          />
        </form>
        <button css={joinBtnCss} onClick={onJoinClick}>
          Join
        </button>
      </div>
    );
  };

export default GroupTextInput;
```

1~2. 그룹 채팅은 많은 사용자가 참여하기 때문에 사용자 값을 리스트로 전달받습니다. 그 리스트를 순회하면서 추가한 사용자의 아이디 값을 노출하게 했습니다.

ChatRoom.js

가장 중요한 컴포넌트인 ChatRoom.js와 SideBar.js는 layout이라는 폴더를 만들어서 따로 관리하겠습니다. components 폴더 아래에 layout 폴더를 추가합니다.

먼저 chatRoom이라는 폴더를 바로 아래 만들겠습니다.

```
> cd components
> mkdir layout && cd layout
> mkdir chatRoom
```

다음과 같은 구조로 만들었나요? 그렇다면 chatRoom 폴더에 ChatRoom.js와 ChatRoom.style.js 파일을 생성해주세요.

```
> cd chatRoom
> touch ChatRoom.js
> touch ChatRoom.style.js
```

```
src
 - socket.js
 ㄴ context
  ㄴ containers
   ㄴ components
    ...
    ㄴ layout
     ㄴ chatRoom
      - ChatRoom.js
      - ChatRoom.style.js
```

[ChatRoom.js]

```
import React, { useState, useContext, useEffect, useRef } from "react";
import { css } from "@emotion/react";
import { Context } from "../../../context";
import {
    chatRoomWrapCss,
    subTitleCss,
    chatBoxCss,
    chatBoxGuidCss,
    chatCss,
} from "./ChatRoom.style";
import { TextEditor, GroupTextInput } from "../../index";
import { socketPrivate, socketGroup } from "../../../socket";
import logo from "../../../images/logo.png";
import dayjs from "dayjs";

const ChatRoom = () => {
    // 1
    const {
        state: { currentChat, loginInfo, groupChat, userList },
    } = useContext(Context);
    const reactQuillRef = useRef(null);
    const [text, setText] = useState("");
    const [groupUser, setGroupUser] = useState("");
    const [msgList, setMsgList] = useState([]);
    const [groupChatUsers, setGroupChatUsers] = useState([]);
```

```
// 2
useEffect(() => {
    function setPrivateMsgListHandler(data) {
        const { msg, fromUserId, toUserId, time } = data;
        if (
            currentChat.roomNumber === `${fromUserId}-${toUserId}` ||
            currentChat.roomNumber === `${toUserId}-${fromUserId}`
        ) {
            setMsgList((prev) => [
                ...prev,
                {
                    msg: msg,
                    userId: fromUserId,
                    time,
                },
            ]);
        }
    }
    socketPrivate.on("private-msg", setPrivateMsgListHandler);
    return () => {
        socketPrivate.off("private-msg", setPrivateMsgListHandler);
    };
}, [currentChat.roomNumber]);


// 3
useEffect(() => {
    function setGroupMsgListHandler(data) {
        const { msg, toUserSocketId, fromUserId, time } = data;
        if (currentChat.roomNumber === toUserSocketId) {
            setMsgList((prev) => [
                ...prev,
                {
                    msg: msg,
                    userId: fromUserId,
                    time,
                },
            ]);
        }
```

```
        }
        socketGroup.on("group-msg", setGroupMsgListHandler);
        return () => {
            socketGroup.off("group-msg", setGroupMsgListHandler);
        };
    }, [currentChat.roomNumber]);

    // 4
    useEffect(() => {
        function setMsgListInit(data) {
            setMsgList(
                data.msg.map((m) => ({
                    msg: m.msg,
                    userId: m.fromUserId,
                    time: m.time,
                }))
            );
        }
        socketPrivate.on("private-msg-init", setMsgListInit);
        return () => {
            socketPrivate.off("private-msg-init", setMsgListInit);
        };
    }, []);

    // 5
    useEffect(() => {
        function setGroupMsgListInit(data) {
            setMsgList(
                data.msg.map((m) => ({
                    msg: m.msg,
                    userId: m.fromUserId,
                    time: m.time,
                }))
            );
        }
        socketGroup.on("group-msg-init", setGroupMsgListInit);
        return () => {
            socketGroup.off("group-msg-init", setGroupMsgListInit);
```

```
        };
    }, []);

    // 6
    useEffect(() => {
        return () => {
            setMsgList([]);
        };
    }, [currentChat.roomNumber]);

    // 7
    const onPrivateMsgSendHandler = () => {
        const msg = reactQuillRef.current.unprivilegedEditor.getText();
        const currentTime = dayjs().format("HH:mm a");
        setMsgList((prev) => [
            ...prev,
            {
                msg: msg,
                userId: loginInfo.userId,
                time: currentTime,
            },
        ]);
        socketPrivate.emit("privateMsg", {
            msg: msg,
            toUserId: currentChat.targetId[0],
            toUserSocketId: currentChat.targetSocketId,
            fromUserId: loginInfo.userId,
            time: currentTime,
        });
        setText("");
    };

    // 8
    const onGroupSendHandler = (e) => {
        e.preventDefault();
        if (!userList.filter((v) => v.userId === groupUser).length > 0) {
            alert("The user does not exist.");
            setGroupUser("");
```

```jsx
            return;
        }
        if (groupUser === loginInfo.userId) {
            alert("Please, Choose someone else.");
            setGroupUser("");
            return;
        }
        setGroupChatUsers([...groupChatUsers, groupUser]);
        setGroupUser("");
    };

    // 9
    const onChangeGroupTextHandler = (e) => {
        setGroupUser(e.target.value);
    };

    // 10
    const groupChatUserCloseClick = (e) => {
        const { id } = e.target.dataset;
        setGroupChatUsers(groupChatUsers.filter((v) => v !== id));
    };

    // 11
    const onJoinClick = () => {
        if (groupChatUsers.length <= 0) return;
        const socketId = [...groupChatUsers, loginInfo.userId].join(",");
        const user = {
            socketId: socketId,
            status: true,
            userId: socketId,
            type: "group",
        };
        socketGroup.emit("reqGroupJoinRoom", user);
        setGroupChatUsers([]);
    };

    // 12
    const onGroupMsgSendHandler = () => {
```

```
        const msg = reactQuillRef.current.unprivilegedEditor.getText();
        const currentTime = dayjs().format("HH:mm a");
        setMsgList((prev) => [
            ...prev,
            {
                msg: msg,
                userId: loginInfo.userId,
                time: currentTime,
            },
        ]);
        socketGroup.emit("groupMsg", {
            toUserId: currentChat.targetSocketId,
            toUserSocketId: currentChat.targetSocketId,
            fromUserId: loginInfo.userId,
            msg: msg,
            time: currentTime,
        });
        setText("");
    };
    return (
        <article css={chatRoomWrapCss}>
            <div css={subTitleCss}>
                {groupChat.textBarStatus ? (
                    <GroupTextInput
                        groupText={groupUser}
                        onChangeGroupTextHandler={onChangeGroupTextHandler}
                        groupChatUserList={groupChatUsers}
                        onGroupSendHandler={onGroupSendHandler}
                        groupChatUserCloseClick={groupChatUserCloseClick}
                        onJoinClick={onJoinClick}
                    />
                ) : (
                    currentChat.targetId.map((v) => (
                        <span className="user">{v}</span>
                    ))
                )}
            </div>
            {currentChat.roomNumber ? (
```

```
                <ul css={chatBoxCss}>
                    {msgList.map((v, i) => (
                        <li css={chatCss} key={`${i}-chat`}>
                            <div className="userBox">
                                <span className="user">{v.userId}</span>
                                <span className="date">{v.time}</span>
                            </div>
                            <div className="textBox">{v.msg}</div>
                        </li>
                    ))}
                </ul>
            ) : (
                <div css={chatBoxGuidCss}>
                    <img src={logo} width="100px" height="auto" alt="logo" />
                    <div className="guide">Please, Choose a conversation.</div>
                </div>
            )}
            {currentChat.roomNumber && (
                <TextEditor
                    onSendHandler={
                        currentChat.targetId.length > 1
                            ? onGroupMsgSendHandler
                            : onPrivateMsgSendHandler
                    }
                    text={text}
                    reactQuillRef={reactQuillRef}
                    onChangeTextHandler={setText}
                />
            )}
        </article>
    );
};

export default ChatRoom;
```

1. 전역 변수로 관리되고 있는 채팅 관련 변수들을 불러옵니다. chatRoom 컴포넌트는 채팅의 메인 영역에 자리잡고 있기 때문에 노출해야 될 정보가 많습니다. 그만큼 다양한 정보가 필요합니다.

2. 'private-msg'는 다른 상대가 1:1로 대화한 메시지를 받는 이벤트입니다. useEffect() 훅의 콜백으로 방 번호를 설정했습니다.

3. 그룹 메시지를 불러오는 함수입니다. 개인 메시지와 동일하게 'group-msg'라는 이벤트를 통해서 서버의 그룹 메시지 정보를 가져옵니다.

4. 처음 개인 대화방에 들어가면 과거에 대화했던 내역을 가져오는 함수입니다. 'private-msg-init'이라는 이벤트가 해당 역할을 합니다.

5. 단체방에 입장할 과거에 대화 내역을 불러오는 함수입니다. 'group-msg-init'이라는 이벤트로 대화 내역을 불러옵니다.

6. 현재 대화하고 있는 방을 나가면 setMsgList()라는 함수를 초기화합니다.

```
useEffect(() => {
    return () => {
        setMsgList([]);
    };
}, [currentChat.roomNumber]);
```

이런 초기화 작업을 통해서 다른 방에 입장하게 되면 그 방에 있었던 과거의 대화 내역을 새로 업데이트할 수 있습니다.

7. 내가 작성한 개인 메시지를 서버로 전송하는 함수입니다.

```
const msg = reactQuillRef.current.unprivilegedEditor.getText();
```

react-quill을 이용했기 때문에 quill에서 제공하는 getText() 메소드로 글자를 불러올 수 있습니다.

```
const currentTime = dayjs().format("HH:mm a");
setMsgList((prev) => [
  ...prev,
  {
    msg: msg,
    userId: loginInfo.userId,
    time: currentTime,
  },
]);
```

dayjs()를 이용해서 현재 시간을 설정합니다. 채팅 대화 내역에는 언제 메시지를 작성했는지 시간을 노출하는 부분이 있습니다.

```
socketPrivate.emit("privateMsg", {
  msg: msg,
  toUserId: currentChat.targetId[0],
  toUserSocketId: currentChat.targetSocketId,
  fromUserId: loginInfo.userId,
  time: currentTime,
});
```

'privateMsg' 이벤트를 이용해서 서버로 메시지 내용을 전송합니다. 메시지 내용과 함께 누구로부터 어디로 보내야 하는지에 대한 정보도 함께 전송됩니다.

8. 그룹 대화방을 만들기 위해 Direct Messages라는 버튼을 클릭하면 나오는 input 박스입니다. input 박스에는 접속한 사용자를 입력하면 자동으로 그룹 대화에 초대할 사용자 리스트를 저장합니다.

to: [   ] Join

두 가지 유효성 검사가 있습니다. 없는 사용자를 초대하는 경우와 자신 스스로를 초대하는 경우 함수를 반환합니다. 만약 정상적으로 사용자를 추가하면 setGroupChatUser() 상태에 추가됩니다.

```
if (!userList.filter((v) => v.userId === groupUser).length > 0) {
        alert("The user does not exist.");
        setGroupUser("");
        return;
}
if (groupUser === loginInfo.userId) {
        alert("Please, Choose someone else.");
        setGroupUser("");
        return;
}
```

9. 그룹 대화 초대를 위한 input 박스 핸들러입니다.

10. 초대한 사람의 X 버튼을 클릭하면 실행됩니다. X를 클릭하면 초대 리스트에서 제거됩니다.

to: [1 X] [   ] Join

11. 그룹 채팅에서 Join 버튼을 클릭하면 실행됩니다. Join 버튼을 누르면 'reqGroupJoinRoom'이라는 이벤트를 실행해서 해당하는 사용자에게 초대장이 발송됩니다.

12. 개인 메시지와 동일하게 그룹 메시지를 작성하는 input 박스 핸들러입니다.

[ChatRoom.style.js]

```js
import { css } from "@emotion/react";

export const chatRoomWrapCss = css`
  height: 100%;
  width: 100%;
  display: flex;
  flex-direction: column;
`;
export const subTitleCss = css`
  display: flex;
  flex-direction: row;
  gap: 5px;
  align-items: center;
  font-size: 20px;
  height: 50px;
  font-weight: bold;
  padding: 0 20px;
  border-bottom: 1px solid #cecece;

  .active {
    width: 8px;
    height: 8px;
    border-radius: 50%;
    background-color: #29ac76;
  }
  .deactive {
    width: 6px;
    height: 6px;
    border-radius: 50%;
    border: 1px solid #cecece;
  }
`;
export const chatBoxGuidCss = css`
  display: flex;
```

```
    flex-direction: column;
    padding: 20px;
    justify-content: center;
    align-items: center;
    height: 500px;
    gap: 20px;

    .guide {
      font-weight: bold;
      font-size: 2rem;
    }
`;
export const chatBoxCss = css`
  list-style: none;
  display: flex;
  flex-direction: column;
  margin: 0;
  padding: 20px;
  flex: 1 1 auto;
  overflow: scroll;
  height: 400px;
  gap: 10px;
`;
export const chatCss = css`
  display: flex;
  flex-direction: column;
  padding-left: 10px;

  .userBox {
    align-items: center;
    display: flex;
    flex-direction: row;
    gap: 5px;

    .user {
      font-weight: bold;
      font-size: 14px;
    }
```

```
    .date {
      color: grey;
      font-size: 10px;
    }
  }
  .textBox {
  }
`;
export const textBoxCss = css``;
```

SideBar.js

SideBar 컴포넌트는 채팅할 수 있는 사용자 리스트와 그룹 채팅 리스트를 보여줍니다. 앞에서 만들었던 ChatRoom 컴포넌트와 동일하게 layout 폴더 아래 sideBar 폴더를 추가하겠습니다. sideBar 폴더 아래로 SideBar.js와 SideBar.style.js를 만들겠습니다.

```
> cd layout
> mkdir sideBar
> cd sideBar
> touch SideBar.js
> touch SideBar.style.js
```

```
src
 - socket.js
 ㄴ context
 ㄴ containers
 ㄴ components
  ...
 ㄴ layout
  ㄴ chatRoom
  ㄴ sideBar
   - SideBar.js
   - SideBar.style.js
```

[SideBar.js]

```js
import React, { useContext, useEffect } from "react";
import { css } from "@emotion/react";
import { Context } from "../../../context";
import { CURRENT_CHAT, GROUP_CHAT } from "../../../context/action";
import {
  navBarWrapCss,
  titleCss,
  userListCss,
  directMsgCss,
} from "./SideBar.style";
import { User } from "../../index";
import { BiChevronDown } from "react-icons/bi";
import { socketPrivate, socketGroup } from "../../../socket";

const SideBar = () => {
  // 1
  const {
    state: { userList, loginInfo, currentChat, groupList },
    dispatch,
  } = useContext(Context);

  // 2
  useEffect(() => {
    if (currentChat.targetId.length > 1) {
      socketGroup.emit("msgInit", {
        targetId: currentChat.targetId,
      });
    } else {
      socketPrivate.emit("msgInit", {
        targetId: currentChat.targetId,
      });
    }
  }, [currentChat.targetId]);

  // 3
  useEffect(() => {
    function setMsgAlert(data) {
```

```
      socketPrivate.emit("resJoinRoom", data.roomNumber);
    }
    socketPrivate.on("msg-alert", setMsgAlert);
    return () => {
      socketPrivate.off("msg-alert", setMsgAlert);
    };
  }, []);

  // 4
  useEffect(() => {
    function setGroupChat(data) {
      socketGroup.emit("resGroupJoinRoom", {
        roomNumber: data.roomNumber,
        socketId: data.socketId,
      });
    }
    socketGroup.on("group-chat-req", setGroupChat);
    return () => {
      socketGroup.off("group-chat-req", setGroupChat);
    };
  }, []);

  // 5
  const onUserClickHandler = (e) => {
    const { id } = e.target.dataset;
    dispatch({
      type: CURRENT_CHAT,
      payload: {
        targetId: [id],
        roomNumber: `${loginInfo.userId}-${id}`,
        targetSocketId: e.target.dataset.socket,
      },
    });
    socketPrivate.emit("reqJoinRoom", {
      targetId: id,
      targetSocketId: e.target.dataset.socket,
    });
    dispatch({
      type: GROUP_CHAT,
```

```
    payload: {
      textBarStatus: false,
      groupChatNames: [],
    },
  });
};

// 6
const onMakeGroupChat = () => {
  dispatch({
    type: GROUP_CHAT,
    payload: {
      textBarStatus: true,
      groupChatNames: [],
    },
  });
};

// 7
const onGroupUserClickHandler = (e) => {
  const { id } = e.target.dataset;
  dispatch({
    type: CURRENT_CHAT,
    payload: {
      targetId: [...id.split(",")],
      roomNumber: id,
      targetSocketId: e.target.dataset.socket,
    },
  });
  socketGroup.emit("joinGroupRoom", {
    roomNumber: id,
    socketId: e.target.dataset.socket,
  });
  dispatch({
    type: GROUP_CHAT,
    payload: {
      textBarStatus: false,
      groupChatNames: [],
```

```
      },
    });
  };
  return (
    <nav css={navBarWrapCss}>
      <div css={titleCss}> Slack</div>
      <ul css={userListCss}>
        <li css={directMsgCss} onClick={onMakeGroupChat}>
          <BiChevronDown size="20" /> Direct Messages +
        </li>
        {userList.map((v, i) => (
          <li key={`${i}-user`}>
            <User
              id={v.userId}
              status={v.status}
              socket={v.socketId}
              type={v.type}
              onClick={
                v.type === "group"
                  ? onGroupUserClickHandler
                  : onUserClickHandler
              }
            />
          </li>
        ))}
        {groupList.map((v, i) => (
          <li key={`${i}-user`}>
            <User
              id={v.userId}
              status={v.status}
              socket={v.socketId}
              type={v.type}
              onClick={
                v.type === "group"
                  ? onGroupUserClickHandler
                  : onUserClickHandler
              }
            />
```

```
        </li>
      ))}
    </ul>
  </nav>
);
};

export default SideBar;
```

1. 사이드바에 필요한 사용자 리스트와 그룹 리스트를 가져옵니다.

2. 현재 클릭한 userId를 'msgInit'이라는 이벤트에 보냅니다.

```
if (currentChat.targetId.length > 1) {
    socketGroup.emit("msgInit", {
      targetId: currentChat.targetId,
    });
} else {
    socketPrivate.emit("msgInit", {
      targetId: currentChat.targetId,
    });
}
```

if 문의 targetId.length 값이 1보다 크면 그룹 채팅을 의미합니다. 그룹 채팅일 경우 socketGroup 네임스페이스 객체를 이용하고 개인 채팅이라면 socketPrivate 객체를 이용합니다.

3. 개인 채팅의 초대를 받으면 실행됩니다. 만약 A라는 사람이 먼저 B와 개인 대화를 시작하면 B는 'msg-alert'라는 이벤트를 이용해서 A의 초대 방 번호를 받습니다. A는 'resJoinRoom'이라는 이벤트로 해당 방 번호를 서버로 전송해서 스스로 방에 입장합니다.

```
function setMsgAlert(data) {
  socketPrivate.emit("resJoinRoom", data.roomNumber);
}
socketPrivate.on("msg-alert", setMsgAlert);
return () => {
  socketPrivate.off("msg-alert", setMsgAlert);
};
```

4. 위의 개인 채팅과 동일하게 그룹 채팅에 입장하는 로직입니다. 특정한 그룹방에 초대받으면 'group-chat-req'라는 이벤트로 방 번호를 전달받습니다. 'resGroupJoinRoom'이라는 이벤트로 자신을 해당 방에 입장시킵니다.

5. 사이드바에 노출된 개인을 클릭하면 실행됩니다.

```
dispatch({
    type: CURRENT_CHAT,
    payload: {
      targetId: [id],
      roomNumber: `${loginInfo.userId}-${id}`,
      targetSocketId: e.target.dataset.socket,
    },
});
```

CURRENT_CHAT이라는 액션 값을 이용해서 현재 자신이 대화하고 있는 방에 정보를 전역 변수에 저장합니다.

```
socketPrivate.emit("reqJoinRoom", {
    targetId: id,
    targetSocketId: e.target.dataset.socket,
});
```

대화하고 싶은 상대에게 초대장을 보내는 부분입니다. 초대장에서는 통신하는 상대의 소켓 아이디가 포함되어 있습니다.

6. 사이드바에 있는 Direct Messages를 클릭하면 실행됩니다. 클릭 이후 그룹 대화를 만들 수 있는 input 박스가 활성화됩니다. 해당 변수는 물론 전역 변수로 관리됩니다.

7. 개인 채팅과 동일하게 그룹 채팅을 클릭하면 실행되는 함수입니다.

```
dispatch({
    type: CURRENT_CHAT,
    payload: {
      targetId: [...id.split(",")],
      roomNumber: id,
      targetSocketId: e.target.dataset.socket,
    },
});
```

개인 채팅과는 다르게 그룹 채팅이다 보니 대화하는 상대를 ','로 구분지어 문자열로 관리합니다.

```
socketGroup.emit("joinGroupRoom", {
    roomNumber: id,
    socketId: e.target.dataset.socket,
});
```

그룹 채팅의 방 번호는 ','를 이용한 문자열로 관리되기 때문에 서버에서 해당 문자를 ','로 잘라서 배열로 관리합니다. 하나씩 순회하면서 그룹 채팅 참가자들에게 초대장을 전송합니다.

[SideBar.style.js]

```
import { css } from "@emotion/react";

export const navBarWrapCss = css`
    height: 100%;
    width: 250px;
    display: flex;
    flex-direction: column;
    background-color: #4a154b;
`;
export const titleCss = css`
    display: flex;
    flex-direction: row;
    align-items: center;
    color: #fff;
    font-weight: bold;
    padding: 0 20px;
    height: 50px;
    border-bottom: 1px solid rgba(234, 234, 234, 0.2);
`;
export const directMsgCss = css`
    display: flex;
    flex-direction: row;
    align-items: center;
    color: #cecece;
    font-size: 14px;
    padding: 7px 20px 7px 14px;
    cursor: pointer;
```

```
    &:hover {
        background-color: rgba(234, 234, 234, 0.2);
    }
`;
export const userListCss = css`
    list-style: none;
    margin: 0;
    padding: 0;
    display: flex;
    flex-direction: column;
`;
```

끝으로 작성한 컴포넌트를 쉽게 불러올 수 있도록 components 폴더에 index.js를 작성하겠습니다.

```
> cd components
> touch index.js
```

```
src
  - socket.js
  ㄴ context
  ㄴ containers
  ㄴ components
    ...
    - index.js
```

[index.js]
```
export { default as SideBar } from "./layout/sideBar/SideBar";
export { default as User } from "./user/User";
export { default as ChatRoom } from "./layout/chatRoom/ChatRoom";
export { default as TextEditor } from "./textEditor/TextEditor";
export { default as GroupTextInput } from "./groupTextInput/GroupTextInput";
```

App.js

마지막으로 App.js에 라우팅을 설정하겠습니다. 라우팅은 단순하게 로그인 페이지와 채팅을 하는 메인 페이지입니다.

[App.js]

```
import { BrowserRouter as Router, Routes, Route } from "react-router-dom";
import { IndexContainer, MainContainer } from "./containers";
import { StoreProvider } from "./context";
function App() {
 return (
   <StoreProvider>
     <Router>
       <Routes>
         <Route path="/" element={<IndexContainer />} />
         <Route path="/main" element={<MainContainer />} />
       </Routes>
     </Router>
   </StoreProvider>
 );
}

export default App;
```

이제 최종적으로 클라이언트 사이드의 폴더 구조를 확인하겠습니다.

4.4 테스트

드디어 모든 구현이 끝났습니다. 이제 우리가 만든 슬랙이 잘 작동하는지 테스트해보겠습니다. 먼저 서버부터 실행해주세요.

```
> cd server
> npm run start
[nodemon] 2.0.22
[nodemon] to restart at any time, enter `rs`
[nodemon] watching path(s): *.*
[nodemon] watching extensions: js,mjs,json
[nodemon] starting `node server.js`
MongoDB Connected...
```

이제 client로 이동해서 다른 터미널에서 클라이언트를 실행합니다.

```
> cd client
> npm run start
```

정상적으로 실행된다면 http://localhost:3000/으로 접속해주세요.

이렇게 로그인 화면이 보인다면 성공입니다. 테스트를 위해 임의 아이디로 접속하겠습니다. 저는 Kyle이라는 이름으로 로그인하겠습니다.

구현하면서 테스트했던 mongoDB 데이터가 있다면 삭제하고 테스트해주세요.

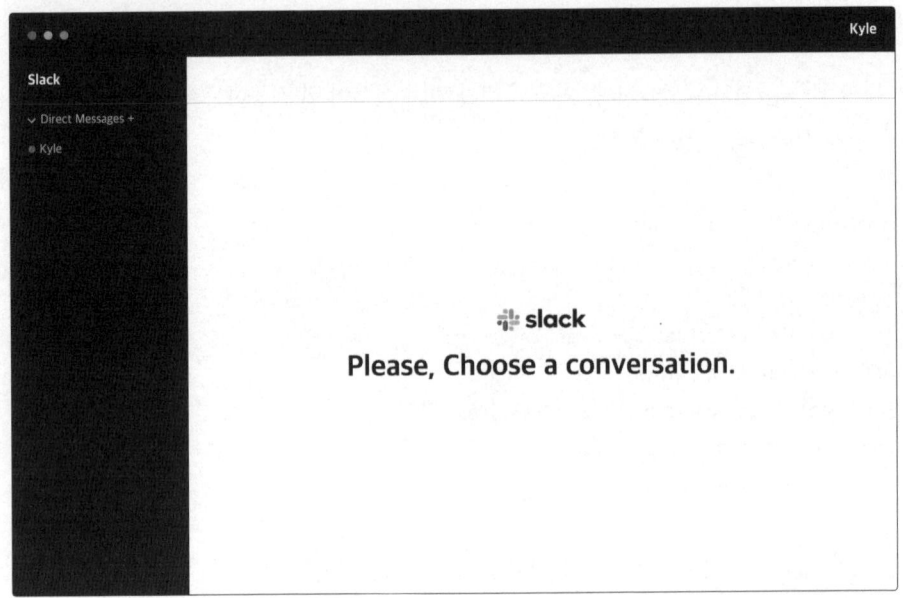

Kyle로 접속된 것을 확인했습니다. 이제 채팅을 하기 위해 다른 친구들도 접속하겠습니다.

다른 브라우저에서 동일하게 http://localhost:3000으로 접속한 후 Tom으로 로그인하겠습니다.

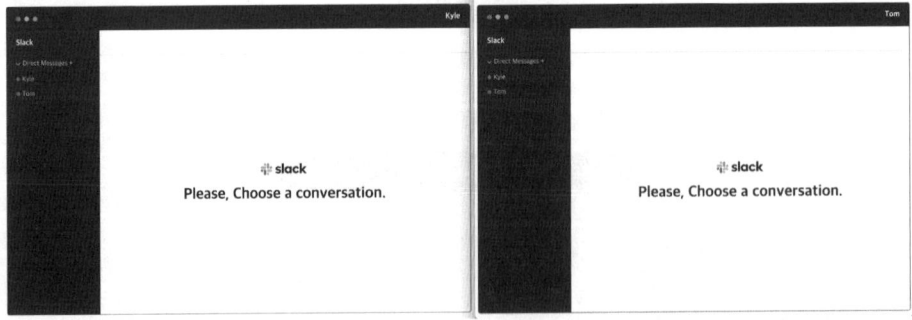

Tom까지 접속된 것을 확인했습니다. 이제 Kyle이 먼저 Tom에게 대화를 시도해보겠습니다. 사이드바에 Tom을 클릭하면 대화창이 활성화됩니다.

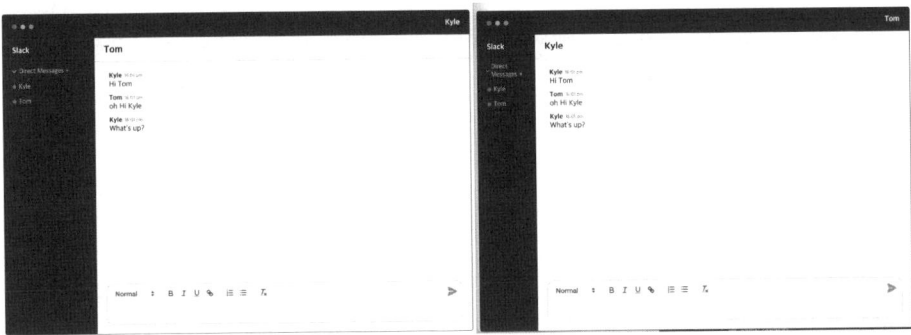

기본적인 대화가 이루어지는 걸 확인했습니다. 만약 여기서 Tom이 창을 닫는다면 아래처럼 Tom 옆에 활성화된 초록색이 회색으로 변경됩니다.

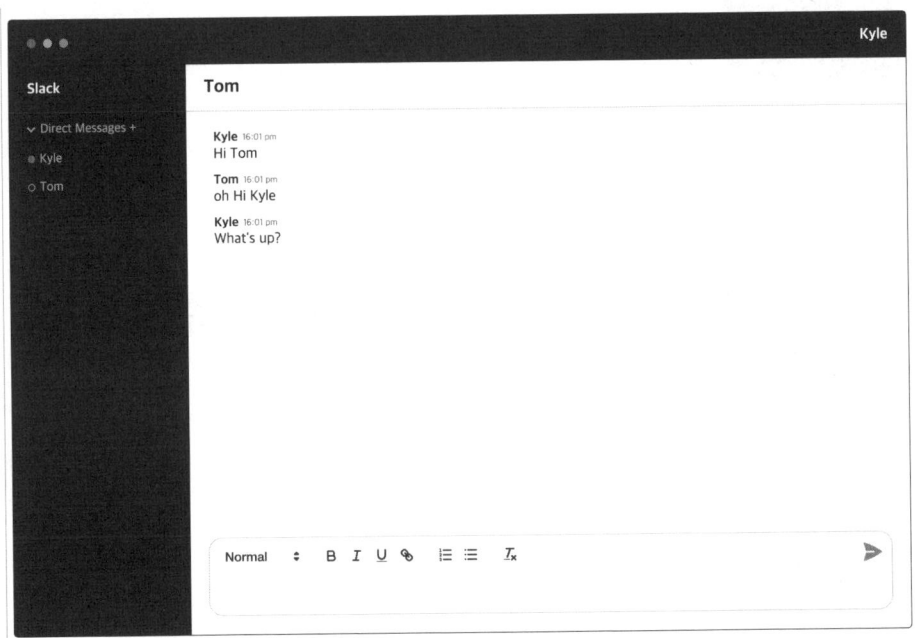

확인했다면 다시 Tom으로 로그인해주세요. 이번에는 그룹 채팅을 테스트하기 위해 한 명을 더 로그인시키겠습니다. 저는 Jane이란 이름으로 로그인했습니다.

Jane 창에서 Direct Messages를 클릭합니다. 그림처럼 Tom과 Kyle을 초대 input 박스에 입력한 후에 Join 버튼을 눌러 초대합니다.

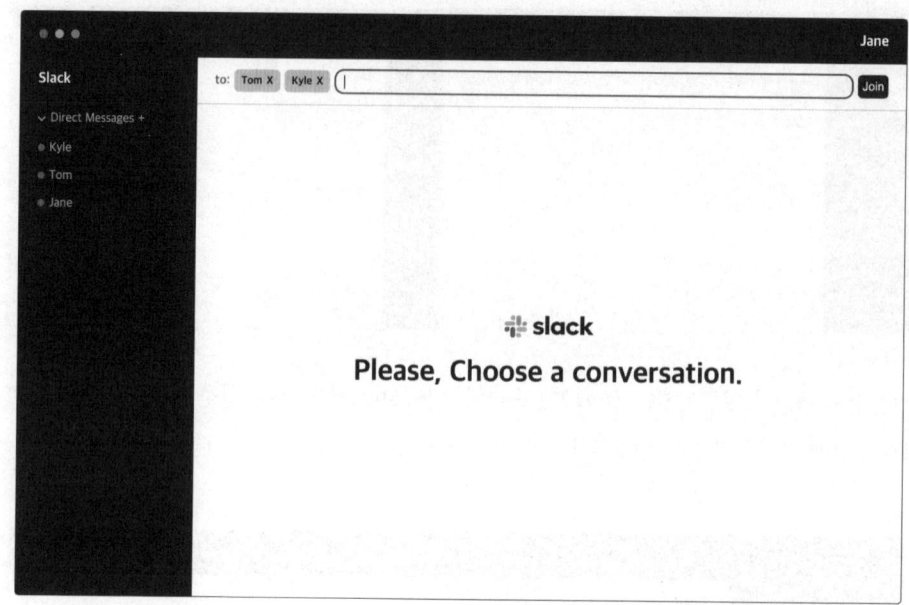

Tom 혹은 Kyle 창에서 보면 Tom,Kyle,Jane이라는 이름으로 대화방이 생성된 것을 확인할 수 있습니다.

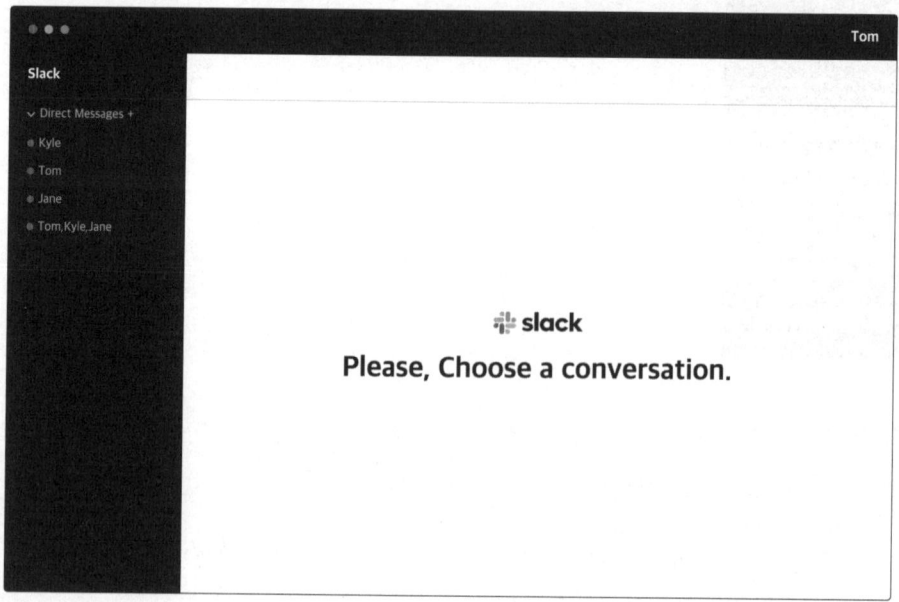

이제 그룹 대화를 시작하겠습니다. 그룹 대화가 잘 이루어진 걸 확인했나요?

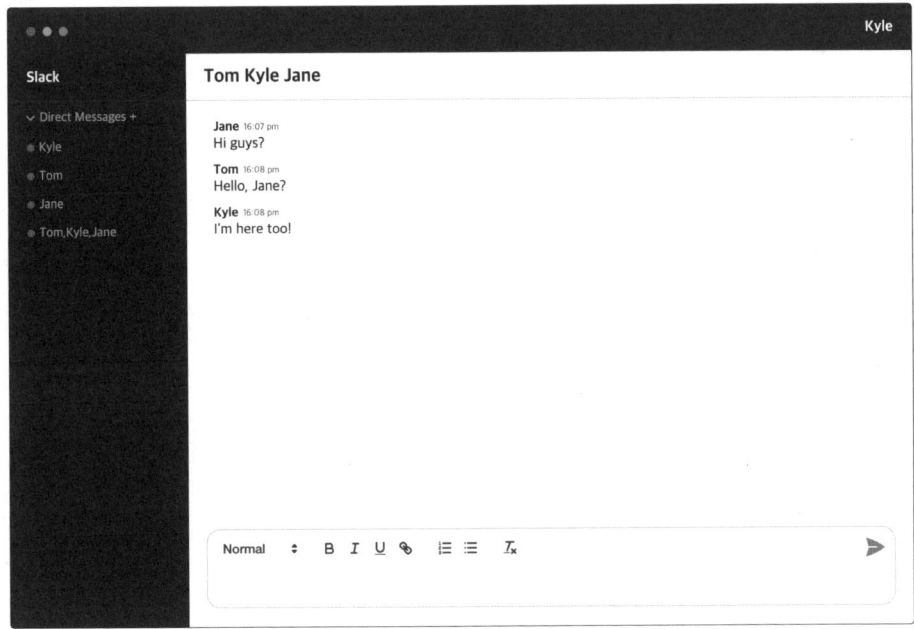

APPENDIX

부록

1 _ sockjs
2 _ mongoDB

01장

sockjs

다양한 실시간 서비스를 socket.io라는 라이브러리로 구현했습니다. socket.io는 웹 소켓을 이용한 서비스를 만들 때 아주 강력한 기능을 제공합니다. 그러나 이런 socket.io가 만능 툴은 아닙니다. 그 이유는 socket.io가 nodejs 서버에 친화적이기 때문입니다.

실제로 현장에서 프런트엔드 개발자로 일하다 보면 다양한 백엔드 환경과 만나게 됩니다. 하지만 현재 백엔드는 nodejs로 이루어진 환경보다는 자바나 파이썬으로 이루어져 있는 경우가 대부분입니다. 무엇보다 자바나 파이썬에서는 socket.io를 사용하는 경우가 거의 없습니다. 그래서 HTML5 웹 소켓을 이용하거나 다양한 환경 구성을 제공하는 sockjs를 사용하게 됩니다.

sockjs/**sockjs-protocol**

An attempt to define SockJS protocol

sockjs(https://www.npmjs.com/package/sockjs)

sockjs는 2011년에 처음 배포된 이후로 10년 넘게 꾸준히 사랑받고 있는 웹 소켓 라이브러리입니다. socket.io와 마찬가지로 다양한 브라우저의 호환을 이루며 가볍게 사용할 수 있습니다. 무엇보다 자바, 파이썬, nodejs, Perl과 같은 환경에서도 구현할 수 있다는 장점이 있습니다. sockjs를 이용해서 전송된 메시지가 접속한 사용자에게 모두 제공되는 간단한 채팅 서비스를 만들겠습니다.

- 참고: https://github.com/sockjs/sockjs-node/tree/v0.3.19

우리가 만들 채팅 서비스는 sockchat입니다. 먼저 사용자 아이디를 작성할 수 있는 브라우저 창 두 개를 띄웠습니다. 각각에 Tom, Jane으로 로그인한 후에 채팅을 입력합니다.

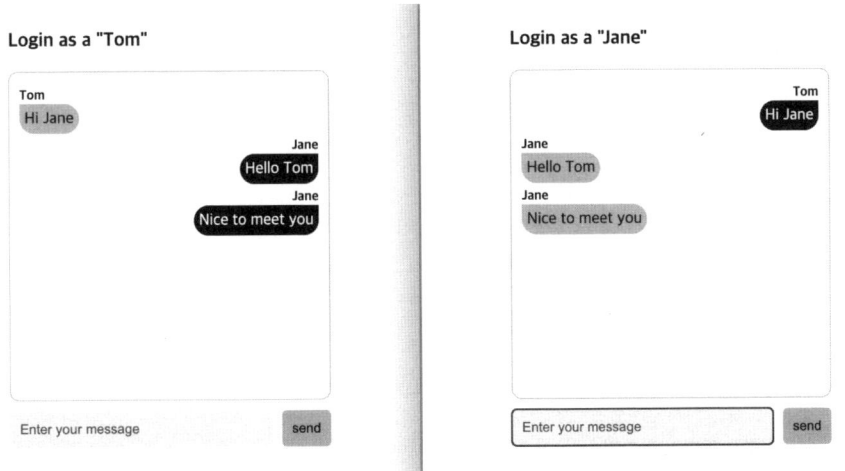

아이디를 입력하고 들어가면 채팅할 수 있는 input 박스가 보입니다. 그림처럼 왼쪽에는 자신이 입력한 내용이, 오른쪽에는 상대방이 입력한 내용이 출력되도록 구현하겠습니다.

1 프로젝트 초기 설정

sockjs라는 프로젝트 폴더를 생성하겠습니다. 그 아래에 server와 client 폴더를 만듭니다. client 폴더 생성은 CRA를 이용하겠습니다.

```
> mkdir sockjs
> cd sockjs
> mkdir server
> npx create-react-app client
```

다음으로 server 폴더로 이동해서 npm 프로젝트를 설정하고 server.js 파일을 생성하겠습니다.

```
> cd server
> touch server.js
> npm init -y
```

마지막으로 client 폴더에서 사용하지 않는 파일을 삭제하고 이미지 폴더를 추가하겠습니다.

```
- App.test.js
- index.css
- logo.svg
- reportWebVitals.js
- setupTests.js
```

images 폴더를 생성해서 처음 진입할 때 보여지는 이미지 파일을 추가하겠습니다.

```
> cd client/src/
> mkdir images
```

> **Note** 이미지 파일 확인하기
>
> 프로젝트에 사용되는 파일은 깃허브 주소를 참고하면 됩니다.
>
> - https://github.com/devh-e/socket-programming-using-react/tree/master/appendix/sockjs/client/src/images

깃허브에서 다운로드한 이미지 파일을 images 폴더에 넣습니다.

App.js에서 방금 지웠던 import 항목들과 로고를 사용하는 부분을 삭제합니다.

[App.js]
```
function App() {
return (
 <div className="App">
  <header className="App-header">
   <p>
   Edit <code>src/App.js</code> and save to reload.
   </p>
   <a
    className="App-link"
    href="https://reactjs.org"
    target="_blank"
    rel="noopener noreferrer"
   >
    Learn React
   </a>
  </header>
 </div>
 );
}

export default App;
```

추가적으로 index.js에서 참조하지 않는 파일과 React.strictMode를 제거하겠습니다.

[index.js]
```
import React from "react";
import ReactDOM from "react-dom/client";
import App from "./App";

const root = ReactDOM.createRoot(document.getElementById("root"));
root.render(<App />);
```

최종적인 모습은 이런 구조를 가지고 있습니다.

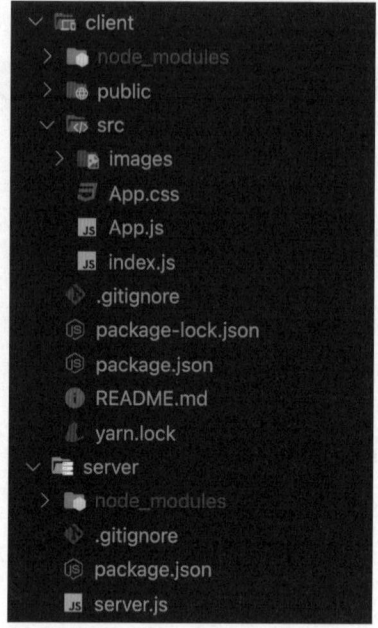

2 서버 사이드

필요한 라이브러리

- sockjs(0.3.24): nodejs의 sockjs를 위한 라이브러리입니다.
- nodemon(2.0.21): nodejs 서버를 모니터링하고 쉽게 재시작하기 위해 사용합니다.

서버 사이드에 필요한 라이브러리를 설치하겠습니다.

```
> npm install sockjs
> npm install nodemon
```

또 서버를 시작하기 위해 package.json의 아래 스크립트를 추가하겠습니다.

```
"start": "nodemon server.js"
```

아래는 package.json의 전체 소스 모습입니다.

[package.json]
```
{
  "name": "server",
  "version": "1.0.0",
  "description": "",
  "main": "server.js",
  "scripts": {
    "test": "echo \"Error: no test specified\" && exit 1",
    "start": "nodemon server.js"
  },
  "keywords": [],
  "author": "",
  "license": "ISC",
  "dependencies": {
    "nodemon": "^2.0.21",
    "sockjs": "^0.3.24"
  }
}
```

server.js

[server.js]
```
// 1
const http = require("http");
const sockjs = require("sockjs");

// 2
const sock = sockjs.createServer();

// 3
const clients = new Map();

// 4
sock.on("connection", function (conn) {
  let myId = "";
```

```
// 5
conn.on("data", function (message) {
  const { data, type, id } = JSON.parse(message);
  // 6
  switch (type) {
    case "id":
      myId = data;
      clients.set(data, conn);
      break;
    case "msg":
      clients.forEach((value, key, map) => {
        if (key !== myId) {
          value.write(JSON.stringify({ data: data, id: id }));
        }
      });
      break;
    default:
      break;
  }
});
conn.on("close", function () {
  clients.delete(myId);
});
});

// 7
const server = http.createServer();
sock.installHandlers(server, { prefix: "/sock" });
server.listen(9999, "0.0.0.0");
```

1. nodejs의 http 서버와 sockjs 라이브러리를 불러옵니다. socket.io는 소켓 서버만 생성해서 실행했습니다. 그러나 sockjs는 웹 서버를 기반으로 동작하기 때문에 서버 설정과 함께 동작합니다.

2. createServer()를 이용해서 sockjs 서버를 생성합니다.

3. clients라는 Map 객체를 생성해서 접속한 사용자의 아이디 정보를 관리합니다. key 값은 사용자 아이디, value는 sockjs의 객체입니다.

4. 클라이언트 사용자가 소켓을 연결하면 'connection' 이벤트로 호출됩니다. sockjs는 웹 소켓을 기반으로 동작하기 때문에 소켓 이벤트 속성을 동일합니다.

5. 'data' 이벤트로 사용자가 전송한 메시지 값을 받습니다. 기본적으로 문자열 형태의 데이터만 주고받을 수 있습니다. 만약 object 형태의 데이터를 받기 위해선 JSON을 이용해서 파싱과 문자열 변환을 해야 합니다.

6. 클라이언트에서 전송된 데이터를 구분하기 위해 switch 문을 사용했습니다. type으로 전송되는 값은 두 가지입니다. 하나는 화면에서 지정된 사용자 아이디입니다. 마지막은 사용자가 보내온 메시지입니다. 사용자 아이디가 전송되면 clients라는 Map 객체에 저장됩니다.

```
clients.forEach((value, key, map) => {
  if (key !== myId) {
    value.write(JSON.stringify({ data: data, id: id }));
  }
});
```

type이 'msg'로 넘어온 채팅 메시지를 다른 사용자들에게 보내기 위한 로직입니다. socket.io의 경우는 broadcast(), emit(), to()를 이용해 통신 타입을 지정할 수 있었습니다. 그러나 sockjs는 기본으로 제공되는 통신 기능이 없기 때문에 사용자가 자체적으로 구현해야 하는 단점이 있습니다.

앞에서는 clients에 저장된 로직을 순회하면서 전송자의 아이디와 동일하지 않은 객체만 write() 메소드로 메시지를 전달합니다.

7. http 서버를 생성합니다. installHandlers()라는 메소드를 이용해서 소켓 서버와 연결합니다. 여기서 prefix는 sockjs 서버에 접속할 경로입니다. '/sock'으로 지정했기 때문에 클라이언트에서 접속할 때 http://0.0.0.0:9999/sock으로 접속하게 됩니다.

```
sock.installHandlers(server, { prefix: "/sock" });
```

3 클라이언트 사이드

필요한 라이브러리

- sockjs-client(1.6.1): sockjs 클라이언트를 구현하기 위한 라이브러리입니다.

클라이언트에 필요한 라이브러리를 설치하겠습니다.

```
> npm install sockjs-client
```

다음은 우리가 사용할 package.json입니다.

[package.json]
```json
{
  "name": "client",
  "version": "0.1.0",
  "private": true,
  "dependencies": {
    "@testing-library/jest-dom": "^5.16.5",
    "@testing-library/react": "^13.4.0",
    "@testing-library/user-event": "^13.5.0",
    "react": "^18.2.0",
    "react-dom": "^18.2.0",
    "react-scripts": "5.0.1",
    "sockjs-client": "^1.6.1",
    "web-vitals": "^2.1.4"
  },
  "scripts": {
    "start": "react-scripts start",
    "build": "react-scripts build",
    "test": "react-scripts test",
    "eject": "react-scripts eject"
  },
  "eslintConfig": {
    "extends": [
      "react-app",
      "react-app/jest"
    ]
  },
  ...
```

App.js

[App.js]
```js
import React, { useRef, useEffect, useState } from "react";
import "./App.css";
// 1
```

```
import SockJs from "sockjs-client";
import sockLogo from "./images/sockjs.png";

function App() {
    const sockJs = useRef(null);
    const messagesEndRef = useRef(null);
    const [userId, setUserId] = useState("");
    const [isLogin, setIsLogin] = useState(false);
    const [msg, setMsg] = useState("");
    const [msgList, setMsgList] = useState([]);
    useEffect(() => {
        // 2
        sockJs.current = new SockJs("http://0.0.0.0:9999/sock");
    }, []);
    // 3
    useEffect(() => {
        if (!sockJs.current) return;
        sockJs.current.onopen = function () {
            console.log("open", sockJs.current.protocol);
        };
        sockJs.current.onmessage = function (e) {
            const { data, id } = JSON.parse(e.data);
            setMsgList((prev) => [
                ...prev,
                { msg: data, type: "other", id: id },
            ]);
        };
        sockJs.current.onclose = function () {
            console.log("close");
        };
    }, []);
    // 4
    useEffect(() => {
        scrollToBottom();
    }, [msgList]);
    const scrollToBottom = () => {
        messagesEndRef.current?.scrollIntoView({ behavior: "smooth" });
    };
```

```
// 5
const onSubmitHandler = (e) => {
    e.preventDefault();
    const sendData = {
        type: "id",
        data: userId,
    };
    sockJs.current.send(JSON.stringify(sendData));
    setIsLogin(true);
};
// 6
const onChangeUserIdHandler = (e) => {
    setUserId(e.target.value);
};
// 7
const onSendSubmitHandler = (e) => {
    e.preventDefault();
    const sendData = {
        type: "msg",
        data: msg,
        id: userId,
    };
    sockJs.current.send(JSON.stringify(sendData));
    setMsgList((prev) => [...prev, { msg: msg, type: "me", id: userId }]);
    setMsg("");
};
// 8
const onChangeMsgHandler = (e) => {
    setMsg(e.target.value);
};
return (
    <div className="app-container">
        <div className="wrap">
            {isLogin ? (
                // 9
                <div className="chat-box">
                    <h3>Login as a "{userId}"</h3>
```

```jsx
            <ul className="chat">
                {msgList.map((v, i) => (
                    <li className={v.type} key={`${i}_li`}>
                        <div className="userId">{v.id}</div>
                        <div className={v.type}>{v.msg}</div>
                    </li>
                ))}
                <li ref={messagesEndRef} />
            </ul>
            <form
                className="send-form"
                onSubmit={onSendSubmitHandler}
            >
                <input
                    placeholder="Enter your message"
                    onChange={onChangeMsgHandler}
                    value={msg}
                />
                <button type="submit">send</button>
            </form>
        </div>
    ) : (
        // 10
        <div className="login-box">
            <h1 className="login-title">
                <img
                    src={sockLogo}
                    width="30px"
                    height="auto"
                    alt="logo"
                />
                SockChat
            </h1>
            <form className="login-form" onSubmit={onSubmitHandler}>
                <input
                    placeholder="Enter your ID"
                    onChange={onChangeUserIdHandler}
                    value={userId}
                />
```

```
                    <button type="submit">Login</button>
                </form>
            </div>
        )}
        </div>
    </div>
    );
}

export default App;
```

1. sockjs 라이브러리를 불러옵니다.

2. sockjs 객체를 리액트의 ref 속성으로 관리합니다. 또한 new SockJs()를 이용해서 소켓 서버에 연결합니다. '/sock' 경로는 우리가 위의 server.js에 미리 지정한 경로입니다.

3. sockjs에 제공되는 메소드로 onopen, onmessage, onclose가 있습니다. onopen의 경우 최초의 연결에 실행됩니다. onmessage는 서버의 메시지를 전달받는 역할을 합니다. onclose는 소켓의 연결이 끊기면 실행됩니다.

    ```
    sockJs.current.onmessage = function (e) {
        const { data, id } = JSON.parse(e.data);
        setMsgList((prev) => [...prev, { msg: data, type: "other", id: id }]);
    };
    ```

    채팅 내용을 msgList라는 객체의 상태로 관리합니다. 서버에서 type 정보를 함께 전달받으며 type이 'other'이면 오른쪽에, 'me'이면 왼쪽에 메시지가 정렬됩니다.

4. 메시지가 하단까지 내려가면 자동으로 스크롤이 하단으로 내려지는 기능입니다. scollIntoView()라는 메소드를 이용해서 간편하게 자동으로 내려지는 기능을 구현할 수 있습니다.

    ```
    const scrollToBottom = () => {
        messagesEndRef.current?.scrollIntoView({ behavior: "smooth" });
    };
    ```

5. onSubmitHandler()는 로그인 창에서 사용자 아이디를 입력한 후 Login 버튼을 누르면 실행됩니다.

    ```
    const sendData = {
        type: "id",
        data: userId,
    ```

```
    };
    sockJs.current.send(JSON.stringify(sendData));
```

sockjs의 send()라는 메소드를 통해서 서버로 데이터를 전송할 수 있습니다. sockjs의 데이터는 문자열로만 전송되기 때문에 전송할 객체를 stringify()로 만들어서 전송합니다. 전송될 정보에는 type 정보와 사용자 아이디 정보가 포함되어 있습니다.

6. 사용자 아이디를 입력하면 실행됩니다. 입력된 ID는 userId를 상태로 관리됩니다.

7. onSendSubmitHandler()는 메시지를 입력하고 send를 누르면 실행됩니다. 사용자의 메시지 정보를 send() 메소드를 이용해서 서버로 전송합니다. 본인이 보낸 메시지는 자신을 제외한 모든 사람에게 전송되기 때문에 자신의 메시지를 화면에 노출하기 위해 setMsgList()에 메시지 데이터를 추가합니다.

```
    const sendData = {
        type: "msg",
        data: msg,
        id: userId,
    };
    sockJs.current.send(JSON.stringify(sendData));
    setMsgList((prev) => [...prev, { msg: msg, type: "me", id: userId }]);
```

8. 메시지를 입력하면 실행됩니다.

9. isLogin이라는 상태에 따라서 로그인 화면이나 채팅 화면을 노출하도록 했습니다.

10. 로그인 화면을 표현합니다.

마지막으로 채팅 서비스의 스타일을 위한 CSS 코드입니다.

[App.css]
```css
.app-container {
    height: 100vh;
    display: flex;
    flex-direction: column;
    align-items: center;
    justify-content: center;
}
.app-container > .wrap > .login-box > .login-title {
    display: flex;
```

```css
    flex-direction: row;
    font-size: 2rem;
    align-items: center;
    justify-content: center;
    gap: 5px;
}
.app-container > .wrap > .login-box > .login-title > img {
    border-radius: 50%;
}
.app-container > .wrap > .login-box > .login-form {
    display: flex;
    flex-direction: row;
    gap: 10px;
    margin-top: 20px;
}
.app-container > .wrap > .login-box > .login-form input {
    width: 100%;
    border: 0;
    padding: 10px;
    border-radius: 5px;
    background-color: #f6f6f6;
}
.app-container > .wrap > .login-box > .login-form > button {
    border: 0;
    padding: 10px;
    border-radius: 5px;
    background-color: #00d8ff;
    color: #fff;
}

.app-container > .wrap > .chat-box .chat {
    list-style: none;
    padding: 10px;
    margin: 0;
    border: 1px solid #cecece;
    border-radius: 10px;
    width: 300px;
    height: 300px;
```

```css
    overflow: auto;
}
.app-container > .wrap > .chat-box .chat li.me {
    text-align: left;
}
.app-container > .wrap > .chat-box .chat li.other {
    text-align: right;
}
.app-container > .wrap > .chat-box .chat li.welcome {
    display: flex;
    flex-direction: row;
    align-items: center;
    font-size: 12px;
    font-weight: bold;
    gap: 10px;
}
.app-container > .wrap > .chat-box .chat li.welcome > .line {
    height: 0.5px;
    flex: 1 1 auto;
    padding: 0 10px;
    background-color: #cecece;
}
.app-container > .wrap > .chat-box .chat div.me {
    padding: 5px;
    display: inline-block;
    border-top-right-radius: 20px;
    border-bottom-left-radius: 20px;
    border-bottom-right-radius: 20px;
    background-color: #cecece;
}
.app-container > .wrap > .chat-box .chat div.other {
    padding: 5px;
    display: inline-block;
    border-top-left-radius: 20px;
    border-bottom-left-radius: 20px;
    border-bottom-right-radius: 20px;
    background-color: #000;
    color: #fff;
```

```css
}
.app-container > .wrap > .chat-box .chat .userId {
    margin-top: 5px;
    font-size: 13px;
    font-weight: bold;
}
.app-container > .wrap > .chat-box .send-form {
    margin-top: 10px;
    display: flex;
    flex-direction: row;
    gap: 10px;
}
.app-container > .wrap > .chat-box .send-form input {
    width: 100%;
    border: 0;
    padding: 10px;
    border-radius: 5px;
    background-color: #f6f6f6;
}
.app-container > .wrap > .chat-box .send-form button {
    border: 0;
    padding: 10px;
    border-radius: 5px;
    background-color: #00d8ff;
}
```

모든 구현이 끝났습니다. 다음에서 바로 테스트를 진행하겠습니다.

4 테스트

http://localhost:3000/으로 접속하면 다음과 같은 로그인 창을 확인할 수 있습니다.

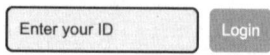

저는 이름으로 Kyle을 입력하고 Login을 클릭하겠습니다.

이제 Kyle과 대화하기 위해 다른 브라우저 창에서 똑같이 http://localhost:3000/로 접속해주세요. 이번에는 Kate라는 이름으로 로그인하겠습니다. 자유롭게 대화를 해보겠습니다. 우리가 구현한 대로 실행되는 걸 확인할 수 있습니다.

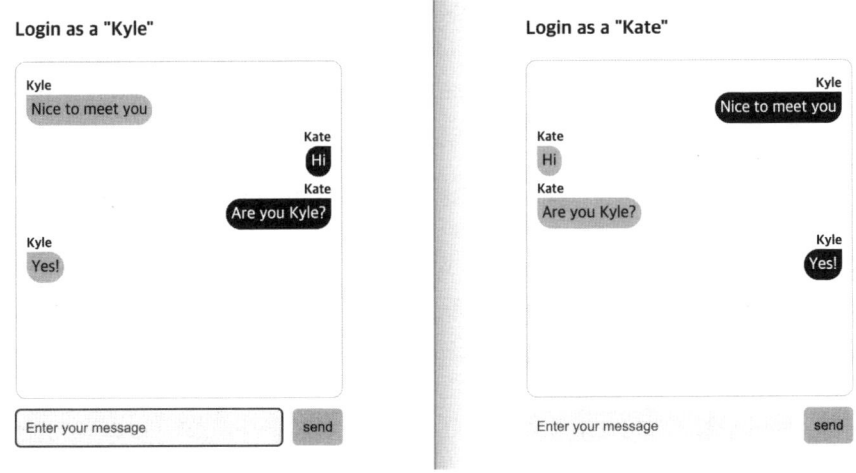

02장

mongoDB

mongoDB는 2009년 2월에 출시된 NoSQL 데이터베이스입니다. NoSQL 사용 이전에는 관계형 데이터베이스인 RDB(Relational Database)가 인기를 끌었습니다. 그러나 대용량 서비스와 실시간 서비스가 부각되면서 성능이 좋은 데이터베이스가 필요했습니다. 결론적으로 이런 필요성에 부합하고자 NoSQL 데이터베이스가 등장하게 되었습니다. NoSQL 데이터베이스의 종류로는 Redis, Oracle NoSQL Database, mongoDB가 있습니다.

NoSQL의 가장 큰 특징은 데이터를 키(key)-값(value)으로 관리한다는 점입니다. 우리에게 익숙한 JSON 형태로 데이터를 관리하다 보니 도큐먼트 지향 데이터베이스라고 불리기도 합니다.

예제를 구현하면서 mongoDB를 사용합니다. 이유는 간편한 사용성과 별도의 설치없이 클라우드 환경에서 실행할 수 있기 때문입니다. 만약 mongoDB 이외에 다른 서비스를 사용해도 예제를 구현하는 데 큰 문제는 없습니다.

1 mongoDB 환경 구성

mongoDB를 사용하기 위해서는 회원가입을 해야 합니다. 먼저 mongoDB 사이트 (https://www.mongodb.com/)로 접속합니다. 사이트에서 화면 상단의 [sign-up]을 클릭해서 회원가입을 진행합니다. 저는 Google 계정을 이용해서 간편하게 가입했습니다.

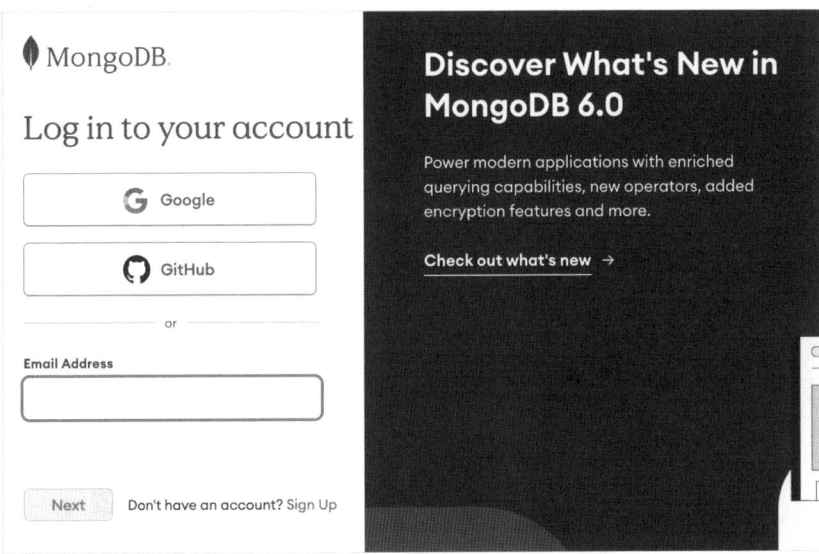

로그인하면 위와 같은 대시보드가 보입니다. 여기서 Project 0을 눌러 우리가 진행해야 할 프로젝트를 새로 생성하겠습니다.

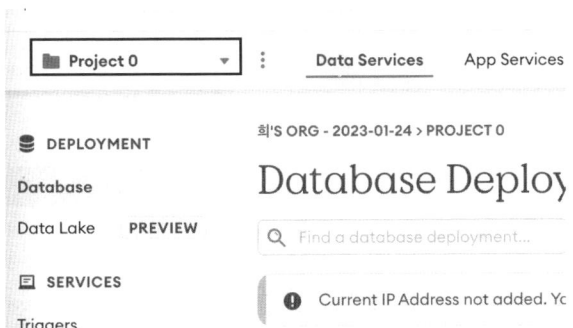

[New Project]를 클릭하세요.

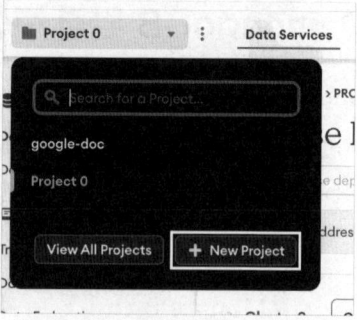

저는 프로젝트명으로 google-docs로 생성했습니다. [Next]를 클릭합니다.

이제 [Create Project]를 눌러 완성합니다.

프로젝트를 만들면 Database Deployments라는 공간으로 이동하게 됩니다. 이곳에서 우리가 필요로 하는 데이터베이스 환경을 만들 수 있습니다. [Build a Database]를 클릭해주세요.

요금 선택 화면입니다. 학습하는 용도이기 때문에 왼쪽에 있는 M0 FREE 버전을 선택하겠습니다. Provider는 어떤 걸 사용해도 상관없지만 기본인 aws를 선택하고 [Create]를 클릭하겠습니다.

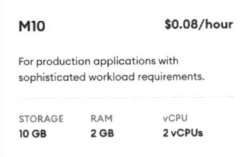
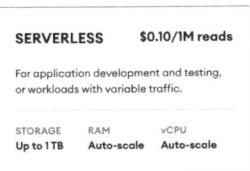
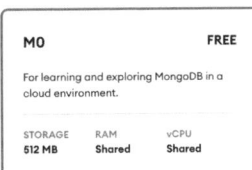

클릭하게 되면 Security Quickstart로 이동하게 됩니다. 이 설정은 "우리가 만든 데이터베이스를 누가 접속할 것이냐"라는 보안 설정입니다. 저는 username으로 google-docs, password로 1111을 입력하고 [Create User]를 눌렀습니다.

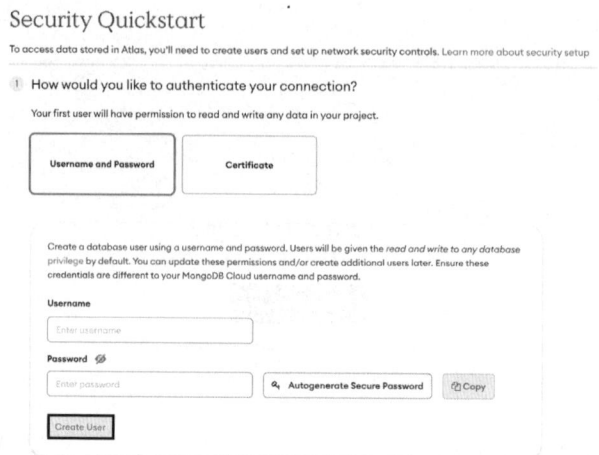

이제 어떤 IP 주소에서 접속을 허용하는지에 대한 내용입니다. 로컬에서 접속하기 때문에 [My Local Environment]를 선택하고 IP Address는 로컬에서 nodejs 서버의 접속 주소를 입력하면 됩니다. 주의사항으로, localhost:5000이 아닌 IP 주소를 입력해야 합니다.

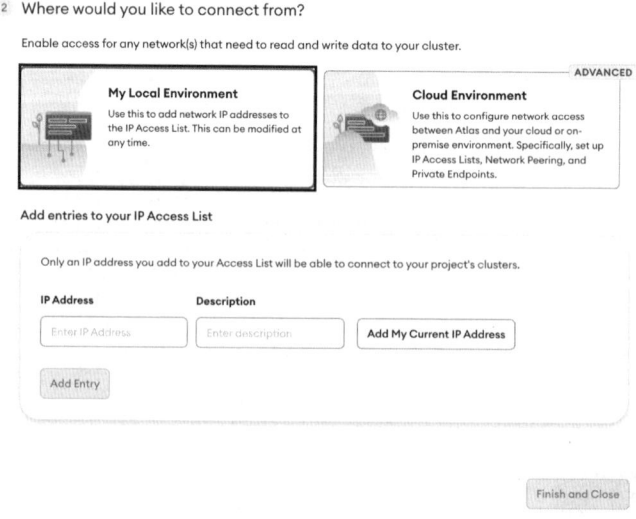

위와 같은 형식으로 로컬 주소를 작성한 후 [Add Entry]를 클릭합니다.

작성이 완료되면 처음에 접속했던 Database 대시보드에 생성된 데이터베이스 상태를 확인할 수 있습니다. 여기서 [Connect] 버튼을 클릭해서 우리가 작성한 nodejs 서버로 연결하겠습니다.

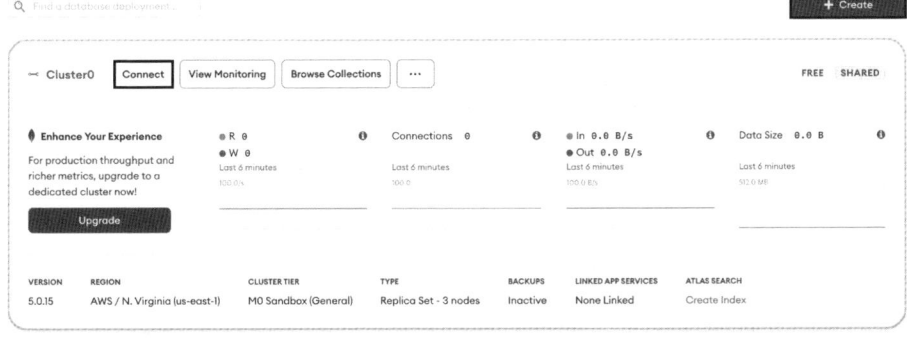

다음 중 [Drivers]를 클릭합니다.

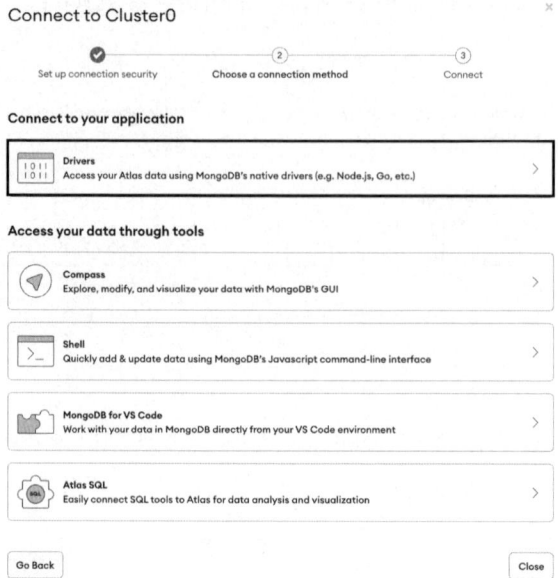

그럼 바로 사용 가능한 연결 주소를 확인할 수 있습니다.

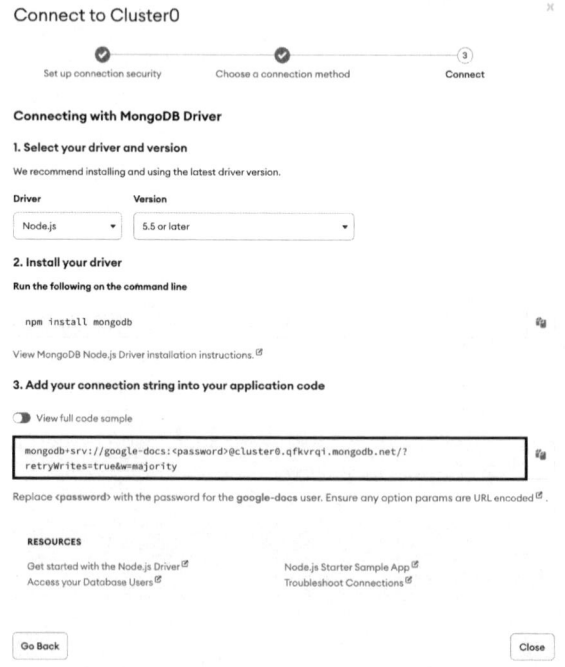

〈password〉 부분에 우리가 앞에서 작성한 userpassword인 1111을 넣겠습니다. 만약 특수문자를 비밀번호로 작성했다면 URL encoded로 변환한 후에 접속해야 합니다.

저의 경우 다음과 같은 연결 주소가 완성됩니다.

mongodb+srv://google-docs:1111@cluster0.6suahnm.mongodb.net/?retryWrites=true&w=majority

2 데이터 확인 및 삭제

프로젝트를 진행하다 보면 쌓인 데이터의 확인과 삭제가 필요한 경우가 있습니다. 이 경우 Browse Collections라는 패널에서 확인할 수 있습니다. Part 2 슬랙 예제로 확인하겠습니다.

슬랙 예제의 mongoDB 패널을 확인하면 아래와 같습니다. 여기서 [Browse Collections]를 클릭해보겠습니다.

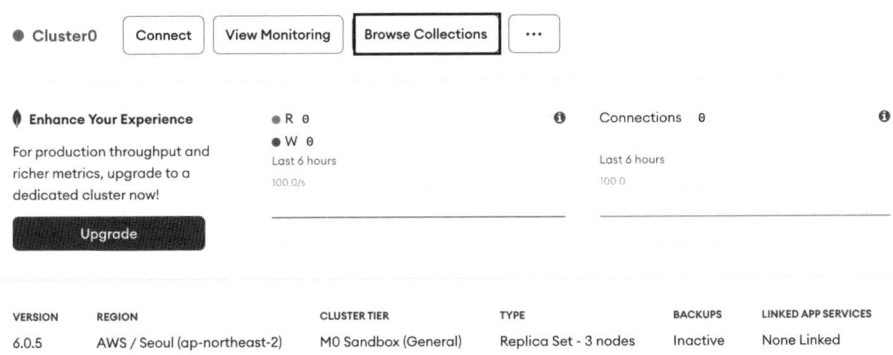

test라는 네임스페이스 안에 우리가 설정한 스키마가 작성된 것을 확인할 수 있습니다.

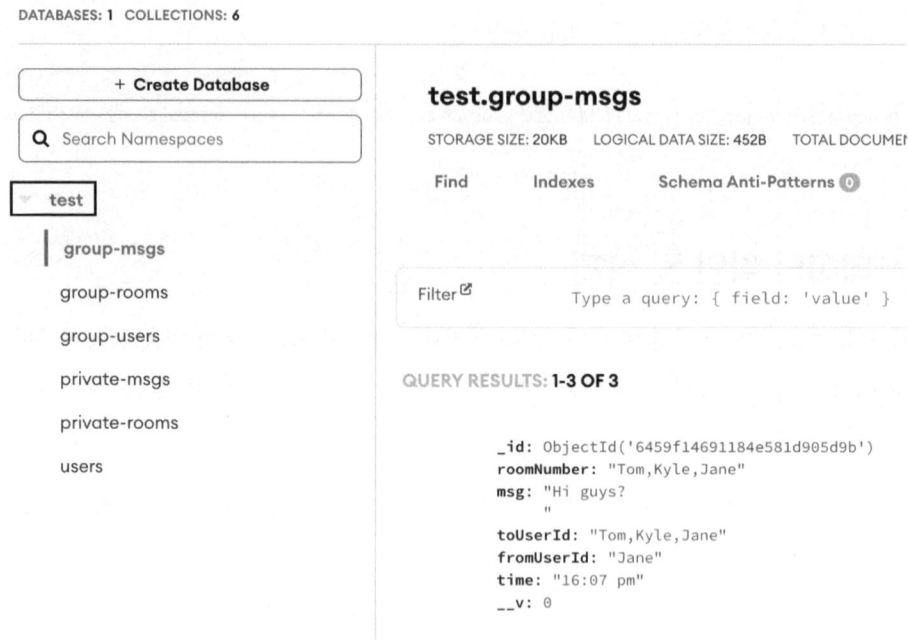

원활한 프로젝트 진행을 위해 삭제를 원한다면 해당 스키마를 마우스 오버해서 나타나는 쓰레기통 모양을 클릭하면 됩니다.

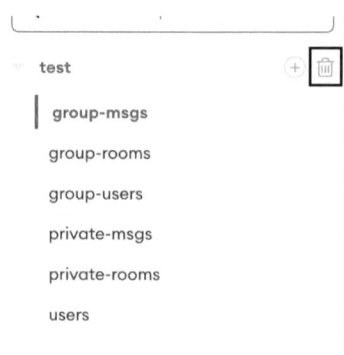

찾·아·보·기

번호

3방향 핸드셰이크	52

B

broadcast	81

C

callback	38
Context API	161
CORS	98
CRA	10
CRACO	224
CSRF	98
CSSOM	6

D

dayjs	25
diffing algorithm	7
DOM	5

E

express	43

F

fs	43

G

Google Docs	213

H

hook	12
http	43
HTTP	51

I

input 박스	11
I/O(입출력) 블로킹	37

L

Long Polling	51

M

middleware	158
module.css	21
mongoDB	338
MVC	5
MVVM	5

N

namespace	133
nodejs	36
nodemon	153
npm	8

347

찾·아·보·기

O

OSI 7 계층	48

P

Polling	51
private	80
public	80

Q

quill	223

R

RDB	338
React	4
react-icons	25
React.StrictMode	19
reconciliation	8
RFC 6455	58
room	119

S

schema	218
Slack	241
socket.io	78
socket.rooms	130
sockjs	320
state of js	4
status	12
streaming	52

T

TCP/IP 4	50
to-do 리스트	14

U

UDP	51
uri	221, 43
useEffect()	14
useRef()	12
useState()	13
UUID	223

V

Virtual DOM	5

W

wss	65

찾·아·보·기

ㄱ

가상 DOM	7
구글 문서	213
깃허브	VI

ㄴ

네임스페이스	133
네트워크 계층	50

ㄷ

단일 스레드	38
데이터 링크 계층	50
동기 방식	37

ㄹ

롱 폴링	51
룸	119
리액트	4
리페인트	6
리플로우	6

ㅁ

멀티 스레드	37
물리 계층	50
미들웨어	158

ㅂ

비교 알고리즘	7
비동기 방식	38

ㅅ

상태	12
세션 계층	50
소켓 통신	48
스키마	218
스타일	14
스트리밍	52
슬랙	241

ㅇ

양방향 통신	51
응용 계층	49
인스타그램	150

ㅈ

전송 계층	50
전역 변수	161
조화	8

ㅋ

커넥션	51
콜백 함수	38

ㅍ

폴링	51
표현 계층	50

ㅎ

훅 함수	12

리액트로 배우는
소켓 프로그래밍